汴京八景
BIAN JING BA JING

司艳宇 著

河南大学出版社
HENAN UNIVERSITY PRESS
·郑州·

图书在版编目(CIP)数据

汴京八景／司艳宇著. --郑州：河南大学出版社，2021.7
　　ISBN 978-7-5649-4773-6

　　Ⅰ.①汴… Ⅱ.①司… Ⅲ.①名胜古迹-研究-开封 Ⅳ.①K928.706.13

中国版本图书馆 CIP 数据核字(2021)第 128142 号

责任编辑　胡玲霞
责任校对　时二凤
封面设计　郭　灿

出版发行　河南大学出版社
　　　　　地址：郑州市郑东新区商务外环中华大厦 2401 号
　　　　　邮编：450046
　　　　　电话：0371-86059750(高等教育与职业教育分公司)
　　　　　　　　0371-86059701(营销部)
　　　　　网址：hupress.henu.edu.cn
排　　版　河南大学出版社设计排版部
印　　刷　河南文华印务有限公司
版　　次　2021 年 7 月第 1 版
印　　次　2021 年 7 月第 1 次印刷
开　　本　710mm×1010mm　1/16
印　　张　15.25
字　　数　314 千字
定　　价　46.00 元

(本书如有印装质量问题,请与河南大学出版社营销部联系调换)

序

随着我国城市化进程的加快,林立的高楼、宽阔的马路、拥挤的人流,以及无处不在的汽车……成了城市共同的标志,城市面貌趋同化日益明显。而与此相伴随,城市居民对自己所居住的城市越来越感到陌生,甚至有时会迷失在城市中。他们产生了这样的疑问:我在哪里?这难道就是我朝夕相伴的家园吗?

大家也许还记得,2010年,上海举办第41届世界博览会。在中国馆内,最吸引参观者眼球的是用动画形式再现的长达100多米的巨型《清明上河图》。在这幅绘画前面,一般的观众都会停留半个小时左右的时间。这一届世博会的主题是"城市,让生活更美好!"我国有那么多现代化的大都市——北京、上海、广州、深圳等等,为什么偏偏选择《清明上河图》中展示的古都开封作为中国馆的代表作品呢?对于这样的问题,仁者见仁,智者见智。我个人认为,主要的原因还是《清明上河图》中为我们展示了中国人城市生活中某些非常珍贵的要素,比如优美的城市环境、具有标志性的城市景观、良好的休闲服务设施等等。这些要素,使城市中的每一个市民都能够获得某种归属感,让他们感觉到城市是自己的城市,他们是这座城市的主人。

古都开封不仅在上海世博会上借助《清明上河图》火了一把,即使放在我国城市发展历史的大视野下,北宋都城开封也具有里程碑意义。北宋之前的隋唐时期,都城长安和洛阳实行严格的坊市制度,晚上,百姓要在固定时间回到自己所居住的一个个"坊"里边,到第二天规定的时间才能走出坊门,开始一天的自由生活。城市的商品交易也被限制在"东市""西市"里,大街上是不允许随便开店铺,更不允许在路边摆摊做买卖。诗人白居易形容唐代长安城时说:"百千家似围棋局,十二街如种菜畦。"这种坊市城市结构看起来固然整齐,似围棋局,如种菜畦,也有利于城市管理,但是给老百姓的日常生活和商品交易带来了极大的不便;所以,经过唐末、五代,到了北宋建都开封时期,完全自由、开放的街市代替了相对封闭的坊市,坊墙没有了,给百姓的居住和交易带来了极大便利。这样,我们在《清明上河图》上,才看到了汴河两岸开放的街市,虹桥上遮阳伞下小贩摆的地摊,以及汴河两岸的依依垂柳、茶楼和酒肆;同时,也看到了《东京梦华录》里记载的热闹非凡的瓦肆勾栏、通宵达旦的夜市,以及丰富多彩的节庆活动等。当然,还少不了帝王光顾的艮岳,金明池,高耸入云的铁塔、繁塔,帆樯林立的汴河、州桥,游人如织的吹台、相国寺,等等。

《清明上图图》里描绘的汴河、虹桥,《东京梦华录》里记载的艮岳、金明池、铁塔、州桥、吹台、相国寺等是什么?是开封区别于其他城市的代表性城市景观。换句话说,是城市文化地标。当百姓或者外来的游人看到这些景观,就知道他们身在开封,而不是别的城市。所以,代表性景观是城市历史和文化发展的重要标志,是找回城市记忆的重要途径,也是凸现城市特色的重要载体。

城市的历史越悠久,代表性景观就越丰富。长城、故宫是古都北京的代表性景观,天坛、颐和园、胡同、四合院也可以代表北京。同样的,西安的代表性景观除了大小雁塔、兵马俑,还包括碑林、古城墙等等。为了便于记忆、便于游览,也为了便于对外传播,古人给自己所在城市的景观冠以好听的名字,并按一定标准给它们排排序、让它们站站队,于是,宋代以后,特别是明清时期,就出现了城市八景、十景、十二景、十六景、二十四景、四十八景等不同的提法。最终,古人趋向于用数字"八"指代代表性景观的数量,出现了所谓的城市"八景"。为什么古人偏爱"八"这个数字呢？这有多方面的原因。从方位上，八有八方、八面的意思，又暗合了阴阳八卦；同时，"八"与"发"谐音，寓意吉祥。而"八景"也考虑到了景观的不同区位、不同方向，以及不同季节、不同类型等特点，意味着丰富多彩、全面无遗。因而，"八景"成为明清时期非常流行的城市文化现象。

司艳宇同志的《汴京八景》便是在以上这个背景下对于明清时期开封曾经出现的城市八景进行系统性研究的一部力作。本书首先通过文献梳理，说明了城市八景出现的过程。接着，对开封城市景观形成的历史进行了较为详细的追溯。再接下来，对明清时期汴京八景的演变过程和特点进行了逻辑严密的描述。

"琪树明霞五凤楼，夷门自古帝王州。"夷门，是开封的别称，当年信陵君窃符救赵与侯嬴壮别的地方就在夷门。通过本书的条分缕析，我们知道，历史上，夏、战国魏、后梁、后晋、后汉、后周，以及北宋和金曾经在这里建都，所以，开封又被称为"八朝古都"。在八朝中，北宋是唯一一个统一王朝，也是在开封建都时间最长的王朝，因而也是给开封这座城市留下文化印记最深的王朝。到了明清时期，开封不再是众人仰慕的国都，变成了河南的省会、周王府所在地。开封城市的政治地位虽然下降了，但依然是中原名城，是本地居民自豪和外来游客向往的城市。为了重拾开始的城市记忆、再现古都的辉煌，一些文人士大夫和地方官员开始梳理和总结具有代表性的城市景观，并先后出现了多套不同的汴京八景，涵盖了"繁台春色、隋堤烟柳、汴水秋声、相国霜钟、铁塔行云、梁园雪霁、州桥明月、金池夜雨"八大代表性景观，以及大河涛声、艮岳春云、夷山夕照、金梁晓月、资圣薰风、百冈冬雪、吹台秋雨、宴台瑞霭、牧苑新晴等特色景观。涉及山、冈、台、堤、河、池、桥、塔、寺、园、苑等，涵盖春、夏、秋、冬四季，有春色、烟柳，有行云、夜雨，有秋声、明月，有霜钟、雪霁。自然景观与人文审美完美结合，给人无限想象空间，寄托了明清时期开封人对城市细致的观察、通透的体悟、浓厚的情分、深情的眷恋。

　　我相信,本书的出版不仅将拓宽开封城市史研究的视野,丰富城市景观史研究的内涵,而且对于现代开封旅游业的发展也将具有相当的借鉴价值和意义。

　　司艳宇同志既是我的学生,也是我的同事。她踏实肯干,勤奋钻研,在完成较为繁重的教学、科研任务和照顾家庭、孩子之余,凭借对选题的极大兴趣、对学习的饱满热情、对学术的由衷敬畏,实现了自己攻读博士学位的夙愿,呈现给读者一部既有理论价值又具现实意义的力作。令人欣慰,值得赞佩!

　　此为序。

程遂营

2021年7月初于开封

目 录

第一章 绪论 …… 1

第一节 选题意义 …… 1
一、学术价值 …… 1
二、现实意义 …… 3

第二节 学术史回顾 …… 3
一、八景研究 …… 4
二、汴京八景研究 …… 8

第三节 概念界定及研究方法 …… 13
一、"八"及其文化意义 …… 13
二、景观 …… 14
三、城市景观 …… 15
四、研究方法 …… 16

第二章 明清汴京八景形成的历史渊源 …… 17

第一节 明清汴京景观形成历史溯源 …… 17
一、春秋战国的吹台夷山 …… 18
二、秦汉时期的梁园 …… 21
三、魏晋南北朝的寺院 …… 23
四、隋唐时期的汴河 …… 26
五、五代十国的园林 …… 28
六、两宋时期的景观 …… 29

第二节 明清汴京景观形成历史缘由 …… 39
一、景观出现:政体多变的反映 …… 40

二、景观多寡：城市框架的彰显 ……………………… 42
三、景观重点：隋唐运河开通的影响 …………………… 45

第三节　明清汴京景观形成特征及演变趋势 …………… 47
一、景观形成特征 …………………………………… 47
二、景观演变趋势 …………………………………… 51

第三章　明初汴京八景的形成 …………………………… 56

第一节　汴京八景形成的基础 ……………………………… 56
一、经济持续发展 …………………………………… 57
二、文化不断累积 …………………………………… 58
三、市民情感深化 …………………………………… 59
四、社会思潮变迁 …………………………………… 60

第二节　八景的出现与发展 ………………………………… 61
一、景观的文化意义 ………………………………… 61
二、八景的出现 ……………………………………… 63
三、八景的发展及传播 ……………………………… 66

第三节　明初汴京八景的出现 ……………………………… 69
一、"汴京八景"命名缘起 …………………………… 70
二、"汴京八景"出现的空间基础 …………………… 72
三、"汴京八景"的提出 ……………………………… 76
四、八景择定标准和特点 …………………………… 79

第四节　明初汴京八景的演进 ……………………………… 84
一、"艮岳晴云"之艮岳 ……………………………… 85
二、"大河春浪"之黄河 ……………………………… 87
三、"开宝晨钟"之开宝寺 …………………………… 92
四、"资圣薰风"之资圣阁 …………………………… 93
五、"夷山夕照"之夷山 ……………………………… 95
六、"吹台秋雨"之吹台 ……………………………… 97
七、"百冈冬雪"之百冈 ……………………………… 98
八、"金梁晓月"之金梁桥 …………………………… 99

第五节　明初汴京八景形成的原因 ………………………… 100
一、唐宋八景之风的延续 …………………………… 100
二、佛教思想的渗透 ………………………………… 101

三、社会风尚的引领 ·············· 103
　　四、周藩经济的发展 ·············· 104
　　五、戏曲文化的繁荣 ·············· 106
　　六、周王偏好的体现 ·············· 107

第四章　明中期汴京八景的发展 ·············· 110

第一节　明中期汴京八景的多元化发展 ·············· 110
　　一、两套汴京八景涌现 ·············· 110
　　二、汴京八景与相关遗迹 ·············· 116

第二节　虚实结合：汴京八景的建构 ·············· 118
　　一、汴城八景 ·············· 118
　　二、又八景 ·············· 127

第三节　明初至明中期汴京八景的演变及成因 ·············· 129
　　一、朱版与李版之比较 ·············· 130
　　二、明初至明中期汴京八景变化 ·············· 131
　　三、演变成因探析 ·············· 135

第五章　清代汴京八景的定型 ·············· 147

第一节　清代初期的汴京八景 ·············· 147
　　一、清代初年重现的汴京八景 ·············· 148
　　二、明中期至清初汴京八景之变化 ·············· 151

第二节　清代汴京八景的定型 ·············· 154
　　一、顺治至光绪时期的汴京八景 ·············· 154
　　二、清代汴京八景的定型 ·············· 158

第三节　清代汴京八景定型的原因 ·············· 159
　　一、"八景"之风的弱化 ·············· 159
　　二、逐渐加剧的黄河水患 ·············· 161
　　三、改观较大的城市面貌 ·············· 164
　　四、千年不变的地理标识 ·············· 164

第六章　明清汴京八景的演变特征、趋势及影响 ·············· 166

第一节　明清汴京八景的演变特征 ·············· 166

一、以都景为基 …………………………… 166
　　二、以水景为根 …………………………… 169
　　三、以夜景为重 …………………………… 170
　　四、以秋景为主 …………………………… 174
　　五、以名人为魂 …………………………… 178
　　六、以嬗变为线 …………………………… 181
　第二节　明清汴京八景的演变趋势 …………… 182
　　一、景观距离城市由远及近 ……………… 182
　　二、景观涉及类别越来越少 ……………… 183
　　三、景观辐射区域越来越小 ……………… 184
　　四、景观由写实到虚实结合 ……………… 186
　　五、景观收录从私撰到官修 ……………… 187
　第三节　明清汴京八景的影响 ………………… 188
　　一、对明代开封的影响 …………………… 189
　　二、对清代开封的影响 …………………… 199
　　三、对当代开封的影响 …………………… 211

结语 …………………………………………… 217

参考文献 ……………………………………… 219

后记 …………………………………………… 232

第一章
绪　论

第一节　选题意义

历史景观作为一种历史遗存见证了一定地域范围内历史文化的发展历程。历史上留存下来的景观资源如何在现代社会重新发挥它所具有的历史文化功能,唤醒人们对历史的关注和再认识,已经逐步成为现代社会研究的一个重点。1982年,国家提出了"历史文化名城"的概念。中国首批公布的历史文化名城之一的开封作为有着深厚历史积淀的古都,历史上曾经发生过许多影响历史进程的重要事件,也产生过众多彰显城市文明和体现城市进步的重要景观。这些历史事件和城市景观是人们追溯城市历史的重要凭借之一。本研究聚焦的汴京八景,是明清时期开封城市文化的代表性符号。研究汴京八景不仅是探究开封历史文化的一个窗口,而且也为拓宽城市史研究视野提供了一种新思路。

一、学术价值

景观的出现和发展是特定历史时期、特定地域自然环境和人类活动共同作用的结果,是人类文明发展的标志。相应地,明清汴京八景则是明清时期开封城市发展中自然环境和人类活动不断碰撞而产生,并逐步演化与更新的结果。现代的开封被称为八朝古都①,不同历史时期逐渐形成的城市景观不仅是城市发展的景观化标识,更是其文化和文明发展的见证。明清汴京八景一方面不仅代表了当时城市发展的文化方向,另一方面也反映了历史变迁和城市变迁的内在联系。明清时期的开封,虽然失去了昔日作为帝都的辉煌,却依然是中原地区的政治、经济和文化中心,在全国仍有相当大的影响力。因此,对明清汴京八景发展演变的研究,有助于从整体上加强对开封城市史的研究。

自1949年以来,尤其是1978年改革开放以后,对开封城市及相关城市景观的研究逐渐受到学术界重视,产生了一系列学术成果。这些研究成果大多集中在城市单体景观的研究方面,部分成果集中在对城市发展、城中的寺院、园林、勾栏瓦肆问题的研究上,也有少数是对州桥、汴水和吹台的出现、发展和演变问题的探究,把汴京八景作为一个整体研究对象的成果极少。整体上,基于宗教、园林、文学、美学方法的研究较多,基于历史学方法的研究还较为薄弱;不少成果是对汴京八景某个单体景观的片面化研究,对汴京八景整体及其发展、演变路径的研究尚显不足;另外,对汴京八景中单

---

① 开封被称为"八朝古都",这一说法是随着近年来考古发现而逐步确定的。之前,开封一直被称"七朝古都":魏都大梁,后梁东都,后晋东京,后汉、后周东京,北宋东京,金两都南京。已知文献记载的魏、后梁、后晋、后汉、后周、北宋和金这七个封建王朝曾先后建都于此。据考证,如此记载始于明李濂《汴京遗迹志》一书,书中明确记载了以上七个朝代建都开封的相关情况。之后顺治《祥符县志》、康熙《河南通志》、康熙《开封府志》、光绪《新修祥符县志》中均从此说,尤其是光绪《新修祥符县志》卷二《地理表·沿革》的记载更为明确:"祥符之建都,自战国魏王莹九年始也。……五代时梁太祖以宣武军节度使篡唐都此。……到(晋)天福二年复迁都汴州,汉与周皆都汴矣……(北)宋都之,金人入宋亦都之。至金正元(正隆)间徙都燕京,正祐(贞祐)间又复徙都汴,此祥符历代建都之始末也。"但明清之际学者顾炎武的《历代帝王宅京记》中论述开封是五代梁、晋、汉、周,北宋和金两朝都城所在地。清人周城的《宋东京考》却记载魏都大梁、五代的梁、晋、汉、周,北宋东京曾在此建都。现代著名历史地理学家谭其骧先生曾在为《中国七大古都》作序时,把战国时期的魏,五代的梁、晋、汉、周,北宋和金建都开封的经过、时间和形成原因做了阐述,因此,开封作为"七朝古都"的说法在历史发展中逐渐成为正统权威定论,并达成共识得以流传。"八朝古都"之说是随着近年来考古发现的夏都老丘而被逐渐认可和接受的。开封文物工作者考古发现:开封陈留镇北十多公里处的"国都里"村是夏都老丘所在地。《竹书纪年》亦云:"帝宁居原,自迁于老丘。"而老丘即在开封城东北的陈留杜良乡一带。随后这一发现被河南大学教授李玉洁进一步考证加以证实。"国都里"的地名就是根据夏人建都老丘而流传下来的。夏王朝经历471年的历史,仅在老丘为国都就221年,可以说老丘时期是夏代历史上最辉煌的时期,占整个夏王朝的近一半时间。(李玉洁《夏人"十迁"及夏都老丘考释》,《中州学刊》2013年第2期)因此,基于以上原因,现代开封对外宣传时逐渐接受并使用了"八朝古都"之说。

体景观的独立性研究也不够深入,除相国寺、艮岳、金明池、州桥的研究外,对其他景观的研究基本尚属常识性介绍,甚至有的景观如金梁桥、宴台、牧苑、百冈等的研究尚无涉及。因此,探讨汴京八景在明清不同时期的演变规律,不仅有助于从宏观上厘清汴京八景在开封城市发展中所具有的重要地位以及八景与城市发展的相互关系,而且有助于从微观角度弥补明清开封城市史研究的不足。

二、现实意义

当今,全球化和城市化进程加快,许多历史文化名城独有的传统文化特色正在逐渐消失,呈现出趋同的现象,因此,研究不同历史时期和不同形态的城市空间结构与城市历史景观的关系,挖掘城市文化资源,传承城市历史文脉,对建构高品位、人性化的城市空间,满足市民多样化的精神需求,就显得日益迫切。

八景作为一种城市历史文化景观体系,是历史发展过程中城市自然地理环境与人类生活活动相结合所形成的地域表征形式及历史印记。在此过程中,它们又经过了不断叠加、层累、相互作用而处于持续演化和不断更新之中。在大力弘扬传统历史文化的今天,开封作为一座历史文化名城,几千年来积淀了包括汴京八景在内丰富的历史和文化资源,如何更好地传承和利用这些资源,保持城市历史文化的延续性和独特性,挖掘场所精神,强调景观公众性,满足现代市民精神生活需要,是一个必须客观面对的问题。

本研究以明清汴京八景为对象,通过对汴京八景基本内容、历史沿革和变迁的考察,梳理八景随自然和历史原因发展、演变的路径、原因,总结其演变特点和规律。同时,在弄清八景演变趋势的基础上,理清影响城市景观演变的各种机制及相互作用,探讨八景在城市文化资源开发、内涵塑造和景观建设中的作用,从而丰富现代开封旅游发展的资源要素,延续城市历史文脉,增强城市自豪感,也为现代开封及其他同类城市经济社会的健康和可持续发展提供有益的历史借鉴。

第二节　学术史回顾

北宋时期,画家宋迪最早以画作《潇湘八景图》提出了"八景"的概念。此后,在文人士大夫的不断唱和、演绎、传播中,逐渐形成了颇具特色的中国

"八景"文化现象。不过,根据对现有文献梳理发现,学术界对八景及其文化的研究,却始于20世纪40年代的日本。1941年,日本学者岛田修二郎发表《宋迪与潇湘八景》,说明宋迪和他的《潇湘八景图》首先在异国他乡产生了一定的文化影响力。① 国内学术界对该问题的关注要稍晚一些,真正的研究在1978年以后才逐渐起步。近年来,随着回归中国传统文化的呼声日益高涨,学术界对八景及其文化现象的研究也逐步加强,并取得了一系列重要成果。

从2005年开始,八景研究的学术成果整体趋于增长态势。进入21世纪,随着大众旅游时代的到来,轻观光、重休闲体验的近郊游逐渐成为国民最主要的旅游方式之一。加之中国人古已形成的"父母在,不远游"思想的影响,城市近郊游逐渐成为人们休闲的重要选择方式之一。顺应时代需要,这一时期国家也开始加大城市周边游发展力度,注重打造地域文化特征明显的景观以满足人们近郊旅游休闲的需要。作为城市文化和城市景观代表的八景及其相关问题研究逐渐进入人们视野。

一、八景研究

从研究成果的类型来看,学术界对八景及其文化的研究可以分为综述性和专题性两大类。前者从语言学、文学、建筑学、地理学等角度探究八景及其起源问题,后者则多为地方八景及其相关文化研究。

(一)八景的综述性研究

有关八景的综述性研究主要集中在历史缘起及发展问题上。张廷银是较早通过地方志对八景进行研究的学者,其《地方志中"八景"的文化意义及史料价值》②一文为以后学术界的研究打开了一扇窗。

随之,一批学者以区域八景及其文化为研究对象进一步探究八景的历史渊源及发展问题。吴水田、游细斌的《地域文化景观的起源、传播与演变研究——以赣南八景为例》③,周琼的《"八景"文化的起源及其在边疆民族

---

① 冉毅:《日本的八景诗与潇湘八景》,《外国文学研究》2012年第6期,第72-82页。
② 张廷银:《地方志中"八景"的文化意义及史料价值》,《文献》2003年第4期,第36-47页。
③ 吴水田、游细斌:《地域文化景观的起源、传播与演变研究——以赣南八景为例》,《热带地理》2009年第2期,第188-193页。

地区的发展——以云南"八景"文化为中心》①，王德庆的《论传统地方志中"八景"资料的史料价值——以山西地方志为例》②均为此类文献。与此同时，有关八景的对外影响性研究也陆续展开，主要集中在对日本、韩国及东南亚地区的影响研究上。如邓颖贤、刘业的《"八景"文化起源与发展研究》③从此，八景及其文化在国外的影响性研究也开始进入学者们的视野。之后，冉毅④、周裕锴⑤、权宇和李美花⑥等一系列研究成果的出现把八景的研究引向了一个新的领域，扩大了八景研究的国际化视野。

不过，遗憾的是，以上研究成果对一些关键问题的研究仍欠深入，如景观文化中有用"十景""十二景""十六景""二十四景""四十八景"等表现代表性景观的情况，但为何最终几乎都趋向于用数字"八"来代称代表性景观，而不用其他数字指代组景景观？再者，"八景"原本是道教语言，为何现在被用来表示人人都熟悉的景观，道教的"景"与世俗中的"景"有何区别？更为重要的是，"八景"作为地域景观的代表，其与所在城市政治、经济、文化的相互关系如何等问题都有待进一步探究。

除了期刊论文研究成果，也有一部分硕、博论文对八景研究给予了关注。最早关注八景的是2006年耿欣的《八景文化的景观表象与比较》⑦。该文从园林设计角度揭示八景形成和发展涉及的诸多文化现象，呈现了八景的价值所在。2010年，黄晴以潇湘八景中的"山市晴岚"为例，对"潇湘八景"的文化和艺术价值给予了肯定。⑧ 2012年，臧晓琳从"潇湘八景"绘画入手，探究其对日本风景与枯园的影响，启示我们要有学习外来文化的意识，

---

① 周琼：《"八景"文化的起源及其在边疆民族地区的发展——以云南"八景"文化为中心》，《清华大学学报（哲学社会科学版）》2009年第1期，第106-115，160页。
② 王德庆：《论传统地方志中"八景"资料的史料价值——以山西地方志为例》，《中国地方志》2007年第10期，第47-52页。
③ 邓颖贤、刘业：《"八景"文化起源与发展研究》，《广东园林》2012年第2期，第11-19页。
④ 冉毅：《中日禅宗文化交流史中牧溪八景图东渐及评价正声》，《湖南师范大学社会科学学报》2014年第5期，第136-143页。
⑤ 周裕锴：《典范与传统：惠洪与中日禅林的"潇湘八景"书写》，《四川大学学报（哲学社会科学版）》2014年第1期，第71-80页。
⑥ 权宇、李美花：《试论八景诗日本化的形成模式与形态流变》，《东疆学刊》2015年第3期，第45-51，111-112页。
⑦ 耿欣：《八景文化的景象表现与比较》，硕士学位论文，北京林业大学，2006。
⑧ 黄晴：《"潇湘八景"山水文化景观考证研究——以"山市晴岚"为例》，硕士学位论文，中南大学，2010。

以重建现代"潇湘廊道"。① 2013年,梁松娥《从中国向韩国的潇湘八景图研究》则考证了潇湘八景图传入韩国的具体时间以及在韩国盛行的原因。②

博士论文中对八景及其相关问题的研究较少。2013年,姚幸福以河北方志中的八景诗为例,对八景诗的文化意义给予了关注。③ 2016年,程茜在前人研究的基础上,继续从潇湘八景画入手,探讨中、日对潇湘八景的不同认识。④ 这2篇文章仅从八景文化中所表现的绘画和诗歌的角度,对其影响的一个侧面进行了探讨,而八景的历史发展、变迁,景观自身的发展变化,以及所涉及的更广阔的美学、社会学、心理学、建筑、园林、宗教等领域的研究则涉及较少。

综上所述,近年来不同学科对八景及其文化都有不同程度的关注和研究。这些已有成果有的是从整体层面谈八景本身的历史渊源,有的则谈八景画的价值、传播,有的是关注八景在汉文化圈的传播和影响,也有的是结合八景及其所表现的文化展开对特定区域八景的研究,等等。另外,已有学者开始关注并研究文献中的八景诗,但对大区域、大范围内八景及八景诗与区域社会文化的相互影响和渗透的研究尚待深入。

(二) 八景的专题性研究

"城市历史景观的概念首先是一种思维模式,它是一种观察、理解城市及其城市组成的方式,它把城市看作是自然、文化和社会经济过程在空间上、时间上和经验上的建构产物"⑤,因此,八景背后所反映的城市文化广泛而深刻。现代学者在探究八景起源的同时,也对景观所呈现的文化及其他方面给予了关注。

从不同学科研究上看,目前,地理学、旅游学、美学、历史学、景观学、人类学等学科都对该问题有不同程度的研究。

---

① 臧晓琳:《"潇湘八景"绘画对日本风景与枯园的影响研究》,硕士学位论文,中南大学,2010。

② 梁松娥:《从中国向韩国的潇湘八景图研究——论韩国潇湘八景的图式》,硕士学位论文,中央美术学院,2013。

③ 姚幸福:《河北地域八景诗研究》,博士学位论文,河北大学,2013。

④ 程茜:《中日文化交流史上的"潇湘八景"——以绘画为中心》,博士学位论文,北京外国语大学,2016。

⑤ 罗·范·奥尔斯:《城市历史景观的概念及其与文化景观的联系》,韩锋、王溪译,《中国园林》2012年第5期,第17页。

2009年至2014年间,贾文毓①,喻学才②,任唤麟③,运迎霞、王林申、王艳玲④等分别从地理、休闲、旅游和美学角度对八景问题进行探讨,由此开启了不同学科领域研究八景的大门。

从不同区域研究上看,目前,有关八景问题的区域性研究较多集中在东南、西南和以北京为中心的地域范围内,而华北、东北、西北等地区八景的相关研究还不多。

2002年,高巍、孙建华等的《燕京八景》一书开启了区域八景研究的先河。⑤ 之后,2008年至2014年,周琼⑥、吴小伦⑦、李德楠⑧所做的均为有关八景的区域性研究。与此同时,一部分硕士也开始对八景进行关注。2008年成云涛对山东泰安⑨,2009年吴美霞对四川⑩,2009年戴林利对重庆⑪,2010年杨宝军对陕西凤翔府⑫,2011年,邓颖贤对广州市⑬,2011年丁欢对江

---

① 贾文毓:《旅游地理学视域中的中国名胜组景分析》,《地理学报》2009年第6期,第745-752页。
② 喻学才:《八景与休闲》,《建筑与文化》2011年第12期,第86-89页。
③ 任唤麟:《八景文化的旅游学分析》,《旅游学刊》2012第7期,第35-40页。
④ 运迎霞、王林申、王艳玲:《"八景"的传统美学思想体现及对当代城市规划的启示》,《规划师》2014年第3期,第107-111页。
⑤ 高巍、孙建华等:《燕京八景》,学苑出版社,2008。
⑥ 周琼:《清代云南"八景"与生态环境变迁初探》,《清史研究》2008年第2期,第64-73页。
⑦ 吴小伦:《水环境变迁与城市景观建设:以明清的开封"八景"为例》,《兰台世界》2013年第4期,第136-137页。
⑧ 李德楠:《从地方志"八景"看区域水环境变迁——以康熙、乾隆、光绪〈鱼台县志〉为中心》,《中国地方志》2014年第7期,第59-64,5页。
⑨ 成云涛:《传统"八景"的历史文化价值及旅游开发研究——以山东省新泰市为例》,硕士学位论文,湖南师范大学,2008。
⑩ 吴美霞:《四川古"八景"文化在当代景观规划设计中的应用研究》,硕士学位论文,四川农业大学,2009。
⑪ 戴林利:《明清时期重庆"八景"分布及其文化研究》,硕士学位论文,西南大学,2009。
⑫ 杨宝军:《传统八景的地域特色与构建分析——以清代陕西凤翔府属八景为例》,硕士学位论文,陕西师范大学,2010。
⑬ 邓颖贤:《羊城八景与广州市城市形态演变关系研究》,硕士学位论文,华南理工大学,2011。

西①,2011年廖丹对四川②,2013年智伟静对浙江省③的八景从不同视角进行了探究。以上这些研究基本集中在黄河流域以南的地区。

此外,近些年,八景在方志中的重要表现形式之一——八景诗也引起了一些学者的关注。张廷银④,徐赣丽、朱国佳⑤,孙改芳⑥,姚幸福⑦即是对八景诗进行了深入系统的研究。

二、汴京八景研究

开封作为八朝古都,学术界对开封及汴京八景的研究也在不断推进。现有成果既有从景观演变角度考察汴京八景的历史及发展的宏观审视,也有结合相关学科的微观考索。1994年,王宏晓的《汴京八景今昔谈》是最早对汴京八景给予关注的文章。⑧ 而系统对汴京八景加以研究的是杨成化2012年的《汴京八景记》一书。⑨ 该书是迄今为止梳理开封明清汴京八景最早、最全面的一部专著,但行文中对八景的描绘性内容多,而景观变迁、发展特征、趋势及其背后所反映的历史社会文化涉及不多。

相对于少量的宏观和整体研究,结合相关学科对汴京八景展开微观考索的成果则比较丰富。2013年,吴小伦以汴京八景为例,论述了开封地区水环境变迁对八景的影响;⑩2015年,高青青立足于当时的社会背景,从明人

---

① 丁欢:《宋代以来江西"八景"与生态环境变迁》,硕士学位论文,江西师范大学,2011。
② 廖丹:《"八景"的中国式城市意象与旅游开发研究——以四川历史文化名城为例》,硕士学位论文,四川师范大学,2011。
③ 智伟静:《浙江省"八景"文化景观探究》,硕士学位论文,浙江农林大学,2013。
④ 张廷银:《西北方志中的八景诗述论》,《宁夏社会科学》2005年第5期,第146-150页。
⑤ 徐赣丽、朱国佳:《八景文化空间与八景诗画的文化遗产价值》,《广西师范大学学报(哲学社会科学版)》2012年第5期,第74-80页。
⑥ 孙改芳:《八景诗对旅游文化创意的启示——以山西太原古代州县八景诗为例》,《中北大学学报(社会科学版)》2014年第3期,第88-91页。
⑦ 姚幸福:《河北地域八景诗研究》,博士学位论文,河北大学,2013。
⑧ 王宏晓:《汴京八景今昔谈》,《中州统战》1994年第9期,第34-35页。
⑨ 杨成化:《汴京八景记》,和平出版社,2012。
⑩ 吴小伦:《水环境变迁与城市景观建设:以明清代的开封"八景"为例》,《兰台世界》2013年第4期,第136-137页。

李濂《汴京遗迹志》出发，论述该书与汴京八景的关系；①2016年，武强《环境变迁与城市空间的生产：以汴京八景为中心的分析》，进一步从城市空间生产理论和城市意向理论的视角，分析了汴京八景的构建机制；②2017年，魏佳佳以《中西碰撞后的融合——"汴京八景"之创作体会》为题，对汴京八景在中西绘画融合创作中的运用进行了研究；③2018年，石宝光的《汴京八景文化审美研究》，从美学角度对汴京八景的审美心理和追求进行分析，从而把汴京八景的研究推进一步。④

同时，就汴京八景中某一景观及相关问题的研究成果也有不少。如汴京八景中的黄河、汴河、州桥、繁台、艮岳、金明池、隋堤、相国寺等景观的研究；与景观相关人物（信陵君、梁孝王、朱有燉、李濂等）和事件（窃符救赵、七国之乱、隋唐宋大运河、节度使李勉修筑汴州城、明末李自成农民起义等）的研究。

关于汴河的研究，最早的是1995年张爱存的《汴水考》，文章对汴水名称的来源、水系的变迁等问题进行了初步探讨；⑤2011年，牛英豪又以《汴水略考》为题，对汴河的形成和演变进行较为系统的梳理。⑥ 与此同时，又有学者开始关注黄河对开封发展的影响。2011年，吴小伦的《黄河水患与清代的开封的衰落》，论述清代黄河变化与城市发展的关系；⑦2014年，吴朋飞、陆静、马建华以《1841年黄河决溢围困开封城的空间再现及原因分析》为切入点，通过大量数据还原1841年黄河水患对开封围困的情况，客观再现黄河对明清代的开封发展的影响。⑧ 2016年，吴朋飞、徐纪安、马建华的《"引河沟灌大梁"初探》一文，对战国魏大梁城被黄河水淹的情况进行初步探讨，第

---

① 高青青：《李濂〈汴京遗迹志〉中的汴京八景》，《现代商贸工业》2015年第22期，第100-101页。
② 武强：《环境变迁与城市空间的生产：以汴京八景为中心的分析》，《中国社会历史评论》2016年，第166-186页。
③ 魏佳佳：《中西碰撞后的融合——"汴京八景"之创作体会》，硕士学位论文，河南大学，2017。
④ 石宝光：《汴京八景文化审美研究》，硕士学位论文，云南师范大学，2018。
⑤ 张爱存：《汴水考》，《淮北煤师院学报（社会科学版）》1995年第2期，第63-65页。
⑥ 牛英豪：《汴水略考》，《河南水利与南水北调》2011年第7期，第18-19页。
⑦ 吴小伦：《黄河水患与清代的开封的衰落》，《兰台世界》2011年第16期，第16-17页。
⑧ 吴朋飞、陆静、马建华：《1841年黄河决溢围困开封城的空间再现及原因分析》，《河南大学学报（自然科学版）》2014年第3期，第299-304页。

一次指出黄河水患对魏国大梁城及后世开封城市发展的影响;①同年,刘春迎《明代分封制与黄河水患影响下的开封城》,对明代黄河状况和明代分封制对开封城的影响展开讨论。② 可见,黄河对开封城市发展的影响是广泛而深远的。

相国寺的相关研究也是学术界较为关注的问题。段玉明《相国寺——在唐宋帝国的神圣与凡俗之间》是迄今为止研究相国寺最见功力、最为深刻的一部专著。③ 另外,1978年何卓的《开封相国寺今昔》④、1997年车林的《开封大相国寺》⑤都对相国寺在佛教兴起背景下的建立、发展和演变进行了探究;2004年,段玉明再次撰文探究了相国寺在不同时空下的发展演变过程;⑥2008年,郑纯方则以相国寺为切入点,通过僧俗互动,侧面论述了宋代都市的繁华;⑦2012年,张武军《开封相国寺建筑形制考略》⑧和2014年王贵祥《北宋汴京大相国寺空间研究及其明代大殿的可能原状初探》⑨则着重对寺院布局、建筑等进行了专题讨论;2014年,杨军对相国寺的书画交易也进行了专题研究。⑩

园林景观方面,最为典型的是对艮岳和金明池的研究。张松尔的《艮岳杂识》是较早研究艮岳及其对我国造园史影响的文章。⑪ 朱育帆的《关于北宋皇家苑囿艮岳研究中若干问题的探讨》一文,则是过对其历史沿革、遗石

---

① 吴朋飞、徐纪安、马建华:《"引河沟灌大梁"初探》,《中原文物》2016年第1期,第54-61页。

② 刘春迎:《明代分封制与黄河水患影响下的开封城》,《河南大学学报(社会科学版)》2016年第5期,第76-85页。

③ 段玉明:《相国寺——在唐宋帝国的神圣与凡俗之间》,巴蜀书社,2004。

④ 何卓:《开封相国寺今昔》,《开封师院学报(社会科学版)》1978年第2期,第56-61页。

⑤ 车林:《开封大相国寺》,《佛学研究》1997年,第132-133页。

⑥ 段玉明:《从空间到寺院——以开封相国寺的兴建为例》,《世界宗教研究》2004年第3期,第28-37页。

⑦ 郑纯方:《大相国寺:僧俗之间展映出的宋代都市繁华》,《开封教育学院学报》2008年第3期,第46-48页。

⑧ 张武军:《开封相国寺建筑形制考略》,《开封大学学报》2012年第2期,第20-24页。

⑨ 王贵祥:《北宋汴京大相国寺空间研究及其明代大殿的可能原状初探》,《中国建筑史论汇刊》2014年第1期,第131-170页。

⑩ 杨军:《汴京大相国寺:北宋的书画交易市场》,《中国社会科学报》2014年3月19日,第B01版。

⑪ 张松尔:《艮岳杂识》,《广东园林》1990年第4期,第39-43页。

以及山体高度等一系列问题的探究。① 常卫锋通过对艮岳山石、水体、建筑、植物、动物等的阐述，探析了该园的文化内涵。② 杨珮从宏观布局和微观造园艺术方面分析了艮岳对现代景观设计的意义。③ 金明池的研究中，丘刚、李合群从考古学角度对金明池的建造和布局进行了还原和分析；④ 刘珊珊对金明池的开凿功能、演变、布局特点、文化活动，以及最后的荒废和消失进行了梳理，得出金明池作为皇家水上园林的兴衰脉络。⑤ 同时，也有部分关于北宋园林中的江南观念⑥、两宋园林的道家思想⑦、园中娱乐世俗生活⑧，以及园林艺术特色⑨等方面的研究成果。

另外，关于繁台、吹台和梁园的研究成果也曾引起不少学者的关注。如对繁台读音的研究⑩、繁台和吹台是否同为一处、吹台和繁台是谁所筑⑪，以及梁园情结的形成⑫等都有一些研究成果出现。

从以上对八景及汴京八景相关问题的总体研究情况来看，主要表现出如下不足：

其一，对八景内容和区域性八景的研究不平衡。主要表现在：一、就八

---

① 朱育帆：《关于北宋皇家苑囿艮岳研究中若干问题的探讨》，《中国园林》2007年第6期，第10-14页。

② 常卫锋：《北宋皇家园林艮岳的文化内涵探析》，《开封大学学报》2009年第1期，第17-20页。

③ 杨珮：《艮岳造园艺术及其对现代景观的意义探索》，Agricultural Science & Technology 2017年第11期，第2175-2178页。

④ 丘刚、李合群：《北宋东京金明池的营建布局与初步勘探》，《河南大学学报（哲学社会科学版）》1998年第1期，第12-14页。

⑤ 刘珊珊：《北宋东京著名的皇家水上园林——金明池的盛衰》，《华中建筑》2008年第6期，第185-188页。

⑥ 何晓静：《北宋园林中的"江南"观念》，《新美术》2016年第7期，第76-83页。

⑦ 鲍沁星：《两宋园林中方池现象研究》，《中国园林》2012年第4期，第73-76页。

⑧ 雷国飞、胡泯：《看〈金明池争标图〉中北宋水上娱乐活动》，《兰台世界》2014年第29期，第151-152页。

⑨ 田鹏：《管窥北宋东京皇家园林艺术特色》，《兰台世界》2015年第3期，第141-142页。

⑩ 帆声：《繁塔音义考略——兼论"Buddah"一词的汉译》，《史学月刊》1987年第2期，第99-102,118页。

⑪ 赵为民：《梁惠王筑吹台辨析》，《河南大学学报（哲学社会科学版）》1987年第4期，第57-59页。

⑫ 王永宽：《论历代文士的梁园情结》，《商丘师范学院学报》2006年第4期，第22-25页。

景自身发展演变而言，所论多偏重于八景缘起及传播方面的研究，且论述多停留在简单的八景介绍及现象描述层面，在研究深度上尚嫌不足。二、就八景的区域性研究而言，华东的浙江省，华南的广东省，华中的江西省，华北的山西省、河北省，西南的四川省，西北的宁夏回族自治区等是研究的重点，而东北、西北、云贵地区以及天津、上海、河南、山东、江苏、安徽、福建等地区和省份的八景研究尚未引起学术界的足够关注和充分重视。如此，不仅不利于厘清明清八景的全貌，更难全面、客观地评价八景的历史价值。

其二，关于明清八景的综合性研究不足。明、清两代是古代历史的最后两个朝代，该时期君主专制达到顶峰。明代手工业发达和商品经济繁荣，出现了商业集镇和资本主义萌芽，其文化艺术也呈现世俗化趋势；而清朝初期大力推行圈地政策，破坏了经济发展，重农抑商严重，制约了资本主义萌芽的发展。随着王朝更替和时势的突变，反映城市文化的八景亦不断发生变化，而这种变化所表现出来的复杂性、多样性，需要通过多角度、多学科的综合研究才能得以揭示。学术界对明清汴京八景的综合性研究亟待深入研究的领域尚有不少。诸如八景与社会政治风尚的关系，区域性八景的形成，八景与社会文化思潮的关系，等等，皆有拓展余地。但以往研究大多局限于明代或清代的断代研究，很少对明清八景进行多角度、多层次的纵向探讨；多数研究仍限于就人论人、就事论事的层面，尚未突出对八景与社会政治、经济发展之间关系的辩证考察，未能将八景纳入广泛的历史系统中进行综合研究。

其三，既有研究对相关史料的利用不够宽广和深入。对明清汴京八景的综合性研究中，既有成果叙述性的、零散研究的多，且对相关史料的利用不够宽广和深入。不断发掘和利用相关史料是明清八景相关研究亟待解决的问题。一方面，要对过去熟悉的旧史料进一步探索，如充分利用和挖掘记载八景的不同历史时期的方志中的信息，对于全面解读八景的价值颇有助益；另一方面，继续整理和开发新史料，如《宋史》《元史》《金史》《明史》《清史稿》等正史文献、名人文集、传记等，皆是八景研究中应充分重视的重要史料。

总之，八景是一种独特的历史现象。这种现象能够产生、发展、演变，并成为特定城市突出的历史记忆、城市文化的典型代表，这本身就极不寻常。本研究以八景为研究对象，以历史学的研究范式，借用景观学、历史地理学、旅游学、心理学、美学、统计学等的研究方法，以明清汴京八景为入口，探究明清汴京八景的基本内容、历史沿革和变迁，景观随自然和社会变化的消长、演变原因,以及汴京八景演变特点和规律,从而进一步探究开封在明清不同历史阶段的社会风尚、文化思潮和城市变迁,挖掘开封文化特色,凸显古城气质,为现代开封经济社会发展提供理论依据和经验借鉴。

第三节　概念界定及研究方法

一、"八"及其文化意义

在人类社会的发展过程中,数字一开始只是一种为生存和交往需要而产生的原始计数方式。之后,人们逐渐掌握并利用它,先后提出了十进制、正负数、圆周率等概念。数字逐渐融入人们的生产、生活,渗透到中国人的思想、观念、文化、行为等诸多方面。"数"是一种特殊的文化基因,溶化在民族心灵的血肉之中①,数字在人们的文化创造、日常生活、风俗习惯,乃至思维、言谈和写作方式中都深深刻下了数字的印迹,因此,有人说,数字是"国人的第二语言"。

数字"八",辞源中的解释是"数词",一到十之间的一个数字。"八"与中国文化发生联系始于伏羲作八卦。当时还是部落联盟首领的伏羲,借用八种自然现象——天、地、雷、风、水、火、山、泽来描述和预测万事万物的变化和关系。八种卦象分别是:"乾"代表"天","坤"代表"地","震"代表"雷","巽"代表"风","坎"代表"水","离"代表"火","艮"代表"山","兑"代表"泽",以此来说明和预测世界万事万物及其性质、功能和变动。②八卦中为何用八种要素,这和"八方"有关。"八方"是指空间的一切方位,即:东、西、南、北、东南、东北、西南、西北。因此,八卦也是试图在囊括一切的空间中给事物以分类和解释。

数字"八"是通过《周易》正式与中国文化联系在一起的。《周易》用"八"指代全部的二维空间——东、西、南、北、东南、西南、西北、东北,并根据八个方位推出八种卦象。八卦分别对应八方:乾——南;坤——北;离——东;坎——西;震——东北;巽——西南;艮——西北;兑——东南。③ 西周时期已经形成的"中"的观念,使得人们在生活中习惯在方位和空间的划分中

---

① 吴慧颖:《中国数文化》,岳麓书社,2013,第 2 页。
② 吴慧颖:《中国数文化》,第 30 页。
③ 吴慧颖:《中国数文化》,第 384 页。

以自我为中心分割至"八"而止。后来"八"也用来指代二维空间的全部方位,生活中常说的"八方""八面"即泛指每个方向、一切方位。另外,《周易》包含阴、阳观念,数字"八"为阴数最大者,而"天"和"地"又分别指"阳"和"阴"。因此,用"八"表示地域范围内、铺陈在大地之上的全方位景观,再恰当不过。本文所指"八景"不仅是具体的八种景观,而且更是囊括所处区域中不同方位之代表性景观。另外,选择的八景也考虑到不同方位八种不同自然现象中所对应之景物,如山、水、太阳、月亮、风、霜、雨、雪、晨、昏等要素。用"八"指代一定地域内的代表性景观,是对中国文化博大精深的最好诠释。

从八卦、八方开始,"八"就代表了丰富多彩、全面无遗的意思,随着历史发展,不同时期、不同阶层的人不断赋予它新意,"八"逐渐成为民族的崇尚之数,所以,本文研究"八景"中的"八",不仅是一个单纯表示景观数量的词,还有指代区域代表性景观的含义。

二、景观

"景观"一词最早是由德国人提出来的,指的是地表上可见的事物。人们根据景观的基本属性把景观分为自然景观和人文景观。自然景观有其稳定的景观属性,而人文景观则常随着社会的发展、人类审美观念的变化而不断被赋予新的意义。"奥托·施吕特尔认为,世间有两类景观,一是原始景观,即在经过人类活动的重大改变之前存在的景观;二是文化景观,即在原始景观之上由人类文化改变后的景观。"[1]因此,对人类社会而言,景观是在人类发展过程中逐渐形成的,并浸透着人类的生活和思想,体现人与自然相互作用痕迹的一种客观存在。本文所探讨的景观,是指城市中经过人类活动参与或文化渗透后的历史文化景观。

作为地方文化景观,"不仅折射了特定历史时期的独特人地关系,也表征当时人们的价值理念,承载着地方情感和意义"[2]。一定地域范围内人们共同认可的景观,是一种用可视化元素表达区域文化价值认同的方式。"每

---

[1] 赵世瑜:《文化景观学与史学研究的突破》,《史学理论研究》1993年第2期,第120页。

[2] 孔翔、卓方勇:《文化景观对建构地方集体记忆的影响——以徽州呈坎古村为例》,《地理科学》2017年1月,第111页。

一传统景观都表达了独一无二的地方感和地方精神。"①故而,景观是对区域范围内人们各种思想意识、社会心理、生活方式、风俗习惯、宗教信仰以及价值观、审美观、道德观等的物化反映。

景观除具有空间特征外,它还是地域范围内时间层累痕迹的外显化符号。不同历史时期产生的景观,"就像一定地质历史时期的地层,展示着一定时代的文化图景,文化史的变迁就表现为文化景观的相继替代"②。景观所表现的是"时间留给空间的印痕,正如乔丹和罗文垂所说,'眼睛所看到的文化景观大部分都是目前已消失的因果关系诸力量和环境的产物'"③。因此,任何一种存在的景观都是时空共同作用的产物。

本文所探讨的八景是一种历史发展中逐渐形成的文化景观。这种文化景观从地域范围内的众多景观中遴选出来,是一种表现和反映区域历史发展特性的、负载人类活动痕迹的、直观反映区域文化特征的物质文化景观,是一种具有物质形态的人类创造物。

三、城市景观

"城市景观是城市空间与物质实体的外显表现。由城市实体建筑,城市空间要素,基面和城市小品等组成。"④而城市是人类社会生产力发展到一定阶段的产物,是社会进步的标志。从秦始皇设立郡县制开始,中国古代的城市都是地域政区的中心。在中国历史上,城市之中不论是京畿所在地、府治中心,抑或是低一级的县域城市,从来都是中央权力统一管理下的地方行政机构。在中国传统社会,城市首先是国家权力所在地。

本文中所提到的"汴京",是明清时期的中原政治、经济和文化中心,是曾经的河南省会、首府开封府治所、祥符县县治所的省、府、县三级官署衙门所在地。

本文所指城市景观实际是城市历史景观,它有三方面的含义:第一,城市景观和城市文化是相互作用的。城市景观作为一种客观物质存在,它不

---

① 杜芳娟、陈晓亮、朱竑:《民族文化重构实践中的身份与地方认同——仡佬族祭祖活动案例》,《地理科学》2011年第12期,第1512页。
② 周尚意、孔翔、朱竑:《文化地理学》,高等教育出版社,2004,第302页。
③ 周尚意、赵世瑜:《中国民间寺庙:一种文化景观的研究》,《江汉论坛》1990年第8期,第44页。
④ 魏向东、宋言奇:《城市景观》,中国林业出版社,2005,第3页。

仅是存在于人们头脑中的城市印象,而且是城市历史文化的物质化展示。文化一方面通过景观来反映,另一方面其走向也影响和改变着景观的内容。第二,城市景观是随历史发展不断生长的。城市景观不是静态的存在,而是一直处于变化发展的过程中。随着时间推移,城市文化在不断生长的同时,也促进城市景观逐渐发生变化。第三,人是构成城市景观的重要组成部分。每个历史时期所形成的城市景观都离不开人的参与。人作为文化的主体和文化构成的要素,本身会对城市景观产生重要影响,但容易忽视的一点是人本身就是城市景观的构成要素。在作为政治和经济中心的城市中,政治的稳定、商业的繁荣,都是城市中的人参与完成的。正是由于有了人的参与,城市才具有活力,城市才有了因不同的人而呈现的不同特性。

城市历史景观是在中国古代社会城市历史发展过程中,逐步形成的带有城市文化特质的各种物质元素的存在形态。这种形态是城市中最易识别、最易记忆的部分,是构成城市个性的重要特质,它是历史发展的见证,是不断层累的历史记忆在特定空间展开的表现。本文不仅探讨城市景观的物质特性,更重要的是了解这些物质形态所构成的地域空间、景观历史和文化痕迹。

四、研究方法

研究方法上,本文将在辩证唯物主义和历史唯物主义理论的宏观指导下,运用实证方法研究相关问题。遵循史学传统,采用分析、对比、考证以及归纳等方法,坚持论从史出、史论结合的原则。另外,明清汴京八景研究也属于文化、旅游、景观、美学的范畴,因此在研究中除历史学的研究方法外,还适当借鉴历史地理学、旅游学、景观学、心理学的相关理论和研究方法。

第二章
明清汴京八景形成的历史渊源

城市是社会文明的标志,是人类活动的主要空间。城市景观则是城市发展到一定时期,人类情感在自然或人文景观中的反映或呼应。它代表着城市人对自我创造的肯定或欣赏,是城市文明的一种特有表现形式。

开封城市的历史可以追溯到夏朝,夏朝都城老丘就在今开封城附近。后历经春秋时期郑国储存粮食的仓城、战国时期的魏大梁城、唐汴州城,再到五代、北宋和金的都城,明清省城等几个发展阶段。明清汴京八景的形成有其深厚的历史背景和渊源,其大多数组景要素在明代之前已经诞生或形成。本章主要探究明清汴京八景组成要素在明代之前形成与发展的过程,总结其特征及演变趋势,为明清时期汴京八景的正式提出提供必要的历史依据。

第一节 明清汴京景观形成历史溯源

开封是一座具有悠久历史和文化的城市。春秋战国时期,魏国立大梁为国都,开封城市地位日渐上升,逐渐成为中原早期城市群中的重要城市之一。历经朝代更迭、都城变迁、频繁战乱及河水的屡屡决淹,开封几度兴废,城市文明因此而日益厚重,同时也逐渐形成了代表不同历史文化侧面的城市景观。这些景观又在历史发展中逐步孕育形成新的景观,见证着城市历史的发展。明清汴京八景是在历史发展中逐渐形成并持续演变的,也是开封有史以来城市发展结果的表现形式之一。它们在不同历史时空下,其最初的实用功能逐渐转变,在社会进步和文化思潮、人类思想的升华中渐渐变成一种城市景观,成为一种历史文化的象征。

一、春秋战国的吹台夷山

(一) 师旷奏乐之吹台

吹台是开封著名的景观之一。这里不仅是历代文人雅士奏乐吹歌、诗词交流的集中地,而且也是战乱之际排兵布阵的演武场,更是乱世民众乞活凭居的栖息地和盛世踏青郊游的首选地。历代不断叠加起来的文化元素,使得吹台在后世民众心中的形象越来越高大,因此,随着历史发展,吹台逐渐成为一处具有丰厚文化底蕴的风景名胜地。

1. 吹台始建

吹台始建何时、为谁所建,历来说法不一。其一,认为吹台始建于春秋战国时期的晋国,汉代梁孝王增筑。"本师旷吹台,汉梁孝王增筑之。"①"吹台,一名繁台,晋师旷建,梁孝王增筑。……县有苍颉师旷城,其城列仙吹台,梁王增筑之以为吹台。……吹台。注:府城东南即繁台也。师旷建,梁孝王增筑之。"②

其二,认为吹台始建于汉代,乃梁孝王所建。金人完颜璹《梁台》诗云:"汴水悠悠蔡水来,秋风古道野花开。行人惊起田间雉,飞上梁王鼓吹台。"③明祥符人李濂亦有《吹台怀古》诗云:"梁王昔日筑高台,鼓吹华筵动地开。"④可见金、明时期人们已经普遍认可吹台为汉代梁孝王所建的事实。

其三,认为吹台始建于魏惠王迁都大梁之后。北宋诗人梅尧臣的《同江邻几龚辅之登吹台有感》云:"在昔梁惠王,筑台聚歌吹。笙箫无复闻,黄土化珠翠。当时秦兵强,今亦归厚地。我与诸贤良,举酒莫言醉!"⑤诗中明确指出吹台是魏惠王所筑。

以上说法孰对孰错,目前学术界并无定论,但对于"梁孝王增筑以为吹台"这句话,理解其意有二:一是在原有的基础上扩大范围,二是在原有的基础上增加设施。

---

① 周城:《宋东京考》卷一〇《台》,单远慕点校,中华书局,1988,第180页。
② 宋继郊:《东京志略》,王晟、李景文、刘璞玉点校,河南大学出版社,1999,第476页。
③ 李濂:《汴京遗迹志》卷二四《艺文十一》,周宝珠、程民生点校,中华书局,1999,第486页。
④ 李濂:《汴京遗迹志》卷二三《艺文十》,周宝珠、程民生点校,第467页。
⑤ 李濂:《汴京遗迹志》卷二一《艺文八》,周宝珠、程民生点校,第414-415页。

2. 吹台名称

吹台自建成以来,在漫长的历史发展中,随着功能改变,其名称也不断变化。

明人李濂的《汴京遗迹志》、清人周城的《宋东京考》和清人宋继郊的《东京志略》中关于此地的记载虽都用"吹台"之名,但其解释却引申若干别称。李濂《汴京遗迹志》为:"吹台,在城东南三里,相传汉之鼓吹台,一名梁台,一名雪台,俗呼为二姑台。今改为禹王台。"①寥寥数语提到六个称谓。清初周城《宋东京考》则为:"吹台,在城东南三里许,一名平台。按《九域志》,即繁台也。本师旷吹台,汉梁孝王增筑之,为鼓吹台,一名梁台。"②文中多了"平台"和"繁台"两个称谓。清人宋继郊《东京志略》:"吹台(繁台、平台、讲武台、禹王台)。"③此处又增加"讲武台"一名。该说法源自《玉海》:"后梁开平元年(907)十月,幸繁台讲武。二年(908)七月改为讲武台。"④以上文献中共出现九个不同称谓:吹台、鼓吹台、梁台、雪台、二姑台、平台、繁台、禹王台和讲武台。由此足见吹台在不同历史发展阶段的重要性。

实际上,清人宋继郊在《东京志略》的《书影卷三》中还提及另一称谓。"吾梁吹台在城南,是师旷作乐处。梁孝王改为繁台,班史称吹台为平台。谢惠连于此作《雪赋》,又名雪台。'繁'音'婆',今尚有繁塔,予同学诸生有繁居正者,台下人。魏有繁钦。又《述异记》:'蠡台,梁孝王筑于菟园中,以回道似蠡也。'今不知在何所。然繁台上有塔,从下而上,实作蠡形。与他处塔制异,蠡台或即繁台欤。"⑤书中不仅道明此处为繁台、平台、雪台,更有"蠡台"之说。清周城《宋东京考》中引用《水经注》云:"(陈留)县有仓颉、师旷城,其城有列仙之吹台,北有牧泽,中出兰蒲,梁王增筑之,以为鼓吹台。……晋世丧乱,乞活凭居,削堕故基,遂成二层,上基犹方四五十步,高一丈余,世谓之乞活台。"⑥可见,晋代的吹台还有一段被称作"乞活台"的历史时期。

通过以上梳理可知,吹台先后有十一种不同叫法,分别是:吹台、鼓吹

---

① 李濂:《汴京遗迹志》卷八《台、池、园、苑、洞、峡、渚、汴》,周宝珠、程民生点校,第122页。
② 周城:《宋东京考》卷一〇《台》,单远慕点校,第180页。
③ 宋继郊:《东京志略》,王晟、李景文、刘璞玉点校,第475页。
④ 宋继郊:《东京志略》,王晟、李景文、刘璞玉点校,第476页。
⑤ 宋继郊:《东京志略》,王晟、李景文、刘璞玉点校,第476-477页。
⑥ 周城:《宋东京考》卷一〇《台》,单远慕点校,第180页。

台、梁台、雪台、二姑台、平台、繁台、禹王台、讲武台、蠡台、乞活台。

由此可知，从吹台始建和历代名称更迭中可知，吹台对历代开封城市发展的影响较深。在这种不断的历史积淀中，各种综合因素不断叠加最终促成吹台成为明清两代开封的一处名胜之所。

（二）魏大梁东门之夷山

"夷山"原是战国时期魏国大梁城东门所在地一处山顶平夷的小山。因此，"夷山不高亦不长"，但站在这里可以"四望城池莽苍苍"。① 且自古人们为趋避灾害，往往对地势较高之地较为钟情，故而在一马平川的中原地区，出现一处相对较高的高地，也是引人注意的。

"夷山"仅凭地势相对较高而称为"山"是勉强为之的。夷山之所以载入史册皆因魏国信陵君与侯嬴等人历史故事的影响。"夷山在里城内安远门之东，以山之平夷而得名也，亦名夷门山。古有夷门，乃侯嬴监守之处。"② 这里强调夷山不仅是因山之平夷而引人注目，更因它是夷门所在地而出名。

夷门是魏国大梁城的东城门。司马迁《史记》云："吾过大梁之墟，求问其所谓夷门。夷门者，城之东门也。"③ 据史书记载："大梁城有十二门……大梁城东门曰夷门，则夷门者，大梁之一门耳。"④ "魏有隐士曰侯嬴，年七十，家贫，为大梁夷门监者。"⑤ 夷门出名是因其守门人侯嬴之故。

清光绪《新修祥符县志》对此也有类似记载："夷山，在县治东北安远门内，以势平夷故名，亦名夷门山。古有夷门乃侯嬴监守之处，《史记》云：夷门汴之城东门也，而安远门乃汴之北门，今北门内地势颇高，似是夷山，而司马迁乃云东门，意者古今城桓改徙不一，莫可考矣。"⑥ 从中可以看出，夷山不仅是一处山顶平夷的自然景观地，更是因信陵君、侯嬴而为后人所熟知的、负载历史信息的人文景观所。

信陵君"窃符救赵"的故事发生在战国时期的魏国都大梁城。当时魏国因"秦、赵、齐共伐我，秦将商君诈我将军公子卬而袭夺其军，破之。秦用商

---

① 光绪《新修祥符县志》卷二一《丽藻志》，上海书店出版社，2013，第715页。
② 李濂：《汴京遗迹志》卷四《山岳》，周宝珠、程民生点校，第54页。
③ 司马迁：《史记》卷七七《魏公子列传》，中华书局，1959，第2385页。
④ 宋继郊：《东京志略》，王晟、李景文、刘璞玉点校，第138页。
⑤ 司马迁：《史记》卷七七《魏公子列传》，第2378页。
⑥ 光绪《新修祥符县志》卷五《地理志·山川》，第122页。

君,东地至河,而齐、赵数破我,安邑近秦,于是徙治大梁"①。魏惠王把都城迁到大梁后,前后经过六代国王一百三十余年(前362—前225)的苦心经营,大梁进入开封历史上第一个鼎盛时期。崛起的魏国引来八方有识之士的会聚。战国四公子之一的信陵君"为人仁而下士,士无贤不肖皆谦而礼交之,不敢以富贵骄士。士以此方数千里争往归之,致食客三千人。当是时,诸侯以公子贤,多客,不敢加兵谋魏十余年"②。各国混战之时,信陵君在侯嬴、朱亥等谋士的帮助下成功"窃符救赵"。信陵君的礼贤下士、侯嬴的豪侠仗义得到人们的认可,因此,夷门、夷山作为该事件的发生地逐渐成为一种被后世推崇的精神象征,一座普通的夷山成为后世之人感怀和凭吊的象征地。

二、秦汉时期的梁园

"梁园"或者"梁苑"是汉代梁孝王刘武在其封地所建的一处园林。这里走出了一大批杰出的汉赋大家,他们为汉代文学的繁荣做出了重要贡献,梁园因此名扬天下,成为一处人们津津乐道的文人雅会的名胜之所。

"梁孝王武者,孝文皇帝子也,而与孝景帝同母。母,窦太后也。"③公元154年,梁孝王在七国之乱中,倾其所有,抗击叛乱,死守睢阳三个多月,因此立下赫赫战功,故"其后梁最亲,有功,又为大国,居天下膏腴地。地北界泰山,西至高阳,四十余城,皆多大县"④。在政治和经济双重支持下,梁孝王具备了修筑苑囿的条件,"于是孝王筑东苑,方三百余里,广睢阳城七十里。大治宫室,为复道,自宫连属于平台三十余里"⑤。因苑囿建在梁孝王宫城以东,所以称为"东苑"。

建成后的东苑逐渐成为梁孝王时期文人雅士吟诗作赋的聚集地。梁孝王仿效魏公子信陵君,招贤纳士广揽门客。"(孝王)招延四方豪杰,自山以东游说之士,莫不毕至,(有)齐人羊胜、公孙诡、邹阳之属。"⑥《汉书·贾邹枚路传》亦云:"是时,景帝少弟梁孝王贵盛,亦待士。于是邹阳、枚乘、严忌

---

① 司马迁:《史记》卷四四《魏世家》,第1847页。
② 司马迁:《史记》卷七七《魏公子列传》,第2377页。
③ 司马迁:《史记》卷五八《梁孝王世家》,第2081页。
④ 司马迁:《史记》卷五八《梁孝王世家》,第2082-2083页。
⑤ 司马迁:《史记》卷五八《梁孝王世家》,第2083页。
⑥ 司马迁:《史记》卷五八《梁孝王世家》,第2083页。

知吴不可说,皆去之梁,从孝王游。"①此外,把汉赋推向高潮的司马相如也加入了梁孝王的文人社团,并在梁园写成了著名的《子虚赋》。"会景帝不好辞赋,是时梁孝王来朝,从游说之士齐人邹阳、淮阴枚乘、吴庄忌夫子之徒,相如见而说之,以病免,客游梁。梁孝王令与诸生同舍,相如得与诸生游士居数岁,乃著《子虚之赋》。"②

为给文人雅士提供更加怡人的环境,梁孝王不断加大对东苑的投入,东苑逐渐成为一处美不胜收的世外桃源。"据《史记》收录的葛洪《西京杂记》云:'梁孝王苑中有落猿岩、栖龙岫、雁池、鹤洲、凫岛。诸宫观相连,奇果佳树,瑰禽异兽,靡不毕备。'俗人言:梁孝王竹园也。"③优美的景致因文人墨客而增色,而文人墨客对景致的描写和宣扬反过来又增加了景致的文化分量,两者相互促进,使梁园逐渐成为一处富载历代文化的名胜古迹。梁园也成为文人墨客切磋技艺、交流心得、提升水平、树立地位的重要舞台。

梁园作为文人舞文弄墨之所,吸引大批文人竞相前往。梁孝王和文学家邹阳、枚乘、司马相如等在梁园(又被称为梁苑、兔园、兔苑、睢苑、修竹园等)的平台、文雅台、雁池、清泠池、清泠台、忘忧馆等留下了大量的诗作歌赋。"游梁"一词在文人中逐渐传开,因此在后世文人心中,梁园是一处值得追忆的历史古迹。汉代以后出现的有关梁园的诗词,如李白的《梁园吟》、高适的《宋中十首》、岑参的《梁园歌送河南王说判官》等,足以说明梁孝王及梁园对后世影响之深远。

实际上,梁孝王所建梁园并不在开封,而在睢阳。战国时期的魏国因都城名大梁,故魏国又叫梁国。而当时位于梁国东部的宋州从西周时期就是宋国都城,大概位置在今商丘一带。"把春秋战国时代相邻的两个国家合称表示某一大致的区域,是汉代的习惯。"④【正义】《括地志》云:"汉文帝封子武于大梁,以其卑湿,徙睢阳,故改曰梁也。"⑤《太平寰宇记》中也有类似记载:"至文帝封皇子武为梁王,都大梁,后以其地卑湿,东徙睢阳,即今宋州也。"⑥梁孝王虽已迁至睢阳,但汉代开始人们习惯上称这里为梁宋,故后人

---

① 班固:《汉书》卷五一《贾邹枚路传》,中华书局,1962,第 2343 页。
② 司马迁:《史记》卷一一七《司马相如列传》,第 2999 页。
③ 司马迁:《史记》卷五八《梁孝王世家》,第 2083 页。
④ 杜玉俭:《李白、杜甫和高适为何并未共登开封吹台》,《中州学刊》2004 年第 3 期,第 115 页。
⑤ 司马迁:《史记》卷五八《梁孝王世家》,第 2082 页。
⑥ 乐史:《太平寰宇记》卷一,王文楚等点校,中华书局,2007,第 1 页。

把睢阳也称"梁"。因此梁孝王凭借汉景帝和窦太后支持所筑的东苑,久而久之也被叫作"梁园"了。

与夷门一样,由于景观所在地深厚的历史文化之故,后世还有人直接用梁园指代开封。魏国的辉煌历史随王贲引河沟水灌大梁城而逐渐消失。汉代以后,虽曾在大梁城旧址附近扩建过启封、开封、浚仪、陈留、汴州等,却都不及当年的大梁城繁华。唐高适《古大梁行》:"古城莽苍饶荆榛,驱马荒城愁杀人。魏王宫观尽禾黍,信陵宾客随灰尘。忆昨雄都旧朝市,轩车照耀歌钟起。军容带甲三十万,国步连营五千里。全盛须臾那可论?高台曲池无复存。遗墟但见狐狸迹,古地空余草木根。暮天摇落伤怀抱,抚剑悲歌对秋草。侠客犹传朱亥名,行人尚识夷门道。白璧黄金万户侯,宝刀骏马填山丘。年代凄凉不可问,往来唯见水东流。"①从这首史诗般的诗歌描述中可以看出,此时的开封城包括吹台在内的很多遗迹都已不复存在。由于汉梁孝王封地为大梁,唐开封被称为汴州,因此,汉代司马相如、枚乘等人口中的"游梁",在唐代文人口中就慢慢变成了汴州城的代称。既然汴州城曾是战国魏大梁城,又曾是梁孝王封地,梁园又是梁孝王所建园囿,唐以后,人们自然也就用"梁园"来指代"汴州"了。

三、魏晋南北朝的寺院

南北朝时期,朝代更迭频繁,政权不稳,人们思想波动较大。汉代传入中国的佛教,由于宣扬"世间救赎"②思想,因此这一时期发展迅速。当时为北齐所辖地的开封,在此背景下,先后建起两座后世著名的佛教寺院:相国寺和开宝寺。

相国寺的历史可追溯到二千二百多年以前的春秋战国时期。一种说法认为此地"旧传东京相国寺乃魏公子无忌之宅,至今地属信陵坊"③。另一

---

① 李濂:《汴京遗迹志》卷二二《艺文九》,周宝珠、程民生点校,第424—425页。
② 葛兆光:《中国思想史》,复旦大学出版社,1998,第541页。
③ 魏泰:《东轩笔录》卷一三,李裕民点校,中华书局,1983,第148页。

种说法则认为,此地是信陵君曾游玩之所,被称作"胜游""游赏"的场所。①之后,经历秦、汉、魏、晋,这里到底作何用途,因史料记载不详,无从考证。

南北朝时期,北齐文宣帝(高洋)天宝六年(555)曾在这里创建一座名为建国寺的寺院,后遭兵燹被毁。唐初,此地是歙州司马郑景的宅院,院中有一池沼。长安元年(701)游方僧人慧云来到开封,幻觉中看到郑景宅院池沼中出现楼殿台阁的影像,于是发愿要在此建造一座寺院。后来他募购郑景宅院建造寺院,名福慧寺。动工开建时在此地挖掘建国寺旧碑一块,因此改福慧寺为建国寺。延和元年(712)唐睿宗李旦"以旧封相王,初即位,因赐额为相国寺"②,以此纪念他由相王登上王位。

相国寺寺院建筑规模在唐以后逐渐扩大。唐玄宗和唐肃宗时期对寺内殿阁楼塔有所增建。"玄宗天宝四载(745),建资圣阁东塔曰普满,西塔曰广愿"③,相传寺内具有"十绝"极为崇丽④。后唐长兴二年(931)和宋开宝六年(973)曾两度重修。宋太宗至道元年(995)又在寺内增建殿亭门廊等,其中包括重建资圣阁。"按寺旧有,重阁高三百尺,敌扬州西灵塔。唐大顺初灾。后唐长兴二年复修构,咸平中该曰资圣,又重楼三门,至道元年造。"⑤宋仁宗天圣八年(1030)和庆历元年(1041):"其西法华院,有佛牙碑,太宗、真宗、仁宗御制颂偈赞"⑥等。宋神宗元丰三年(1080)下诏将寺内原有的六十四院落并为八院,其中以智海、慧林两个禅院最为著名。因此相国寺发展到北宋一朝,寺院规模已经非常宏大。

开宝寺是与相国寺同时期出现的另一座寺院。据《汴京遗迹志》载:"开宝寺,旧名独居寺,在上方寺之西,北齐天保十年(559)初建。唐开元十七年(729),玄宗东封还,至寺,改曰封禅寺。宋太祖开宝三年(970),又改曰开宝寺……太宗端拱中建塔,极其伟丽。初,释迦佛舍利塔在杭州,佛书所谓阿

---

① 《太平寰宇记》卷一:"信陵亭在城内临河,当相国寺前,魏公子无忌胜概之地。"《北道刊误志》:"信陵亭在城内,临汴水,魏公子无忌胜概之地,俗曰公子亭。"《大明一统志》卷二六:"信陵亭在府城内相国寺前,本魏公子无忌胜游之地,旧有亭。"《汴京遗迹志》卷八:"信陵亭在相国寺前,魏公子无忌胜游之地;公子亭在丽景门外,公子谓无忌也。"明成化《河南总志》卷四:"开封府下《古迹》:信陵亭在本府城内相国寺前,本魏公子无忌胜游之地。"清乾隆《祥符县志》卷四:"《古迹》:信陵亭在县内相国寺,战国魏公子无忌游赏之地,旧有亭。"等等。
② 李濂:《汴京遗迹志》卷一〇《寺观》,周宝珠、程民生点校,第151页。
③ 李濂:《汴京遗迹志》卷一〇《寺观》,周宝珠、程民生点校,第151页。
④ 王瓘:《北道刊误志(及其他三种)》,《丛书集成》初编本,中华书局,1991,第8页。
⑤ 王瓘:《北道刊误志(及其他三种)》,第8页。
⑥ 王瓘:《北道刊误志(及其他三种)》,第8页。

育王七宝塔也。及吴越王钱俶归宋,太宗遣供奉官赵镕取置寺内,度龙地瘗之。"①另有记载:"开宝寺,旧曰独居,魏甘露五年(260)修,唐更曰封禅(案明皇东封近寺,置行宫,改为封禅寺,见《汴州记》),开宝中,改今额。"②清光绪《新修祥符县志》载:"晋天福中,建于明德坊,名曰等觉禅院。"③因此可知,这里最早名为"独居寺"。初为独居寺时,僧人很少,寺院规模也不很大,大概相当于佛教寺院中的"阿兰若"④,但独居寺毕竟为后来规模宏大、僧尼众多的北宋皇家寺院开宝寺的发展奠定了基础。

  初创的独居寺,为何建于城内东北角,当与这里特殊的地理位置和悠久的历史有关。第一,金代之前的黄河距开封较远,只有汴河穿城而过。这里没有名山大川,当时只有城东北夷山一带地势相对较高,且相对于城内其他地方,这里地旷人稀、干燥、适宜居住,是佛教修行的理想去处。第二,作为战国时期"窃符救赵"中战国四公子之一的信陵君、大梁守门官侯嬴、屠户朱亥这些做出英雄创举事件的历史人物,让夷山这块小小的高台蕴含着无限的人文魅力。后来司马迁在《史记》中对他们此举的讴歌和赞颂,也使得后来者怀揣理想,不畏简陋,在此结庵修行。之后,由于佛教在中原地区的大力发展,独居寺逐渐发展成著名的皇家寺院开宝寺,成为北宋盛极一时的佛教文化圣地。

  除以上出现在该历史时期的景观外,百冈也是一处记载重要历史事件的景观地。"城东北三十里,有土堆百余。世传宋文帝元嘉中,檀道济与北魏战,粮尽而返,魏军袭之。道济夜唱筹量沙,积至百堆以给之,魏军见之果退,道济全师而还。"⑤由此可知,百冈实际上是五代十国时期两军交战留下的百余个土堆。清周城《宋东京考》⑥、管竭忠《开封府志》中不仅记载了百冈形成的传说,而且特别指出,此处景观在清朝"今犹存"⑦。但奇怪的是,百冈在清人宋继郊的《东京志略》中却没有提到。这说明,该时期百冈已消失或淡出人们的视野了。

---

① 李濂:《汴京遗迹志》卷一〇《寺观》,周宝珠、程民生点校,第156页。
② 王瓘:《北道刊误志(及其他三种)》,第15页。
③ 光绪《新修祥符县志》卷一三《祠祀志》,第406页。
④ 阿兰若:在印度语中意思是"空闲的地方",是指在村外空闲的地方一二人共同造个小屋,为了摆脱世间烦扰,专心修行佛法之人的居所。
⑤ 李濂:《汴京遗迹志》卷九《冈堆坡陂关梁井墓》,周宝珠、程民生点校,第130页。
⑥ 周城:《宋东京考》卷二〇《冈》,单远慕点校,第339页。
⑦ 康熙《开封府志》,燕山出版社,2009,第288页。

四、隋唐时期的汴河

汴河,又叫汴水、汴渠,是黄淮之间流经开封附近的一条古老河道。它上通河洛,下达淮泗,是古代人民在黄河支流的天然河道上开挖的一条人工河流。汴河的开凿历史最早可追溯到战国时期的魏。"旧志:汴渠即故鸿沟。……苏秦说魏襄王曰:'大王之地,南有鸿沟。'……秦始皇使王贲伐魏,断故渠引河东南出以灌大梁,谓之河沟,即鸿沟也。鸿沟口在河口东百里,或谓之阴沟,或谓之莨荡渠,或谓之汴渠。"①"汴河……即浚仪渠也。……名莨荡渠,又名通济渠。"②"下分大河为阴沟……一渠阳武县中牟台下为官渡水;一渠……谓之鸿沟,浪宕渠自荥阳五出池口来注之。其鸿沟即出河之沟,亦曰浪宕渠。"③而魏惠王三十一年(前339)从大梁城北部开凿大沟引圃田水灌溉农田,是鸿沟最早开凿的一段。④ 开凿的鸿沟不仅为魏国国都大梁的城市经济繁荣发挥了巨大的作用,而且也为后来城市的发展奠定了重要的基础。

隋文帝统一后,为促进和加快南北物资交流,迫切需要一条便捷的运输河道,因此,隋炀帝继位后的第一年就开始大规模修建运河。计划开凿的运河中开封一段是通济渠的东段,即后世所称的"汴河"。"隋炀帝大业三年(607),诏尚书左丞皇甫谊发河南男女百万开汴水,起荥泽入淮千余里,乃为通济渠。"⑤"开封就位于汴河的中上游,地位非同一般。"⑥汴河是当时各种物资西进的重要水上交通线,巴、蜀、湘、赣乃至整个江南的布帛粮米、方物土贡,都由此道西进京师。

隋朝开通大运河中的汴渠,其作用的发挥是在唐"安史之乱"后。汴渠的通达关系到江淮各地的租赋能否顺利送达长安城,也关系到封建统治政权的经济来源是否安全有保障。唐李敬方有诗曰:"汴水通淮利最多,生人为害亦相和。东西四十三州地,取尽脂膏是此河。"⑦京师供应的各种江南物

---

① 顾祖禹:《读史方舆纪要》,贺次君、施和金点校,中华书局,2005,第245-246页。
② 李濂:《汴京遗迹志》卷六《河渠二》,周宝珠、程民生点校,第82页。
③ 脱脱等:《宋史》卷九三《河渠三》,中华书局,1977,第2318页。
④ 程子良、李清银主编《开封城市史》,社会科学文献出版社,1993,第27页。
⑤ 李濂:《汴京遗迹志》卷六《河渠二》,周宝珠、程民生点校,第84页。
⑥ 程遂营:《程遂营讲六大古都》,河南大学出版社,2015,第95页。
⑦ 《全唐诗》卷五〇八,中华书局,1960,第5776页。

资大部分都是通过汴河运抵而来的。韩愈也曾曰:"当今赋出于天下,江南居十九。"①由此可见汴河对国都之重要。

与大运河中通济渠汴河段相伴而生的景观还有隋堤和州桥。"隋堤,一名汴堤,在汴河之上。隋炀帝大业元年(605),命尚书左丞皇甫谊复西通济渠,作石陡门,引河水入汴,汴水入泗,以通于淮。筑堤树柳,御龙舟行幸,以达于江都,人称其堤曰隋堤。"②清康熙《开封府志》载:"渠广四十步,渠旁皆筑御道,树以柳,名曰隋堤,亦曰汴堤。"③清人宋继郊的《东京志略》中也有类似记载:"河畔著御道,树之以柳。炀帝巡幸,乘龙舟而往江都。"④河道筑堤以护之,堤岸植柳以固之,千帆竞过,杨柳依依,一幅百舸争流、春风拂柳的画面呈现眼前。

当年隋炀帝在隋堤上种植垂柳的目的有三:一为固堤,二为垫脚女和嫩羊遮阴,三是供应嫩羊食草。唐佚名《炀帝开河记》记载:"时恐盛暑,翰林学士虞世基献计,请用垂柳栽于汴渠两堤上,一则树根四散,鞠护河堤,二乃牵舟之人护其阴,三则牵舟之羊食其叶。"⑤隋炀帝命大臣、百姓在汴河两岸栽种柳树,且"栽毕,帝御笔写赐垂杨柳姓杨,曰杨柳也"⑥。这段文字就是对隋堤两岸栽种垂柳的最好注释。

由于柳树属速生树种,三五年内就可达到树荫浓密、垂柳依依的效果。隋炀帝下令栽种的杨柳短期内确实在隋堤两岸形成了一道不错景致。唐代以后汴河功能逐渐弱化,渐渐无人管理,没有新的树苗补种,原来老柳树开始枯老,再加上古人送行总是折柳枝以示道别,隋堤两岸的柳树已无景观可言。唐白居易《隋堤柳》:"岁久年深尽衰朽。风飘飘兮雨萧萧,三株两株汴河口。老枝病叶愁杀人,曾经大业年中春。大业年中炀天子,……大业末年春暮月,柳色如烟絮如雪。"⑦这首诗形象地描写出了隋堤之柳在风雨飘摇中已是老枝病叶,人们只能遥想当年盛景的画面。

汴河上的州桥,唐代叫汴州桥,五代称汴桥,北宋时名州桥,也称天汉桥。州桥前身可追溯至唐汴州桥,唐汴州节度使李勉在扩筑汴州城时"在汴

---

① 韩愈:《韩愈全集》卷四,钱仲联、马茂元校点,上海古籍出版社,1997,第201页。
② 李濂:《汴京遗迹志》卷七《河渠三》,周宝珠、程民生校点,第104页。
③ 康熙《开封府志》,燕山出版社,2009,第77页。
④ 宋继郊:《东京志略》,王晟、李景文、刘璞玉点校,第649页。
⑤ 佚名:《炀帝开河记》,中华书局,1991,第6页。
⑥ 佚名:《炀帝开河记》,中华书局,1991,第7页。
⑦ 《全唐诗》卷四二七,中华书局,1960,第4708页。

河与汴州城南北中心大道的交汇处,修建了一座桥梁。'以在州之南门',故名汴州桥。"①李勉建桥目的是为方便城内车、马、行人通行。有关该桥的文献中并未记载桥梁形制,因其建在汴州城内交通要道节点之上,为方便城内通行,推测该时期的州桥"应为砖石结构的平桥"②。孟元老《东京梦华录》:"……次曰州桥(正名天汉桥),正对于大内御街,其桥与相国寺桥皆低平不通舟船,唯西河平船可过。"③明人李濂《汴京遗迹志》中载:"天汉桥,一名州桥。"④清人周城《宋东京考》:"天汉桥,唐名州桥。在府治东南一里许,正对大内御街。与相国寺桥皆低平,不通舟楫,唯河水平舟可过。并以青石为之。"⑤以上文献,均提到州桥属平桥。

州桥在北宋东京城中的位置非常重要。在以皇城为中心的城市格局中,宣德门往南直达南薰门一线是帝王出行的专用道路,它是城市的中轴线。"丹凤北曰州桥,桥少北曰文武楼,导御路而北,横街也。"⑥州桥架设在皇城和外城之间里城丹凤门内与御路相连的汴河之上,是皇帝出宣德门南行的必经之路,其地理位置的重要性不言而喻。

此外,州桥不仅是城市重要的交通枢纽,而且其政治地位也较为突出:"祥符县治……遂徙今治于州桥北。"⑦州桥的政治和交通地位成就了它的商业地位。孟元老笔下的"州桥夜市"就是这一现象的真实写照。商业店铺沿河而建,密集排列汴河两岸。"明月楼在州桥南街东。"⑧"州桥之北岸御路,东西两阙,楼观对耸。"⑨绕州桥和汴河的南北两岸,排列各种功能的建筑,州桥俨然一副繁华热闹的城市政治、商业、经济和文化汇集中心。

五、五代十国的园林

在寺院兴起的同时,五代十国时期,开封园林景观也开始萌动。南北朝和五代十国是中国社会的大分裂时期,这一时期社会经济发展缓慢,各种文

---

① 刘春迎:《揭秘开封城下城》,第53页。
② 刘春迎:《揭秘开封城下城》,科学出版社,2009,第53页。
③ 伊永文:《东京梦华录笺注》卷一《河道》,中华书局,2009,第24页。
④ 李濂:《汴京遗迹志》卷九《冈堆坡陂关梁井墓》,周宝珠、程民生点校,第134页。
⑤ 周城:《宋东京考》卷二〇《桥梁》,单远慕点校,第350页。
⑥ 李濂:《汴京遗迹志》卷一《宋大内宫室》,周宝珠、程民生点校,第11页。
⑦ 李濂:《汴京遗迹志》卷三《官署二》,周宝珠、程民生点校,第51页。
⑧ 李濂:《汴京遗迹志》卷八《宫室》,周宝珠、程民生点校,第114页。
⑨ 伊永文:《东京梦华录笺注》卷一《河道》,第24页。

化景观建设也较为滞后。唐代开封虽是节度使衙署所在地,但其作为军事重镇的功能更为突出,因此园林景观没有太大发展。五代十国后期的后周政权,由于周世宗柴荣采取一系列改革措施,出现了经济繁荣的局面。在此情况下,汴州城中开始出现小部分园林景观。

玉津园始建于五代后周时期,后周显德五年(958)赐名为玉津园,是当时皇帝游幸、赏花、观稼农时和宴射群臣的主要皇家园林之一。金明池也在该时期出现,当时管理隶属于琼林苑。"金明池,在城西郑门外西北,周回九里余,周世宗显德四年(957)欲伐南唐,始凿。内习水战。太平兴国七年(982),太宗尝幸其池,阅习水战。"①清周城《宋东京考》中也有类似记载:"在新郑门外西北。周回九里余。周显德四年(957),欲伐南唐,始凿以习水战。"②这几处园林北宋时期都先后成为著名的皇家园林,是东京城市景观的重要组成部分。

六、两宋时期的景观

唐朝灭亡后,中国社会进入五代十国时期。五代中有四个朝代把都城定在开封,这为开封的城市发展带来了新的机遇。五代中的后梁、后晋、后汉、后周四个政权对开封城的不断经营,使得开封社会秩序逐渐趋于稳定,经济慢慢复苏,为开封在北宋成为全国政治、经济、文化中心奠定了基础。邓广铭先生认为:"宋代是我国封建社会发展的最高阶段。两宋期内的物质文明和精神文明所达到的高度,在中国整个封建社会历史时期之内,可以说是空前绝后的。"③北宋所创造的物质和精神文明对后世影响深远。艮岳、金明池、相国寺、铁塔这些彰显北宋盛世繁华的景观和地标性建筑都是在这一时期产生或者达到鼎盛的。

(一) 古都名刹:相国寺与开宝寺

1. 资圣阁

北齐年间建成的相国寺北宋时期达到鼎盛。该寺院历史沿革前文已有

---

① 李濂:《汴京遗迹志》卷八《台、池、园、苑、洞、峡、渚、汴》,周宝珠、程民生点校,第123页。
② 周城:《宋东京考》卷一〇《池》,单远慕点校,第184页。
③ 邓广铭:《谈谈有关宋史研究的几个问题》,《社会科学战线》1986年第2期,第138页。

论述,在此仅就寺中资圣阁的发展演变加以阐述。

寺院中的资圣阁为唐代所建,其前身是唐玄宗时期所建的"排云宝阁"。"明皇天宝四载(745)乙酉岁,令匠人边思顺修建排云宝阁,为一绝。"①"玄宗天宝四载(745),建资圣阁东塔曰普满,西塔曰广愿。"②但东西塔在大顺二年(891)被雷火焚毁。《宋高僧传》记载"当大顺二年(891),灾相国寺,重楼三门、七宝佛殿、排云宝阁、文殊殿里廊,计四百余间,都为煨烬"③。排云阁此次大火中也未幸免,之后一直都没有再进行修缮,直到后唐长兴二年(931)和宋开宝六年(973)曾两度重修。④《北道刊误志》载:"正殿北资圣阁,按寺旧有重阁,高三百尺,敌扬州西灵塔。唐大顺初灾,后唐长兴二年(931)复修构。咸平中改曰资圣。又重楼三门,至道元年(995)造。"⑤由此可见,宋真宗咸平年间(998—1003),排云阁才改称资圣阁。宋太宗至道元年(995)又在寺内增建殿亭门廊等,其中包括重建资圣阁。仁宗天圣八年(1030)和庆历元年(1041)又对寺院有所增建:"其西法华院有佛牙碑,太宗、真宗、仁宗御制颂偈赞。"⑥神宗元丰三年(1080)下诏将寺内原有的六十四院落并为八院⑦。可见,包括资圣阁在内的相国寺建筑在北宋一朝达到鼎盛,其寺院规模宏大,占地广阔。作为寺院一绝的资圣阁不仅是佛教徒心中向往之地,而且也是民众期望登临之所。

2. 开宝寺与铁塔

建于北齐的独居寺,经唐代和五代十国的发展,也迎来了北宋时期的全盛发展。宋建隆元年(960)太祖下诏"诸路州府寺院,经显德二年(955)停废者勿复置,当废未毁者存之"⑧。在此诏令下,作为京畿重地的东京城,宋廷出于政治统治的需要,对其寺院更是积极保护和修缮。

北宋开宝三年(970)宋太祖赵匡胤下诏改"封禅寺"为"开宝寺",并拨款修建,"重起缭廊朵殿,凡二百八十区"⑨。重修后的开宝寺,与当时的相

---

① 郭若虚:《图画见闻志》卷五《故事拾遗》,人民美术出版社,2003,第121页。
② 李濂:《汴京遗迹志》卷一〇《寺观》,周宝珠、程民生点校,第151页。
③ 赞宁:《宋高僧传》卷一六《后唐东京相国寺贞峻传》,范祥雍点校,中华书局,1987,第401页。
④ 王瓘:《北道刊误志(及其他三种)》,第9页。
⑤ 王瓘:《北道刊误志(及其他三种)》,第8页。
⑥ 王瓘:《北道刊误志(及其他三种)》,第8页。
⑦ 李濂:《汴京遗迹志》卷一〇《寺观》,周宝珠、程民生点校,第151页。
⑧ 李焘:《续资治通鉴长编》卷一,中华书局,1995,第17页。
⑨ 李濂:《汴京遗迹志》卷一〇《寺观》,周宝珠、程民生点校,第156页。

国寺、天清寺和太平兴国寺并称为东京四大名寺。当时东京设立左右街僧录,开宝寺和相国寺是当时右街僧录司驻地和左街僧录司驻地,共同管辖北宋版图内所有佛教寺院、僧侣、尼姑、账籍和僧官的补授之事,同时也负责异国以及海外僧侣的接待和交流工作。由此可见,开宝寺在当时东京城内地位之高。但盛极一时的皇家寺院,随着北宋末年金军入侵而逐渐失去往日辉煌。"二十四日,开宝寺火。"① 此后,经过几百年发展起来的恢宏寺院褪去了北宋时期形成的耀眼光环。

铁塔是当年建在开宝寺内的一座佛塔。它的前身最初是为安放佛舍利子而建的一座木塔。宋太宗时期为安置吴越王钱俶所献释迦佛舍利,太宗令有巧思的木工喻浩在开宝寺内造塔以供奉。据宋人王襄《輶轩杂录》所记:"造开宝寺塔藏佛舍利……费亿万计,踰八年始成。"② 端拱二年(989)告竣。建成后的塔"八角十三层,高三百六十尺。……大中祥符六年(1013),有金光出相轮,车驾临幸,舍利乃见,因赐名灵感塔。"③ 灵感塔之名在宋人李焘的《续资治通鉴长编》中也有记载:"(六月)戊辰,幸开宝寺,谒舍利塔,赐名曰灵感,表瑞异也。"④ 但不幸的是,这座曾被当时建筑大师喻浩预言七百年无倾动、精美绝伦的高大木结构佛塔仅存五十余年就被大火所焚。庆历四年(1044)"开宝寺灵感塔毁"⑤。木塔被雷火焚毁后,"国家遣人凿塔基,得旧瘗舍利,迎入内庭。送本寺令士庶瞻仰,传言在内庭时,颇有光怪",于是笃信佛教的宋仁宗认为这是佛祖显灵,不顾大臣们的反对,执意"将复建塔"⑥。

宋仁宗皇祐元年(1049)下诏按照原木塔式样重新复建佛塔。由于这次复建将历来用于宫殿建筑的琉璃砖构件第一次用于建造佛塔,所以建成后的塔也被称为琉璃砖塔。这次重建的新塔从开始筹建到最后落成,前后共经过将近三十年的时间。⑦ 建成后的铁塔"其土木之宏壮,金碧之炳耀,自佛法入中国未之有也"⑧。整座塔设计精巧绝伦,不仅外形高大美观、内外遍雕

---

① 王智勇:《靖康要录笺注》卷一四,四川大学出版社,2008,第1481页。《靖康纪闻笺注》载:"是夕,火烧开宝寺、天宁寺及居民五百家。"说明这场大火是金军故意为之。
② 周城:《宋东京考》卷一四《寺》,单远慕点校,第255页。
③ 周城:《宋东京考》卷一四《寺》,单远慕点校,第254页。
④ 李焘:《续资治通鉴长编》卷八〇,第1828页。
⑤ 周城:《宋东京考》卷一四《寺》,单远慕点校,第253页。
⑥ 王辟之:《渑水燕谈录》卷一《谠论》,吕友仁点校,中华书局,1981,第5页。
⑦ 魏千志:《铁塔四题》,《河南师大学报(社会科学版)》1982年第4期,第51页。
⑧ 李濂:《汴京遗迹志》卷一〇《寺观》,周宝珠、程民生点校,第156页。

佛像砖,而且可以攀爬至顶。"铁塔八棱十三级,高三百六十尺……以铁色琉璃砖砌成,每砖模佛像或罗汉或飞禽走兽……塔座下八棱方池,池北面有小桥,过桥由北洞入,盘旋而升……顶尽处坐铁佛一尊。每级俱有门户,当门壁上俱陷黄琉璃佛一尊,高约三尺。"①但如此精美绝伦的佛塔,在历经金元后,成了上方寺内唯一留存的佛教建筑。

(二) 千古名园:艮岳与金明池

1. 皇家园林艮岳

艮岳是北宋徽宗时期所建的一座皇家园林,是一处成于北宋也毁于北宋的园林景观。它是宋徽宗"按图度地,庀徒僝工,累土积石"②,在皇城东北角修建的一处供皇家游乐的大规模皇家园林。艮岳在中国园林发展史中被公认为是中国古代皇家园林的巅峰之作,它代表了北宋时期造园艺术的最高水平,是"中国园林的杰出代表"③。

艮岳是因宋徽宗为"广子嗣"听信道士刘混康的话——"京城东北隅,地协堪舆,倘形势加以少高,当有多男之祥"④才建的。袁褧《枫窗小牍》中云艮岳"初名凤凰山"⑤,其名正式确定为艮岳,是在山建成之时。这一名称来源有两种说法,一是因宋徽宗命名:"既成,帝自为《艮岳记》,以山在国之艮位故也。"⑥二是因"后因神降,有艮岳排空之语,改万岁山名作艮岳"⑦。

艮岳修建时间,据《宋史》记载为"政和七年(1117),始于上清宝箓宫之东作万岁山"⑧。李质《艮岳赋有序》为"宣和四年(1122)夏五月,艮岳告成"⑨。《续资治通鉴长编拾补》记载:"(政和五年(1115)九月)甲辰,提举翰林书艺局御前制造所奏:'契勘修万岁山合用山石万数浩大,已奉旨专委管勾,计置装发出卸其搬到山石日。近不惟数小,兼自正月九日至十七日计十七日无拘到山石,亦无船运到阙,阻节造作,盖缘装发稽缓,及管押、使臣

---

① 光绪《新修祥符县志》卷一三《祠祀志》,第409页。
② 李濂:《汴京遗迹志》卷四《山岳》,周宝珠、程民生点校,第56页。
③ 刘海永、张辉:《园林文化》,河南人民出版社,2015,第88页。
④ 李濂:《汴京遗迹志》卷四《山岳》,周宝珠、程民生点校,第54页。
⑤ 袁褧:《枫窗小牍》卷上,尚成校点,上海古籍出版社,2012,第13页。
⑥ 李濂:《汴京遗迹志》卷四《山岳》,周宝珠、程民生点校,第55页。
⑦ 佚名:《大宋宣和遗事》,中华书局,1985,第19页。
⑧ 脱脱等:《宋史》卷八五《地理一》,中华书局,1977,第2101页。
⑨ 乾隆《祥符县志》卷一九《艺文赋》,清乾隆四年(1739)版,中国国家图书馆藏书。

等在路催督津运,留滞未有约束。'诏令措置条画、约束兵稍等画一闻奏。"①由此可见,政和五年(1115)已正式奏请修建艮岳,且正月就已开始督办纲运之事。因此艮岳建成时间最迟应是宣和四年(1122),即李质作《艮岳赋》的当年五月就宣告全部完工。

靖康元年金兵进犯东京城,盛极一时的艮岳"以兵废"②这座"凡天下之美,古今之胜在焉"③的皇家园林就此因战争而毁于一旦。"宋徽宗在位二十四年,他的活动就是修建艮岳。当艮岳修建完成时,北宋王朝也走到了尽头。"④历时六年而成的"天下杰观"就这样昙花一现般消失在历史长河之中。

2. 水上乐园金明池

金明池是北宋时期一处由训练水师的军事基地演变而成的一处规模盛大的水上皇家园林。

金明池的开凿时间,李濂的《汴京遗迹志》、周城的《宋东京考》均认为是"周世宗显德四年(957),欲伐南唐,始凿,内习水战"⑤而开。但宋人叶梦得《石林燕语》记载时间却与此不同:"太平兴国中,复凿金明池于苑北,导金水河水注之,以教神卫虎翼水军习舟楫,因为水嬉。"⑥且周宝珠先生考证后也认为"金明池开凿于太平兴国元年(976),而不是周世宗之时,宋太祖时也无此池"⑦。综合以上文献,宋人记载当信,金明池应开凿于北宋太平兴国年间。

金明池的形制:东西向,基本呈规则的方形,"池西直径七里许"⑧。根据开封市文物工作队考古勘探已知,"池为东西稍长、南北略短的长方形,东西长一千二百四十米,南北宽约一千零二十米,周长约四千五百六十米"⑨,

---

① 黄以周编《续资治通鉴长编拾补》卷三四,上海古籍出版社,2006,第379页。
② 康熙《开封府志》,第288页。
③ 宋继郊:《东京志略》,王晟、李景文、刘璞玉点校,第444页。
④ 李玉洁:《艮岳与北宋的灭亡》,《开封大学学报》2005年第2期,第14页。
⑤ 李濂:《汴京遗迹志》卷八《台、池、园、苑、洞、峡、渚、泘》,周宝珠、程民生点校,第123页。
⑥ 叶梦得:《石林燕语》卷一,宇文绍奕考异,侯忠义点校,中华书局,1984,第4页。
⑦ 周宝珠:《宋代东京研究》,河南大学出版社,1992,第498页。
⑧ 伊永文:《东京梦华录笺注》卷七《三月一日开金明池琼林苑》,第643页。这里的"池西"据京都译注本谓池西七里许与物理不合,其据《岁时杂记》所言"池面直径七里",据此可定"池西"为"池面"之误。
⑨ 刘春迎:《揭秘开封城下城》,科学出版社,2010,第77-78页。

这与孟元老的《东京梦华录》所载"周围约九里三十步"①大致吻合。足够大的空间为金明池后来开展的各种娱乐活动提供了良好的平台。

金明池功能演变大体经历了内习水战—皇家宴游—以阅水嬉—与民同乐四个阶段。北宋初年,金明池功能是以军事训练为主。"乾德元年(963)……出内钱募诸军子弟凿习战池。……丙辰,幸新池,赐役夫钱……丁卯,幸武成王庙,遂幸新池,观习水战。"②《中兴小纪》也称"太祖欲平僭伪,尝置神卫水军。至真宗祥符中,以兵备不可废,乃选水卒于金明池习战阵。仍置营池侧,号虎翼军。当无事之日尚尔,今沿江虽有舟师,而系于岸下,乞时令按习,以精其能。庶几缓急可用,不至误事也"③。可见宋初金明池内习水战的军事功能还是相当突出的。

金明池转向皇家宴游、以阅水嬉之功能是在太平兴国年间。太平兴国八年(983),左拾遗田锡给宋太宗上书曰:"陛下又新西苑,复广御池。池若汉之昆明,苑若周之灵囿,足以为陛下宴游之所,足以为圣朝宏大之规。"④这次上书明确把金明池定位为宴游之所。宋敏求在《春明退朝录》中也说:"太宗于西郊凿金明池,中有台榭,以阅水戏。"⑤此时金明池的军事训练功能已然开始向表演性训练功能过渡了。宋人袁褧曾回忆:"余少从家大夫观金明池水战,见船舫回旋,戈甲照耀,为之目动心骇。"⑥这一时期,北宋水军训练的娱乐表演性已经相当明显。

金明池中帝王与民同乐的场景出现在宋真宗年间。宋朝统治者为彰显盛世清明,宋真宗大中祥符六年(1013),朝廷作出正式规定:每年二三月,金明池会面向东京百姓开放,准许市民嬉游一个月。孟元老《东京梦华录》:"三月一日,州西顺天门外开金明池、琼林苑,每日教习车驾上池仪范。虽禁从士庶许纵赏,御史台有榜不得弹劾……车驾临幸往往取二十日……自三月一日至四月八日闭池。"宋廷以告示形式宣告游览金明池的合法性。开放期间,金明池"虽风雨亦有游人,略无虚日矣"。每当皇帝游幸,观看龙舟争标比赛,"游人倍增"。金明池"不禁游人,殿上下回廊,皆关扑钱物、饮食、伎

---

① 伊永文:《东京梦华录笺注》卷七《三月一日开金明池琼林苑》,第 643 页。
② 脱脱等:《宋史》卷一《本纪第一》,第 13—14 页。
③ 熊克:《中兴小纪》卷一九,顾吉辰、郭群一点校,福建人民出版社,1985,第 227 页。
④ 田锡:《咸平集》卷一《上太宗论军国要机朝廷大体》,罗国威校点,巴蜀书社,2008,第 13 页。
⑤ 宋敏求:《春明退朝录》,诚刚点校,中华书局,2006,第 30 页。
⑥ 袁褧:《枫窗小牍》卷下,尚成校点,第 21 页。

艺人作场,勾肆罗列左右……游人还往,荷盖相望"。① 一幅与民同乐的盛世和平景象赫然呈现在眼前。

金明池的建筑和设施随其功能转变也不断增加。宋太宗时期,由于游览金明池时"士人游观无存泊之所,若两岸如唐制设亭"②。同时,为皇家宴游的需要,太平兴国七年(982)三月在池中建起水心殿。"金明池水心殿成,上将泛舟往游"③,"中有水心五殿,南有飞梁,将水心殿与池南岸联系起来"④。此外,为安置吴越国进献的龙船,池中还建有"大澳"。"国初,两浙献龙船,长二十余丈,上为宫室层楼,设御榻以备游幸。岁久,腹败欲修治,而水中不可施工。(神宗)熙宁中,宦官黄怀信献计于金明池北凿大澳,可容龙船,其下置柱,以大木梁其上,乃决水入奥,引船当梁上,即车出澳水中。船乃笼于空中,完补讫,复以水浮船,撤去梁柱,以大屋蒙之,遂为藏船之室,永无暴露之患。"⑤"大澳"是世界上最早有文献记载的船舶修理厂。

宋徽宗时期,金明池的建筑规模已经形成一副皇家水上园林的格局。"(徽宗)政和中,于池内建殿宇。池门内,南岸西去百余步,有临水殿。北去百余步,有仙桥,朱漆栏楯,下排雁柱,中间隆起,如飞虹之状。桥尽处,而殿正在池中,四岸石甃。南有高台,上有横观,广百丈许,曰宝津楼。楼之南有宴殿,殿西有射殿。南有横街,牙道柳径,乃都人击球之所。车驾临幸,观骑射百戏于此。"⑥这段记录与孟元老《东京梦华录》中的记载相吻合。临水殿建造相对晚一些:"入池门内南岸西去百余步,有面北临水殿,车驾临幸观争标,锡宴于此。往日旋以彩幄,政和间用土木工造成矣。"⑦金明池作为有别于艮岳的另一处皇家园林,也逐渐形成了自成一体的建筑风格。

除这两处较为重要的皇家园林外,北宋东京城中还有许多寺观园林和私家园林,孟元老《东京梦华录》中记载的就多达百余处,其中也包括五代后周时期始建的玉津园等其他几处功能各异的皇家御用园林。这些园林共同组成了东京城的公共娱乐空间,为北宋市民文化的勃发提供了广阔的舞台。

---

① 伊永文:《东京梦华录笺注》卷七《三月一日开金明池琼林苑》,第643页。
② 宋敏求:《春明退朝录》,诚刚点校,第30页。
③ 李焘:《续资治通鉴长编》卷二三,第514页。
④ 周宝珠:《金明池水戏与〈金明池争标图〉》,《中州学刊》1984年第1期,第87-91页。
⑤ 沈括:《梦溪笔谈》卷二,侯真平点校,岳麓书社,1998,第263页。
⑥ 李濂:《汴京遗迹志》卷八《台、池、园、苑、洞、峡、渚、汧》,周宝珠、程民生点校,第123页;周城:《宋东京考》卷一〇《池》,第184页。
⑦ 伊永文:《东京梦华录笺注》卷七《三月一日开金明池琼林苑》,第643页。

(三) 市井民俗：勾栏瓦肆与酒楼

北宋政权逐步稳定后，伴随着农业、手工业的发展和商品经济的繁荣，社会各领域都出现了诸多新气象。东京城中出现的勾栏瓦肆和酒楼茶馆就是拓展的为都城民众享乐和消费的新空间。它们为市民的文化活动提供了充分展示的舞台，也对当时的城市文化构建产生了重要影响。它们是东京城市民俗文化景观的重要组成部分。

1. 勾栏瓦肆

瓦肆，又叫瓦舍、瓦市、瓦子，简称瓦，是城中闹市里的娱乐场所。它不仅为各种专业杂剧团队的表演提供场所丰富市民文化生活，而且也是东京市民娱乐生活的重要空间载体之一。吴自牧《梦粱录》云："瓦舍者，谓其'来时瓦合，去时瓦解'之义，易聚易散也。"[1]孟元老《东京梦华录》记载的瓦肆有十座之多，它们分别是新门瓦子、街南桑瓦子、中瓦、里瓦、朱家桥瓦子、州西瓦子、州西里瓦、保康门瓦子、州北瓦子、宋门外瓦子。[2] 这些瓦子为东京城异彩纷呈的民俗文化表演提供了广阔的舞台，也逐渐成为市民参与娱乐生活场所的代名词。

勾栏，又叫"勾阑""构栏"，是瓦肆之中各种大小不等的表演场地，是宋元时期表演百戏技艺的戏棚或剧场。这里进行的表演具有明显的商业性质，是集合艺人们向民众卖艺的场所。一般情况下，一处瓦肆中有数量不等的勾栏，少的有一两座，多的能有十几座。位于东角楼街巷的街南桑家瓦子、中瓦和里瓦三处就有大小勾栏五十余座。每座勾栏一般由戏台、戏房（后台）和腰棚（观众席）组成，其规模大小不一。比较大的如"内中瓦子莲花棚、牡丹棚；里瓦子夜叉棚、象棚最大，可容数千人"[3]。北宋时期市民喜爱的各种娱乐表演，如杂技、杂剧、舞蹈、小唱、诸宫调等，都在大小不等的勾栏中进行表演。除此之外，瓦子里面还进行各种交易，"瓦中多有货药、卖卦、喝故衣、探搏、饮食、剃剪、纸画、令曲之类"，雅俗活动齐聚的勾栏瓦肆吸引了各阶层市民"终日居此，不觉抵暮"。[4]

从孟元老所描述的瓦子分布可以看出，瓦肆勾栏一般坐落于人口集中、商业发达或者是外来商客云集之处，尤以州桥附近更为集中，于是勾栏瓦肆

---

[1] 吴自牧：《梦粱录》卷一九，中国商业出版社，1982，第166页。
[2] 孟元老：《东京梦华录》卷二，中国画报出版社，2013，第27-30页。
[3] 伊永文：《东京梦华录笺注》卷二《东南楼街巷》，第144页。
[4] 伊永文：《东京梦华录笺注》卷二《东南楼街巷》，第145页。

中出现了"亦为子弟流连破坏之门"①的场景。勾栏瓦肆中出现的种类繁多、层次不一的娱乐活动,"真实地反映了当时新兴市民阶层的物质生活和文化生活的状态,构成了一幅绚丽多彩的民俗风情画卷"②。

2. 酒楼

北宋东京的酒楼是市民饮食文化集大成的重要载体,是文化娱乐的重要休闲场所,同时更是市民信息传播和交流的舞台。③ 它是城市文化中能充分反映市民日常生活和人文信息的重要载体。

宋人张择端的《清明上河图》描绘的一百余栋楼宇房屋中可以明确是经营餐饮业的店铺就有四五十栋,如气派的"孙羊正店"、方便的"十千脚店"等。《东京梦华录》《梦粱录》《都城纪胜》等书对此记载都非常详尽。宋代酒楼大多装饰华丽,服务周到。酒楼为招揽客人,往往"凡京师酒店,门首皆缚彩楼欢门"④。由于东京为京畿重地,各地往来京城及常驻人口众多,酒楼生意都非常兴隆。"大抵诸酒肆瓦市,不以风雨寒暑,白昼通夜,骈阗如此。"⑤孟元老《东京梦华录》中较著名酒楼有遇仙正店、状元楼、清风楼、樊楼(丰乐楼)、中山正店、看牛楼、高阳正店、庄楼、欣乐楼、仁和店、姜店、宜城楼、药张四店、班楼、刘楼、八仙楼、张八家园宅正店、王家、李七家正店、长庆楼等。⑥ 这些数量众多、遍布京城各处的、大小规模不等的酒楼为东京世俗文化的发展提供了充足的空间。

为更好地服务不同类别、不同需要的客人,京师酒楼还分为正店和脚店。在宋代,正店是指有酿酒权的豪华大酒楼,而脚店则是一般酒楼,无酿酒权,用酒须从正店批发。"在京正店七十二户,此外不能遍数,其余皆谓之脚店。"⑦明代李濂《汴京遗迹志》中收录楼观就有33座。⑧ 清初周城《宋东

---

① 吴自牧:《梦粱录》卷一九,第166页。
② 孙福山、木鱼著,程民生主编:《皇家佛刹:开封相国寺》,河南大学出版社,2003,第146页。
③ 伊倩:《宋代酒楼建筑与市民文化生活——以东京樊楼为中心的阐述》,《哈尔滨工业大学学报(社会科学版)》2014年第2期,第128-129页。
④ 孟元老:《东京梦华录》卷二,2013,第31页。
⑤ 伊永文:《东京梦华录笺注》卷二《酒楼》,第176页。
⑥ 伊永文:《东京梦华录笺注》卷二《酒楼》,第174-176页。
⑦ 伊永文:《东京梦华录笺注》卷二《酒楼》,第176页。
⑧ 李濂:《汴京遗迹志》卷八《宫室》,周宝珠、程民生点校,第114-116页。

京考》中收录了30座。① 光绪《新修祥符县志》收录38座楼。② "楼"已然成为该时期城中重要建筑之一。东京城中大小不等、功能不一、建筑风格迥异的酒楼,逐渐发展成东京城市民俗文化景观构建的重要组成部分。

(四) 国家祀戎:牧苑与宴台

1. 皇家马场:牧苑

"牧苑,在陈桥之东北,宋牧养马驼牛羊之所。"③牧苑是北宋皇室为饲养战马而建的草场。由于东京地势平坦,周边无山川险阻,故北宋立国后,稳固政权、保卫京师安全、防御外敌入侵成为北宋统治者考虑的头等大事。宋太祖赵匡胤为加强京师安全,除修筑牢固的城墙,城中也驻守重兵。宋神宗论述北宋兵制时曾说:"艺祖养兵止二十二万,京师十万余,诸道十万余。"④这说明"宋太祖时东京驻有禁军10万余人,占全国兵额的50%"⑤。驻守军队就要配备一定的军事装备,而战马是军备重要的一部分。

草场是饲养战马的基础条件。大面积草滩湿地是牧马的基本要求,因此黄河岸边的牧苑就成了北宋皇家马场之一。北宋初期,牧苑喂养的战马为北宋政权的巩固提供了重要基础保障,但随着北宋政权的逐步稳定,北宋中期后,统治阶级对战争的警惕逐渐松弛,驻守京城的军队在原来保证京师安全的职责上,为迎合帝王需要多了一些表演和娱乐的任务,因此牧苑这类与军事相关的附属设施,或改变功能,或逐渐淡出统治者的视野。宋末元初赵子昂的《过废牧苑》云:"一片中原地,纷纷几战争。至今将不去,留与后人耕。"⑥这首诗对北宋至元初期黄河南岸牧苑的变迁给出一个较为真实的写照。

元统一后,大力发展畜牧业。元廷曾一度将元统治区全部变成牧场。"周回万里,无非牧地。"⑦开封也不例外,其周围农田均被弃耕改为牧地。但毕竟农业才是有着几千年文明史的中国的立国之本,元廷很快发现这一

---

① 周城:《宋东京考》卷一一《楼》,单远慕点校,第195-198页。
② 光绪《新修祥符县志》卷一四《古迹志》,第452页。
③ 李濂:《汴京遗迹志》卷八《台、池、园、苑、洞、峡、渚、汫》,周宝珠、程民生点校,第126页。
④ 李焘:《续资治通鉴长编》卷三二七,中华书局,1995,第7883页。
⑤ 程遂营:《唐宋开封生态环境研究》,中国社会科学出版社,2002,第133页。
⑥ 李濂:《汴京遗迹志》卷二四《艺文十一》,周宝珠、程民生点校,第477页。
⑦ 宋濂等:《元史》卷一〇〇《兵志三》,中华书局,1976,第2553页。

政策的推行不利于经济发展,还须屯田方能长治久安。"国初,用兵征讨,遇坚城大敌,则必屯田以守之。海内既一,于是内而各卫,外而行省,皆立屯田,以资军饷。"①于是,元世祖中统二年(1261)诏令"谕河南管军官于近城地量存牧场,余听民耕"②。随之开始大力推广屯田,开封也纳入其中,元廷调派人手在开封屯田。至元十八年(1281),元政府下令"回回炮手散居他郡者,悉令赴南京(汴梁)屯田"③,因地制宜还牧为田。汴梁在汉、回各族人民的共同努力下,农业才逐渐有所恢复,其手工业和商业也迅速复苏。因此,当年北宋牧马的牧苑也逐渐变为耕地,用来从事农业生产了。

2. 皇家祭祀地:宴台

宴台是北宋帝王春耕籍田、宴请百官之地。土地作为农耕社会最基本和最重要的生产资料,被历代帝王所重视。统治者以国家礼制形式,把各种与农业和土地相关的活动纳入国家仪式,以此禁锢统一人们思想,从而达到维护皇权统治的目的。进入私有制社会以来,历代统治者逐渐建立了一套严格而庄重的与农业有关的祭祀仪式,以彰显对农业的重视。宴台就是春耕之始祭祀先农而出现的一种礼仪之台。

宴台"在城东北十五里,宋帝春耕籍田于东郊,祀先农毕,享胙宴百官于此"④。清人周城《宋东京考》中称该地为"晏台,在城东十五里。春耕籍田于东郊,祀先农毕,享胙晏百官于此"⑤。帝王率领文武百官,主持隆重的国家祭祀活动,并扶犁亲耕为民表率,从而开启一年的农事活动。这种祭祀礼仪对百姓是一种具有强烈象征意义的行为。帝王亲耕的仪式不仅代表统治者对农业的重视,而且也代表着一种对农事关心的态度。统治者通过这种仪式,充分展示儒家所倡导的"民为重"的民本思想,从而赢得人心,所以,宴台也是封建帝王实行其统治权力的象征地。

第二节 明清汴京景观形成历史缘由

从以上对明代之前开封所出现城市景观的梳理可以看出,虽然空间本

---

① 宋濂等:《元史》卷一〇〇《兵志三》,第2558页。
② 宋濂等:《元史》卷四《本纪第四》,第72页。
③ 宋濂等:《元史》卷一一《本纪第四》,第232页。
④ 李濂:《汴京遗迹志》卷八《台、池、园、苑、洞、峡、渚、泞》,周宝珠、程民生点校,第122页;光绪《新修祥符县志》卷一四《古迹志》中有相同记载,只加两字"今圮"。
⑤ 周城:《宋东京考》卷一〇《台》,单远慕点校,第182页。

身是同质的、中性的,但从先秦开始,由于自然环境变化和人类活动影响,开封在保留原有城市建筑遗存、遗迹的基础上,不断叠加新的历史元素,渗透不同文化事象,逐渐演化产生新的城市景观,所以,在不同历史节点上,城市景观及其地位发生了较大改变。到北宋定都开封之后,城市景观的数量、类型比前代有了大幅度增加。本文认为,导致开封城市景观在不同历史时期出现不同变化形态的具体原因表现在如下几个方面。

一、景观出现:政体多变的反映

从先秦至金元时期,开封城市发展先后经历了几个阶段:战国时期的魏国都城所在地大梁,秦汉、魏晋、南北朝的浚仪,隋唐时期的军事重镇汴州城,全国政治中心北宋东京城,金代两度成为国都,元代降为一般行省。行政设置不仅影响城市发展,而且也是影响城市景观形成的重要政治因素。

(一) 魏国都大梁与夷门

战国时期的魏国都城大梁城,是现代开封城市基址上的第一座城市。魏惠王从旧都安邑迁都于此,"三十一年(前339)……安邑近秦,于是徙治大梁"①。迁都大梁后,魏惠王采取一系列改革措施,国力很快增强。大梁城一度出现"人民之众,车马之多,日夜行不绝,鞅鞅殷殷,若有三军之众"②的局面。经过6代帝王141年的苦心经营,大梁进入开封历史上的第一个鼎盛时期。王假三年(前225)"秦灌大梁,虏王假,遂灭魏以为郡县"③。大梁作为魏国的政治、经济中心,它为许多有抱负的英雄人物提供了宽广的表演空间和政治舞台,而风采各异的英雄们又为大梁城增添了许多传奇色彩,为后人留下了众多脍炙人口的历史故事。战国时期很多著名的军事家、政治家,如信陵君、范雎、商鞅、苏秦、张仪、孙膑、庞涓以及著名人物朱亥、侯嬴等,他们大多为大梁人或在此从事政治及军事教育等活动的政治家、军事家等。其中,侯嬴曾经监守的夷门和夷山、相国寺所在地的信陵君故宅、孟子游的梁祠、梁惠王为师旷演奏之地所筑的吹台等遗迹,不仅让我们依稀看到当年

---

① 司马迁:《史记》卷四四《魏世家第十四》,第1847页。关于魏国徙都大梁时间,史学术界存有争议,《史记》是一种说法。此外,还有四种观点:魏惠王六年、九年、十八年、二十九年的说法(刘春迎《考古开封》,河南大学出版社,2006,第6页)。本研究以《史记》为准。

② 司马迁:《史记》卷六九《苏秦列传》,第2254页。

③ 司马迁:《史记》卷四四《魏世家第十四》,第1864页。

大梁城风流人物云集的盛况,而且也成为后世凭吊先贤、发思古悠情的城市景观之一。

(二)汉代梁国与梁园

开封在秦代降为浚仪县。西汉建国后,这里是汉高祖子嗣之一梁孝王刘武的梁国所在地。汉文帝十二年(前168),"徙淮阳王武为梁王",但梁王刘武不愿就封开封,"以其卑湿,徙睢阳(现商丘)"①。之后,浚仪县"历经三国、两晋、南北朝、隋唐、五代,直到北宋真宗大中祥符二年(1009)将浚仪改为祥符县为止,共历1234年"②。在这一千多年的历史发展中,开封由一国之都降为一座普通县城。其间汉代梁孝王刘武被分封在此是开封较为重要的一段历史时期。刘武建造了一座梁园。司马相如、枚乘、邹阳一大批风格迥异、才华独特的名士在刘武所提供的舞台上才得以脱颖而出。他们所表现出的时代风尚,与风景独特的梁园融为一体,不仅升华了梁园的价值,而且也延续了魏国大梁的历史文化。至此,大梁展现的信陵君等人的侠义、梁园所成就的一代文人的豪情,都为后来北宋东京城市文化的繁荣提供了必不可少的历史元素。

(三)军事重镇与汴水

隋朝立国后,皇权统治者因需要而调整政治制度,此时的开封复称浚仪县。隋炀帝时期大运河的开通,使临近汴河的汴州因处于南北交通要道之滨,其地位迅速上升,这为汴州的城市发展创造了极为有利的条件。运河开通后,汴州很快成为南北物资和人才会聚之地,为后来唐代汴州的发展奠定了基础。

唐代"安史之乱"后,作为中原重镇的汴州成为军阀觊觎的重要对象。唐德宗建中二年(781),出于军事需要,节度使李勉把节度使衙署迁到汴州。从此以后"开封就从一个一般的地方州治变成举足轻重的军事重镇"③。这一时期的汴州城,作为中原经济和军事重镇迅速发展起来。由于大运河的汴河段穿城而过,为方便交通,李勉在汴河与汴州城南北交通要道的交叉处修建了一座汴州桥。一条穿城而过的汴河、一座方便南北通行的州桥,成为后人对这一时期开封城的典型记忆元素。

---

① 司马迁:《史记》卷五八《梁孝王世家第二十八》,第2082页。
② 刘春迎:《考古开封》,第26页。
③ 程遂营:《程遂营讲六大古都》,河南大学出版社,2015,第96-97页。

(四)辉煌东京与宋文化景观

公元960年时任后周大将的殿前都点检赵匡胤发动"陈桥兵变"建立北宋王朝。立国后,开封"宋因周之旧为都"①,称东京。北宋历经9帝凡168年,都城东京一百多年间所创造的历史和文化是开封城市发展的顶峰。北宋东京城不仅是全国政治、经济、文化和军事中心,也是当时世界上人口最多、经济文化最为发达的大都市,史书更以"八荒争凑,万国咸通"②来描述当时的开封。

北宋东京国都的政治地位为城市发展提供了充分条件,因此,该时期开封出现了种类繁多的城市景观,不仅有适应上层社会的雅致所在,更有满足市民日常生活的俗乐场所。皇家园林、佛教寺院、勾栏瓦肆、大小酒楼遍布京城各处,它们不仅装点和充实了城市的建筑要素,而且更加丰富了城市的景观文化内涵。

开封从魏国大梁城到元代的东都,政治地位几经起伏变化,城市文化及所呈现的景观也随之变化不断,因此,城市政治体制的变化显然也是影响城市文化景观变化的重要政治因素。

二、景观多寡:城市框架的彰显

城市规模的大小是城市景观形成和发展的基本空间条件,它为实现城市政治、经济、社会和文化功能提供平台的同时,也为满足不同类型景观的共存提供了足够的地方。由古至今,开封因政治、自然环境等因素的变迁,其城市规模和框架也随之而变。一定范围的城市格局自然成为城市景观得以生长的既定空间要素。魏国大梁城是开封现基址上建立的第一座都城,但由于史籍文献记载有限,且大梁城址深埋于地下,我们无法了解其城市格局。有关开封城市格局的确切史料记载始于隋唐汴州城。实际上,文献记载开封可见之景观,大多也为唐汴州城建立之后形成并发展起来的景观。

(一)唐汴州城的确立与景观的生长

隋炀帝时期开通的大运河其中段是联通黄河与淮河的汴河,位于汴河

---

① 脱脱等:《宋史》卷八五《地理一》,中华书局,1977,第2097页。
② 伊永文:《东京梦华录笺注》,"《梦华录》序"第1页。

要冲的开封就是在这种条件下迅速发展起来的。唐德宗建中二年(781),李唐宗亲李勉到汴州任节度使,由于当时汴州处于藩镇格局的中间地带,于是他就把节度使衙署迁到汴州。李勉深知坚固的城池就是保证城市安全的第一道屏障,所以他一到开封就下令增筑了周长达20里115步的汴州城城墙。"京师大内,梁氏建国,止以为建昌宫,本唐宣武节度治所……晋天福中,因高祖临幸,更号大宁宫,今新城是也。"① 与此同时,李勉在城中修筑的节度使衙署也逐渐成为宋金皇宫的雏形。后来的五代和北宋东京城都把此地直接或者经过扩建用作皇宫了。② 这也是以后明清两代开封城的雏形。城市中逐渐形成的景观都是在李勉确立的以节度使衙署为中心的、有汴河穿城而过的汴州城基础上发展起来的。

(二) 东京三重城池的形成与景观的丰富多样

五代十国时期,开封重新受到统治者重视,城市建设也有新发展,这为以后北宋盛世奠定了重要基础。后梁建都开封后,对唐宣武军衙署进行整修、粉饰,并有小规模的增建。后周郭威政权开始后,显德三年(956)周世宗柴荣在原汴州城外又建一座外城,"周显德三年(956)令彰信节度韩通董役兴筑"③。与唐汴州城相比,此时的新城周长比原来扩大一倍。"周回四十八里二百二十三步,号曰'外城',又曰'罗城',亦曰'新城'。"④这一时期所扩建的外城为北宋东京市民活动空间的拓展和城市景观的塑造提供了更为广阔的舞台。

北宋东京城是在后周汴州城的基础上,经过持续修建和完善,逐渐形成的外城、里城、皇城三重城墙层层镶嵌的城市格局。"东京,唐之汴州,梁建为东都,后唐罢之,晋复为东京,国朝因其名。"⑤因"燕蓟以南,平壤千里,无名山大川之阻"⑥,所以北宋建国之初就非常重视城防建设。北宋立国不久东京外城的修缮就开始了。宋太祖于"开宝元年(968)正月甲午,发近甸丁夫增修京城"⑦。宋真宗大中祥符元年(1008)因水道壅塞,朝廷动用六十三

---

① 宋继郊:《东京志略》,王晟、李景文、刘璞玉点校,第8页。
② 刘春迎:《揭秘开封城下城》,科学出版社,2009,第51—53页。
③ 徐松辑《宋会要辑稿·方域一》,刘琳、刁忠民、舒大刚等校点,上海古籍出版社,2014,第9265页。
④ 宋继郊:《东京志略》,王晟、李景文、刘璞玉点校,第113页。
⑤ 徐松辑《宋会要辑稿·方域一》,刘琳、刁忠民、舒大刚等校点,第9265页。
⑥ 李焘:《续资治通鉴长编》卷三〇,第667页。
⑦ 徐松辑《宋会要辑稿·方域一》,刘琳、刁忠民、舍大刚等校点,第9271页。

万五千六十二工,修东京外城。①"(真宗大中祥符)九年(1016)七月五日,增筑京新城。""仁宗天圣元年(1023)正月,发卒增筑京城。"②神宗熙宁八年(1075)再次重修,"都城久失修治,熙宁初虽尝设官缮完,费工以数十万计,今遣人视之,乃颓圮如故……九月七日,重修都城"③,此次维修费工约400万。"以三岁之绩,易数百年因循之陋。崇墉(迄)然,周五十里一百六十五步,横度之基五丈九尺,高度之四丈,而堼埲七尺。"④为加强城门防御功能,"又以材易八门""修葺诸门等"⑤。到元丰初年(1078)又"重修都城";⑥元丰七年(1084)"六月二十四日,赐专一主管制造军器所度牒千五百,买木修置京城四御门及诸瓮城门,封筑团敌马面"⑦;宋徽宗时期,为给诸王和公主建第筑馆,"令有司度国之南,展筑京城,移置官司、军营"⑧。而且外城上所修十二座城门,各有曲直:"城门皆瓮城三层,屈曲开门,惟南薰、新郑、新宋、封丘正门,皆直门两重,以通御路。"⑨从宋太祖到宋徽宗前后9代帝王,从城市防御、实用、美观的角度出发,持续不断地对东京城进行各种营建。

宋廷在修筑东京城墙的同时,外城四周也筑城壕。宋神宗元丰元年(1078)"五年十二月十八日,诏:'在京新城外四壁城壕开阔五十步,下收四十步,深一丈五尺,地脉不及者至泉止。'"⑩宋徽宗年间,东京城外城及护城河成为一道美丽景观:"曰护龙河,阔十余丈。壕之内外,皆植杨柳,粉墙朱户,禁人往来。"⑪

东京里城,也叫阙城、内城,是东京由外向内的第二道城垣。《宋会要辑稿》载:"旧城,周回二十里一百五十五步,即唐汴州城,建中初,节度使李勉筑。国朝以来,号曰阙城,亦曰里城。"⑫北宋对内城的增修所见文献记载只有两次。"仁宗天圣元年(1023)七月二十四日,诏内殿崇班秦怀志、白仲达

---

① 徐松辑《宋会要辑稿·方域一》,刘琳、刁忠民、舍大刚等校点,第9272页。
② 徐松辑《宋会要辑稿·方域一》,刘琳、刁忠民、舍大刚等校点,第9273页。
③ 徐松辑《宋会要辑稿·方域一》,刘琳、刁忠民、舍大刚等校点,第9274页。
④ 徐松辑《宋会要辑稿·方域一》,刘琳、刁忠民、舍大刚等校点,第9278页。
⑤ 徐松辑《宋会要辑稿·方域一》,刘琳、刁忠民、舍大刚等校点,第9278页。
⑥ 徐松辑《宋会要辑稿·方域一》,刘琳、刁忠民、舍大刚等校点,第9275页。
⑦ 徐松辑《宋会要辑稿·方域一》,刘琳、刁忠民、舍大刚等校点,第9276页。
⑧ 徐松辑《宋会要辑稿·方域一》,刘琳、刁忠民、舍大刚等校点,第9277页。
⑨ 李濂:《汴京遗迹志》卷一《宋京城》,周宝珠、程民生点校,第2页。
⑩ 徐松辑《宋会要辑稿·方域一》,刘琳、刁忠民、舍大刚等校点,第9275页。
⑪ 伊永文:《东京梦华录笺注》卷一,第1页。
⑫ 徐松辑《宋会要辑稿·方域一》,刘琳、刁忠民、舍大刚等校点,第9265页。

贴筑新旧城墙";"(宋仁宗)嘉祐四年(1059)正月十一日,修筑京新旧城。……赐兵卒缗钱"①。这两次记载都是小规模的修葺和贴筑。增筑的三座城门分别是:南门上东边的保康门和西边的崇明门(新门);北门一座,即西边的天波门(金水门)。另外,还有两个角门子,一个是南汴河南岸角门子,另一个是北汴河北岸角门子。② 按开封市考古工作队对内城的考古探测可知:内城基本与外城一致,约北偏东十度。四面墙基计算周长为11550米,根据唐宋时期的一里约合现在的576米计算,内城周长合宋里20.5里,与史料记载的"周回20里155步"③基本吻合。

北宋宫城即皇城、大内。"大内据阙城之西北,宫城周回五里,即唐宣武军节度使治所,梁以为建昌宫,后唐复为宣武军治,晋为大宁宫。"④北宋立国后,宋太祖认为五代的皇宫规模不足以显示其尊严,于是以皇宫制度草创为由,要求按照西京洛阳宫殿的样子营建皇宫。"太祖建隆三年(962)正月十五日,发开封浚仪县民数千,广皇城之东北隅。五月,命有司案西京(洛阳)宫室图修宫城。……四年五月十四日,诏重修大内,以铁骑都将李怀义、内班都知赵仁遂护其役。……四年二月七日,帝亲视皇城版筑之役"⑤这次大规模兴建后才显出了"皇居始壮丽矣"⑥的局面。从此以后,这里成为北宋王朝"最高统治者生活和进行政治活动的主要场所"⑦。

从以上梳理可知,北宋东京在唐汴州城的基础上,经过后周周世宗柴荣的进一步扩建,最终形成了以皇城(宫城)为中心,里城、外城层层相套的同心圆城市格局。这种城市格局为丰富多彩的市民生活和各类城市文化景观的展开提供了理想的空间。艮岳、金明池、勾栏瓦肆、相国寺、开宝寺、汴河、州桥等处逐渐成为市民开展各种民俗生活的舞台,成为承载城市文化的重要容器。

三、景观重点:隋唐运河开通的影响

隋炀帝时期开通的大运河,不仅带动了沿线城市经济的发展,而且对南

---

① 徐松辑《宋会要辑稿·方域一》,刘琳、刁忠民、舍大刚等校点,第9273页。
② 伊永文:《东京梦华录笺注》卷一《旧京城》,第19页。
③ 刘春迎:《揭秘开封城下城》,第106页。
④ 徐松辑《宋会要辑稿·方域一》,刘琳、刁忠民、舍大刚等校点,第9266页。
⑤ 徐松辑《宋会要辑稿·方域一》,刘琳、刁忠民、舍大刚等校点,第9271页。
⑥ 脱脱等:《宋史》卷八五《地理一》,第2097页。
⑦ 吴涛:《北宋都城东京》,河南人民出版社,1984,第3页。

北文化的交流也起到了非常重要的作用。开封作为大运河沿岸城市之一，在南北经济和文化的交流中受益颇多，城市得到较大发展，城市景观也在这种背景下得以推动和发展。如汴河、隋堤、州桥、金梁桥，与汴河相关的河道、堤坝、桥梁都因此走进人们的视线，成为与人们生活相随相伴的城市景观文化符号。它们不仅满足了人们的生活和精神愉悦的需求，而且也逐渐固化为人们心中建构的城市形象的一部分。

隋唐大运河所形成的密集水运网极大地促进了城市经济发展和商贸的繁荣。随着大运河的开通，运河沿线的城市不仅因此城市面貌极大地改变，而且城市生活也日渐丰富。更为重要的是这些沿线城市的城市空间结构也因运河受到冲击，极大地促进了封建城市的发育。"隋炀帝大业三年（607），诏尚书左丞皇甫谊发河南男女百万开汴水，起荥泽入淮千余里，乃为通济渠。"①汴河作为大运河通济渠中的一段，成为连接南北交通的重要枢纽，巴、蜀、湘、赣及整个江南的布帛粮米、方物土贡，都由此道西进京师。它的畅通保证了隋唐京师的各种物资供给。唐节度使李勉正是基于汴河重要的战略地位，才把治所迁到开封并对开封城市进行积极营建的。

由于汴河沟通江淮，交通日渐重要，汴州城逐渐成为"物资和人文荟萃的地方"②。为进一步发展城市经济，李勉做出把汴河圈入城内的决定。"李勉所筑汴州城在开封历史上第一次把汴河圈入城内，使之成为汴州城的内河。"③这一举措使汴河逐渐成为城内一道美丽的风景，增添了城市景致。

北宋立国后，宋太祖赵匡胤和大臣们关于国都选定问题进行过几次激烈争论，最终因汴河而定都开封。"岁漕江、淮、湖、浙米数百万，及至东南之产，百物众宝，不可胜计。又下西山之薪炭，以输京师之粟，以振河北之急，内外仰给焉。故于诸水，莫此为重。"④张方平也强调说汴河乃"建国之本，非可与区区沟洫水利同言也"⑤。北宋统治者充分认识到汴河对东京城市发展的重要性。每年三月清明日是第一批纲船入汴之日。"发运司岁发头运粮纲入汴，旧以清明日。"⑥开河之日，东京百姓都会到汴河边观看漕运盛景。

---

① 李濂:《汴京遗迹志》卷六《河渠二》，周宝珠、程民生点校，第84页。
② 韩国磐:《隋唐五代史纲》，人民出版社，1979，第65页。
③ 程遂营:《唐宋开封生态环境研究》，中国社会科学出版社，2002，第113页。
④ 脱脱等:《宋史》卷九三《河渠三》，第2316-2317页。
⑤ 李濂:《汴京遗迹志》卷六《河渠二》，周宝珠、程民生点校，第87页。
⑥ 李焘:《续资治通鉴长编》卷三〇二，中华书局，1990，第7351页。

"汴河两岸往往观者如堵,异常热闹。"①三月开河成为东京城民众期盼新的一年江南各种物资贡赋进京的重要日子,也逐渐成为市民迎接春天的一种具有强烈仪式感的具有节日意义的行为。同时,汴河作为东京城的生命之河贯穿城市东西。江南的物资贡赋均经汴河码头卸货分销,因此,汴河沿线逐渐发展成为各种商业业态聚集之地。汴河中日夜繁忙的舟船,堤岸边随风飘荡的杨柳,州桥上熙来攘往的人群,码头周边川流不息的客商,构成一幅盛世繁华的充满生活气息的民俗市井景观画。

第三节 明清汴京景观形成特征及演变趋势

开封自战国时期的魏大梁城,历经隋唐时期的汴州城,再到北宋东京城和金国汴京城,其间经历了两千多年的发展。在这一漫长的历时性发展过程中逐渐形成了具有典型地域特质的都城文化,而"在历时性视角下,演进变化是城镇历史景观的常态"②,因此,作为反映开封两千多年都城文化的城市景观,在不同的历史发展阶段所表现出的不同景观形态,自身呈现出了独有的演变特征和发展趋势。

一、景观形成特征

(一)高台文化不断叠加

历代达官显贵、文人墨客对高台文化的推崇是延续和传承开封城市景观文化的重要因素之一。从最初的筑台以吹歌,到帝王将相筑台以示其尊,再到文人雅士登台以发忧思之情,吹台逐渐生发的高台文化让它成为历代民众争而往之的景观地。

吹台的功能及文化从最初创建到发展处于不断更迭演变之中。春秋师旷之吹台,是为吹歌奏乐;战国梁惠王重筑吹台,是为登高台以俯视臣民。之后,汉梁孝王刘武重建,并改名为平台。晋代,吹台又成为人们苟活的高台。"……今层台孤立于牧泽之右矣。其台方百许步……晋世丧乱,乞活凭居,削堕故基,遂成二层,上基犹方四五十步,高一丈余,世谓之乞活台,又谓

---

① 程遂营:《程遂营讲六大古都》,河南大学出版社,2015,第108页。
② 肖竞、曹珂、李和平:《城镇历史景观的演进规律与层积管理》,《城市发展研究》2018年3期,第60页。

之繁台城。"①唐天宝三年(744),李白、杜甫和高适仰慕梁苑吹台之名声,前往饮酒赋诗,吹台再次名噪一时。五代时期,梁太祖朱温看上吹台地势之高、台面之宽,经常在此阅兵,因此吹台又有"讲武台"之名。北宋吹台上建起二姑庙,成为道教场所,吹台又被称为"二姑台"。因此,就吹台功能变化可以看出,从最初对高台的崇敬,到帝王、文人雅士之台,再到佛教道教的人天对话之台,不断植入的功能和负载的文化使其逐渐成为一处城市文化景观的高地。

除吹台外,夷山是另一处具有代表性的典型的开封城市景观。夷山最初只是魏大梁城东门——夷门所在地。由于信陵君与夷门守门官侯嬴共同策划窃符救赵的历史事件,使夷门和夷山名扬远播。司马迁在《史记》中不惜笔墨大肆书写他们的故事。王维、高适、李白、苏轼、李濂等一大批不同历史时期的文人不断地用各种形式表达对这一事件的感怀,并留下众多诗篇。夷门也逐渐成为开封的代名词而流传后世。同时,夷山、夷门蕴含的历史文化也吸引了佛教寺院的开创者们。北齐天保十年(559)佛教徒看中此地较高的地势及地理环境在此建独居寺。唐玄宗泰山封禅途中下榻于此,下诏重修该寺,并改名为"封禅寺"。北宋时期这里又成为盛极一时的皇家寺院开宝寺。因此,夷山不同历史时期各种文化的不断叠加,也使其逐渐成为后世怀古的景观地。

(二) 园林景观星罗棋布

开封历代不断积淀而成的景观中园林景观所占比例是比较大的。从汉代的梁园到北宋的皇家、寺观和私人园林,各种不同类型的园林在同一空间下的不同历史时期各放异彩。

东京作为北宋国都所在地,在秉承隋唐历史文化的基础上,凝聚造园艺术之精华,逐渐形成了颇具特色的城市园林景观。东京城在168年的历史发展中,逐渐形成了四大宫苑、四大御园、数十处寺观园林和百余处私家名园。据不完全统计,古籍文献中有名可考的东京园林有80余处。据孟元老《东京梦华录》载:"大抵都城左近,皆是园圃,百里之内,并无空地。"②袁枚《枫窗小牍》:"汴中园圃亦以名胜当时……其他不以名著约百十,不能悉记也。"③若按此说法,东京不出名的园林就有百十,再加上《东京梦华录》中记

---

① 郦道元:《水经注》卷二二,陈桥驿注,浙江古籍出版社,2001,第352-353页。
② 伊永文:《东京梦华录笺注》卷六《收灯都人出城探春》,第613页。
③ 袁褧:《枫窗小牍》卷下,尚成校点,第28页。

载有名字的 20 个左右,东京城中园林有 120 个左右,几乎每个里坊都有一处园林,所以东京城数量众多的皇家园林、寺观园林和私家园林,加上城中街道的各种绿化,北宋的东京城无疑就是一座名副其实的城市大花园。(见表2-1)

表 2-1 北宋东京城中的各类园林①

园林类别	园林名称
四大宫苑	艮岳、撷芳园、延福宫、后苑
四大御园	玉津园、琼林苑、宜春苑、瑞圣园
寺观园林	玉仙观花园、五岳观迎祥池、上清宝箓宫
私家名园	蔡京家园、王黼家园第、童贯园第、丁谓园第、孙可久园第、养种园、一丈佛园子、马季良园、景初园、灵禧园、同乐园、麦家园、晏殊花园、下松园、王太宰园、李驸马园、张美园等

(三) 佛阁塔钟独树一帜

随着佛教在中原地区的传播和深入,佛教寺院及其相关建筑逐渐成为开封城中一道独特的文化景观。

佛教自汉代传入中国以来,逐渐迎合中国本土文化,发展很快。魏晋南北时期,由于政权更替,战乱中的百姓没有安身立命之所,皇亲贵族也有朝不保夕之感。而佛教"修来世""因果报应""众生平等"的理念恰恰迎合了社会各阶层的需要,因此佛教在这一时期迅速传播,各地佛教寺院大肆兴起。

北宋时期,统治者开始以理性的态度对待佛教,加上各种民间力量的助推,东京城中佛教寺院日渐昌盛。李濂《汴京遗迹志》中收录寺院多达 54 座。这些寺院除始建年代没有明确记载或无可考外,注明建于北宋或北宋之前的寺院有 17 座,分别是:相国寺、上方寺、开宝寺、宝相寺、孝严寺、天王寺、天清寺、国相寺、白云寺、铁佛寺、显圣寺、鸿福寺、景德寺、惠明寺、显静寺、观音寺、北太黄寺。② 在众多的佛教寺院中,逐渐形成了以相国寺、开宝寺、天清寺和太平兴国寺四座皇家寺院为首的独特的城市寺院文化景观。

这些寺院中的相国寺是北宋东京政治、经济和社会文化生活聚集的舞台,是一座集神圣与凡俗于一体的寺院。北宋历代君主除在相国寺频繁进

---

① 笔者根据《东京梦华录》《汴京遗迹志》等文献整理所得。
② 李濂:《汴京遗迹志》卷一〇《寺观》,周宝珠、程民生点校,第 151-163 页。

行节日观赏、巡幸、祈雨祈福以及各种郊祀礼后的恭谢之外，君主生辰的庆祝、疾病的祈祷、忌日的纪念等也在多此举行。① 由于北宋历代帝王对相国寺推崇备至，故而大臣们和官宦之家也会在此举行群臣的宴享、重臣的追荐、外使的烧香、进士的提名、官吏的简阅等活动。虽这些活动是偶尔为之，但也说明相国寺在东京城市生活中功能之多样、在民众心中之重要。除政治活动外，当时民间许多交易也在相国寺进行，如书籍、字画、碑帖、笔墨、玩好、杂货、药品、果实及饮料等的买卖，以及算命、看相、卜卦、货术（一种出卖方法）、杂技及戏剧女乐等民间庙会性质的活动。② 这些涉及日常的活动也都会在相国寺举行。于是"相国霜钟""开宝晨钟""资圣薰风""铁塔行云"这些代表佛教文化、展示相国寺不同文化侧面的不同景观也逐渐走进了民众的视野，成为人们日常生活的一部分，从而成为一种城市集体记忆的景观化符号。

（四）民俗生活丰富多彩

孟元老《东京梦华录》中对酒楼的描写充分说明了北宋民俗文化的兴盛和繁荣。东京城中数量众多的酒楼不仅彰显了城市经济的繁荣，而且也丰富了市民日常的生活。其中以樊楼为代表的"七十二家正店"引领了整个城市的社会消费风尚。《东京梦华录》记载了城中新门里会仙酒楼的日常状况："大抵都人风俗奢侈，度量稍宽，凡酒店中，不问何人，止两人对坐饮酒，亦须用注碗一副，盘盏两副，果菜碟各五片，水菜碗三五只，即银近百两矣。虽一人独饮，碗遂以用银盂之类。"③虽然只有两人吃饭，也讲究排场，餐桌礼仪一样不少，花去将近百两银子。即使是一个人独酌，一样一丝不苟，酒店一样使用银质餐具器皿接待食客。由此足见北宋市民生活之奢侈、精致。

明代李濂《汴京遗迹志》中记载有33座"楼"，其中有一处叫"刘楼"的，就"在金梁桥下。"④清初周城《宋东京考》对"刘楼"又作进一步描述："刘楼在宜秋门外金梁桥下。"⑤光绪《新修祥符县志》中的刘楼"在县城内金梁桥下"⑥。《归田录》中对刘楼还有一段传奇性的描写，称此楼曾经有二位酒仙

---

① 熊伯履：《相国寺考》，河南人民出版社，1963，第80—85页。
② 熊伯履：《相国寺考》，第85—97页。
③ 伊永文：《东京梦华录笺注》卷四《会仙酒楼》，第420—421页。
④ 李濂：《汴京遗迹志》卷八《宫室》，周宝珠、程民生点校，第116页。
⑤ 周城：《宋东京考》卷一一《楼》，单远慕点校，第198页。
⑥ 光绪《新修祥符县志》卷一四《古迹志》，第452页。

来此饮酒故而出名。"刘楼"原为王氏酒楼,只因曾有石曼卿"尝与刘潜造王氏酒楼,对饮,终日不交一言。王世怪其饮多,以为非常人,益举美酒肴果,二人饮啖自若,至夕无酒色,相揖而去。明日,都下传王氏酒楼有二仙来饮已,乃知刘石也。"①可见,酒楼中市民文化的世俗化色彩在名人效应下得到更广泛的渲染和传播。

二、景观演变趋势

(一) 数量由少到多逐渐增加

从前文城市景观的梳理可知,北宋之前开封形成的景观总体体量不大,但随历史发展,却不断有新增景观出现。北宋,随着城市文化的蓬勃发展,各种新的景观形态大量涌现。明代之前开封城市景观数量总体上呈现出由少到多逐步增加的趋势。

春秋师旷所筑吹台,经后世不断发展,功能逐渐增加,建筑逐步增多。五代梁太祖(开平元年(907)十月)"驾幸繁台讲武。……[开平二年(908)四月]丙寅,车驾幸繁台观稼"②这时的吹台,不仅"讲武于繁台",而且还"射雁(兔)于繁台"。③ 最早增筑的记载是后周显德二年(955)周世宗时期。因"世宗初度之日曰'天清节',故名其寺亦曰天清",寺之内砖塔曰兴慈塔,俗名繁塔。④ 建成的天清寺和佛塔在"宋太宗太平兴国二年(977)重修"⑤。北宋石曼卿曾描写繁台:"台高地迥出天半,瞭见皇都十里春。"⑥可见北宋时期市民登台游春乃东京城一大盛事。吹台的文化意蕴在历史发展中不断增加,从而才有了后世的"吹台秋雨""繁台春色"之景观。

战国大梁城东门所在地的夷山,在历史浸润中其功能和文化也不断增加和发酵。后世不仅在此建信陵君祠,还建起寺院。"开封旧有信陵君祠在上方寺之右"⑦,"寺西信陵君祠大门三间左右两厢,正殿三间,祀信陵术主,

---

① 宋继郊:《东京志略》,王晟、李景文、刘璞玉点校,第491页。
② 宋继郊:《东京志略》,王晟、李景文、刘璞玉点校,第476页。
③ 宋继郊:《东京志略》,王晟、李景文、刘璞玉点校,第476页。
④ 李濂:《汴京遗迹志》卷一〇《寺观》,周宝珠、程民生点校,第158页。
⑤ 李濂:《汴京遗迹志》卷一〇《寺观》,周宝珠、程民生点校,第158页。
⑥ 陈元靓:《岁时广记》卷一七《清明》,商务印书馆,1939,第181页。
⑦ 光绪《新修祥符县志》卷一二《祠祀志上》,第364页。

配以侯嬴朱亥。万历十九年(1591),布政司左参政李维桢创建并自撰碑记"①。此地初建寺院为独居寺,之后发展成为封禅寺、建国寺,直到成为北宋时期著名的皇家寺院开宝寺。明清八景中的"夷山夕照""开宝晨钟""铁塔行云"都是在此基础上逐渐形成的城市景观。

城市景观中的水景观,除黄河外,就是隋唐大运河开通后所形成的汴河、隋堤等景观。隋炀帝时期大运河开通后,汴河作为大运河的一段,其沿岸城市汴州城因此而成中原重镇。北宋时期,东京城的各种物资供给都仰仗汴河,居民对关乎日常生活的汴河、堤岸、桥梁都有着极大的关注,故而"汴水秋风""隋堤烟柳""州桥明月""金梁晓月"成为记载北宋东京城市文明的最好见证。

此外,随着北宋市民文化的勃兴,东京城出现了许多前代没有的城市景观,如金明池、琼林苑、艮岳,以及城中众多的酒楼、勾栏瓦肆等。这些先后出现的城市建筑和设施满足了不同社会阶层人们的生活和娱乐需要,同时它们的出现和存在也充分展示了北宋作为封建社会发展之顶峰的物质和精神文明产物的成就,因此,明清两代的开封才会以"艮岳晴云""金池夜雨"的形式记忆这段灿烂的历史文明。

以上梳理可以看出,从先秦至北宋,随着历史发展,开封城市景观由少到多逐步增加。这些景观不仅给城市文化注入了新的养分,而且还使城市活力不断增强。

(二) 景观类型由单一到多元逐渐发展

明代之前开封形成的城市景观另一个重要特点是景观类型逐步增多。

春秋时期已经形成的高台景观一直以来都是开封城市景观的主要类别。随着历史发展,城市人口不断增加,民众活动范围逐步扩大,活动内容也逐渐增多。历史发展到北宋一朝,北宋东京逐渐成了一座人口过百万的大都市。大量的城市居民需要更多的空间开展各种活动,因此,该时期"高台"景观数量不仅增加,其文化内涵也不断丰富。宴台、百冈均是此时逐渐形成和凸显出来的城市景观。李濂《汴京遗迹志》中有诸多关于"台"的记载,且它们功能各异,分别承担着不同的文化活动,如:宴台是宋帝春耕籍田之地;迎秋台是后唐庄宗筑,宋人重阳登高之地;百花台是宋徽宗时期所建;

---

① 光绪《新修祥符县志》卷一三《祠祀志下》,第409页。

拜郊台和东拜郊台都是宋时所筑。① 此外,李濂文中收录的"冈"也多达41处,如牟驼冈、凰城冈、望牛冈、百冈、独乐冈等,它们分布在开封城周边,承担的功能也各不相同。李濂还进一步说明:"以上诸冈,累经黄河重淤,存者无几,而居人犹能指其遗址焉。"②可见,这些遍布东京周围的高冈对民众影响之深。

水景观也是随着开封城市发展逐渐出现的一种景观类型。战国魏大梁城的兴起离不开鸿沟的功劳。唐李勉修筑的汴州城也正是看中汴水的交通优势。赵匡胤之所以定都开封也因汴河之重要。"水"逐渐渗透到开封人社会生活的各个方面,并产生了许多相生相伴的水景观。汴河、隋堤、州桥、金梁桥、金明池等都是北宋时期著名的因水而兴的城市景观。

除以上保留和传承的景观类别外,东京城更是发展了属于北宋城市特质的景观,如佛教、园林、民俗生活景观等。佛寺在东京独树一帜,引领了一股独特的寺院文化。园林景观在继承前代园林的基础上,在宽松的政治背景和繁荣的经济条件下,各种不同类型的园林在北宋一朝表现也尤为突出。另外,东京城中的大小酒楼、勾栏瓦肆也成了展示世俗文化的一道风景。这些在北宋大量集中出现的、类别多样的城市景观极大地丰富了明清汴京八景的景观类型。

(三) 景观受众由雅趋俗向下渗透

除以上特征外,开封城市景观的受众和参与者还呈现出一种由最初的社会上层精英逐渐向一般民众渗透的由雅趋俗的态势。

春秋时期晋国乐师师旷不仅是当时宫廷的主乐大师,而且还是一位杰出的政治家。《史记·晋世家》曾记载,国君常向师旷询问治国之道。"悼公问治国于师旷。师旷曰:'惟仁义为本。'"③由此可知,师旷不仅因音乐造诣高深而被推崇,更重要的是作为政治家而史册留名。古人认为有文化、有修养的人才是受到人们尊敬的雅人,师旷之所以受到尊敬正因他就是这样的人。而古琴自古又被认为是一种雅乐乐器,"是故知声而不知音者,禽兽是也;知音而不知乐者,众庶是也。唯君子为能知乐。是故审声以知音,审音

---

① 李濂:《汴京遗迹志》卷八《台、池、园、苑、洞、峡、渚、汧》,周宝珠、程民生点校,第122-123页。
② 李濂:《汴京遗迹志》卷九《冈堆坡陂关梁井墓》,周宝珠、程民生点校,第132页。
③ 司马迁:《史记》卷三九《晋世家第九》,第1683页。

以知乐，审乐以知政，而治道备矣。"①师旷筑台以吹歌，只有知音、文人雅士才能理解并欣赏他的乐曲，而且他所用古琴本身就是雅乐的代表。明人杨士奇认为，古琴所发出的声音"雍雍故澹，淳雅之音，尽使人襟宇澄净，气志皆融，豁然如濯埃氛，而游于泰和无事之域者，何其适哉"②，因此在他看来，古琴是一种完全不同于俗的雅乐乐器。师旷以雅士的身份奏雅乐，故吹台逐渐也成为文人雅士聚会之所的象征。

汉代以后，刘邦为巩固政权广封同姓诸侯。分封后的刘氏宗亲，由于不能再像战国诸侯那样开疆拓土，于是他们便把精力集中到文化享乐方面。汉代传承了战国养士遗风，因此刘姓诸侯也礼贤下士延揽人才。梁孝王刘武建梁园以招揽天下名士，一时之间文人名士会集梁园，如司马相如、枚乘、公孙诡、邹阳、严忌、羊胜等皆从孝王游于梁园。他们成了影响汉代文坛的一个重要群体。刘武为文人雅士们创造的宽松环境成就了一批汉赋大家。"司马相如赋二十九篇"③，其中被汉武帝推崇的《子虚赋》就是在梁园完成的作品，"他的赋开创了汉赋发展的最高阶段，成为两汉赋家效法的对象。"④而枚乘创作的辞赋更为突出，"枚乘赋九篇"⑤、《梁孝王菟园赋》、《忘忧馆柳赋》均被人所称道。由此可见，汉代时期出现的梁园也跟吹台一样是文人雅士竞欢畅谈之地。

传入中国的佛教在经历魏晋南北朝和隋唐时期的大起大落后，"宋代佛教可以说是在周世宗废佛而'佛法极衰'后，继盛唐而起的佛教中兴和发展"⑥。北宋政府出于统治需要大力弘扬佛教，加之汉化后的佛教倡导"人人皆能成佛的思想"⑦，因此佛教思想和教义逐渐被更广泛的普通民众所接受。于是东京城的佛教出现了"庙堂之上，有帝王的扶持，士大夫的推崇；文苑中又有名人学士的唱和、应答；民间百姓顶礼膜拜；更有学者阳儒阴释，畅谈性命天道之学……"⑧的现象。北宋时期的佛教文化从信教受众上看已表现出非常明显的由雅趋俗趋势。

---

① 司马迁：《史记》卷二四《乐书第二》，第1184页。
② 杨士奇：《东里文集》卷六《听琴诗序》，刘伯涵、朱海点校，中华书局，1988，第82页。
③ 班固：《汉书》卷三〇《艺文志》，中华书局，2007，第339页。
④ 龚克昌：《司马相如论——汉赋研究之一》，《社会科学战线》1983年第3期，第229页。
⑤ 班固：《汉书》卷三〇《艺文志》，第339页。
⑥ 麻天祥：《中国禅宗思想发展史》，湖南教育出版社，1997，第50页。
⑦ 麻天祥：《中国禅宗思想发展史》，第21页。
⑧ 麻天祥：《中国禅宗思想发展史》，第50页。

北宋不仅有宋徽宗为代表所构筑的宋词、宋画以及宋代理学的上层文化世界，而且还诞生了生长于熙来攘往的商业活动和勾栏瓦肆之间的充满民俗气息的市民文化。东京酒楼，不仅有典雅精致、能供人们吟诗作赋的正店，更有"醉心于能直接并情调热烈地满足感官享受的艺术样式"①的脚店。此外，东京城中众多的勾栏瓦肆也上演着令人眼花缭乱的文艺节目——杂技、杂剧、舞蹈、小唱、诸宫调、傀儡戏、皮影、说诨话等，都在大小不等的勾栏中进行表演。瓦舍之中，士庶云集，老少皆往，是一种完全不同于贵族与士人文化的市民天地。即使是皇家园林的金明池，也是一处帝王与市民尽情娱乐的水上乐园。金明池既可满足文人的"日有江湖思，坐无车马尘。横桥自照水，啼鸟不惊人"②的愿望，也可以实现一般民众"楼台金碧交辉外，舟楫笙歌浩渺间。与众尽欢宫漏促，万花丛里属车还"③的狂欢。

　　可见，从魏大梁城到北宋东京城，城市景观所表现出的由雅趋俗、雅俗互动的社会发展趋势也是历史文化发展的必然结果。

---

① 张岱年、方克立主编《中国文化概论》，北京师范大学出版社，2004，第78页。
② 李濂：《汴京遗迹志》卷二二《艺文九》，周宝珠、程民生点校，第435页。
③ 李濂：《汴京遗迹志》卷二三《艺文十》，周宝珠、程民生点校，第449页。

第三章
明初汴京八景的形成

北宋灭亡后,开封也曾短暂做过金政权的都城。明朝建立初期,明太祖朱元璋曾有迁都开封的打算,并且把"开封"改称"北京"(1368—1378),但终因大臣们的反对而未能成为现实。洪武十一年(1378),即明廷取消开封"北京"称号的这一年,朱元璋分封其五子朱橚为周王(原为吴王),周王"(洪武)十四年(1391)就藩开封"①。由于开封历史积淀深厚,且地处中原,交通便利,因此,明朝对开封的发展尤为重视,中央和地方政府的一系列措施使开封经济社会逐渐恢复发展,开封成为全国重要城市之一。②

明代之前开封已经积累的众多景观,虽然随自然环境、历史、社会思潮的变迁、政治主体的更替而逐渐消失或弱化,但许多重要历史传说、残存遗址、名人故事、景观空间等仍然顽强地存续下来,并逐渐积淀为开封民众共有的历史记忆。以它们为基础形成的景观"成为人物活动的场所和时间推移的标志,承担着情感抒发的媒介和地方文化价值的认同功能"③,故而,这些景观就成为代表开封城市文化的标志性符号,成为最值得自豪的、最能代表城市形象的突出表征。在这种背景下,明初第二代周王朱有燉守藩余暇,遍访遗址,最早提出了属于开封的"汴城八景",奠定了"汴京八景"的根基。

第一节 汴京八景形成的基础

城市文化景观的出现是一个动态持续的层积叠加过程,是不同历史时期人们对于城市资源开发、创造和综合利用的结果。农耕时代,城市一开始的主要功能是维系国家正常的政治统治,而后,随着经济发展和居民生活需

---

① 张廷玉:《明史》卷一一六《诸王世表一》,中华书局,1974,第3566页。
② 武明军:《明清开封城市研究》,博士学位论文,河南大学,2015,第1页。
③ 赵坤:《中国城市文学中的建筑书写》,博士学位论文,武汉大学,2012,第3页。

要,逐渐出现城墙、宫观、寺院、楼阁、亭台、桥梁等建筑,城市空间不断拓展,城市功能也逐渐丰富,围绕一些知名建筑或美景的城市景观也逐渐出现。在此过程中,这些景观在"利用和改造自然的同时又受着自然、社会、技术等因素的制约,从而又从文化景观中产生相对前一轮文化的'文化新体'去继续影响文化景观",最终使"文化景观与自然之间形成了一种互动与反馈的往复过程"。① 所以,早期开封的城市景观并非一开始即为景观,也并非今天我们所理解之景观,它们是在经济持续发展之下,历经朝代更替,经过城市文化的不断渗透、人类情感的逐渐浸染、社会思潮的反复碰撞才逐渐形成的公众认可的地域性景观。汴京八景便是在以下几个方面因素的综合作用下形成的。

一、经济持续发展

城市是历史发展的产物。它在一定历史时期,通过政治、经济、文化的发展,反映和表征着一定历史阶段和一定区域范围的社会面貌,因此不同历史时期因政治、经济和文化发展不同而导致的不同城市地位对城市发展和城市文明的呈现具有一定的影响。明清时期的开封其城市地位在省域层面也非常重要。它是河南省会、开封府治所在,以祥符县为附郭,省、府、县三级官署衙门聚集一地,"北咽神京,南控八省"②,是地方一级的政治、经济和文化中心,也是当时中原地区最重要的交通枢纽。这一时期的开封水陆交通十分便利,商贾云集,工商业发达,为明清开封继续曾经的辉煌历史、展现独有的城市文明奠定了基础。

明清时期,地处中原的开封其交通依然通达。开封五座城门联通河南各府县。"曹门通兰阳(今兰考),宋门通陈留,南门通尉氏、通许,西门通中牟,北门通延津,谓之五门六路,八省通衢。"③这六条向外连接各地的大道,不仅联通了河南全省府、县,而且还沟通了山东、山陕、南北直隶、江西、湖广,乃至全国各地,如开封向北与北京城之间的陆路交通,是与"宋代汴京至幽州、中京、上京的路线大致相符。……此路直到清末仍为南北主要交通干线。……这条向北的大道,使开封成为南北陆路交通的枢纽,南北货物的集

---

① 徐文廷:《文化生态学视角的康区佛教文化景观研究》,博士学位论文,哈尔滨工业大学,2015,第33页。
② 顺治《祥符县志》卷六,河南大学图书馆藏书,第65页。
③ 佚名:《如梦录·城池纪第一》,孔宪易校注,中州古籍出版社,1984,第2页。

散中心"①。

交通的便利自然带来工商业的发展,明清开封商业异常活跃。"司马迁《史记·货殖列传》就可以看出商业是最快的富裕方法,也是发展经济的方法。"②明代开封由于不仅为省会所在地,同时也是周藩王府聚集治所,城中商业、手工业中很大部分是为以周王府为中心的诸多王公贵族服务的。开封城内有倾销银铺十余家,这与王府禄银直接有关。为文武百官所需服务的帽巾铺三二十家。为每年前来应考的举子服务的经营文化用品的商铺为数也不少。开封城内至少有纸店8家、柬帖铺3家、笔铺数家,以及书铺、画铺、刻字铺、造玉牒册铺、揭裱书画铺、翻刻经书铺、手卷铺、轴丈铺、古董铺等。由于省会所在地,因此餐饮和旅店业也是开封商业的一个重要组成部分。③ 而一片废墟上重建的清代开封城,城市遭受了严重破坏,但依然是省、府、县三级衙署设置地,明周藩王府不在,城市人口中数量庞大的王公贵族没有了,开封商业的主要功能已从满足王公贵族、外来客商的需要为主向满足一般居民日常消费为主转化。清中叶后,"城市的重建,人口的增加,手工业的发展,使开封城内的商业经济,在清代中期逐渐恢复和发展起来"④,其表现为各省在汴商业会馆的建立,集市、庙会的增长,商业街道和店铺的增多等。这些因历史发展建立起来的有形城市建筑物在发展中逐渐成为城市文化的一种符号。从河南省内来看,"凡有商贾通漕优势的地方,一般也是文化发达的地方"⑤。明清开封城市八景作为表征城市文化和文明成就的标识就在这种政治繁荣、商贸发达的城市空间得以绽放异彩,如明周王朱有燉笔下的八景之一"金梁晓月"所表现的明开封城戏曲文化的发达,正是这一连串连锁反应的城市文化的表现形式。

二、文化不断累积

开封城市景观自形成之始,经发展演变最终成为一处公认的代表城市

---

① 范沛潍:《明、清时期开封的交通》,《开封教育学院学报》1997年第3期,第2页。
② 赵天改:《明代以来河南历史文化地理研究(1368—1949)》,博士学位论文,复旦大学,2011,第296页。
③ 许檀:《明清时期的开封商业》,《中国史研究》2006年第1期,第163-164页。
④ 吴志远:《清代河南商品经济研究》,博士学位论文,南开大学,2012,第158页。
⑤ 赵天改:《明代以来河南历史文化地理研究(1368—1949)》,博士学位论文,复旦大学,2011,第297页。

文化的景观地,这实际上是在一个持续不断的城市历史文化推进中逐渐形成的,如吹台即是开封历史上一处伴随并见证古城成长变化的地方。从时间节点上看,根据史料记载,吹台是春秋时期晋国国君为音乐大师师旷奏乐建成的一处高台,但它却是在经西汉梁孝王重筑后,又历经乱世的讲武台、乞活台之时,在历史进程中各种要素的不断参与、累积之下,终于在唐朝成为一代文人李白、杜甫、高适眼中的可入诗、能游赏之地。因此,吹台作为开封城市景观中历史最久,贯穿城市文化发展始终的见证者,自春秋以来,不断孕育着作为文化景观的各种要素,处于渐进演变的进程之中。其间不断叠加的一系列文化符号,不仅没有消失在历史长河之中,而是积累、沉淀下来,形成了一个持续完整的"文化链条"。到民俗文化全面勃兴的北宋时期,吹台已经作为一处城市民众的近郊游赏地,成为市民日常出游登高之所。至此,吹台功能从最初的为奏乐而建的演奏台,经历史推进、城市的不断繁荣,逐渐转变为丰富市民城市文化生活城郊休闲之所,从而具有了融入市民常态休闲生活之中的文化游赏功能。因此,作为八朝古都之一的开封,千年来城市发展中先后出现的各种不同形态的城市景观,宏观上实际上是一个连续的历史进程的表现形式。而且春秋以降,吹台的历史发展和文化渗透中间未曾断裂,且其功能由简单到复杂,由娱乐而政治,由政治而社会,处于一个不断下移和扩展的进程之中。正是在这样一个长时段的发展中,以吹台为代表的开封城市景观才得以不断丰富,文化内涵不断拓展,影响力不断扩充,且这些为满足城市发展需要而出现和建造的建筑物作为景观的概念也在其中萌生、发展并日趋完善,景观也作为城市文化标识物在民众心中逐渐成为一种城市文化的象征,代表着城市文化元素的某个方面,成为城市民众值得炫耀、引以为豪的资本之一。

三、市民情感深化

自古以来开封逐渐形成的城市景观实际上也是一种浸润人类丰富情感的景观化符号。王国维在《人间词话》中曰:"一切景语皆情语也。"[①]我们经常用"情景交融""触景生情"来形容和表达景物跟人物情感结合的样子。景观所呈现的状态也是人类情感的一种表达形式。情感作为人行动的逻辑起点不仅可以推动历史的进程,更重要的它是了解文化的一个切入点。

---

① 王国维:《人间词话》,滕咸惠译评,吉林文史出版社,2004,第104页。

"情"与"景"原本是各自独立的,其内涵也是随历史发展而变化着的。"情"是指情感,是人的一种主观层面的感受。"景"则是"情"的一种客观化存在。城市景观反映着一定社会历史条件下地域范围内人们普遍认同的一种情感和情绪状态,因此,作为一种城市景观,如魏国大梁城的夷门,它之所以能逐渐成为一处景观,就是历代以来人们的情感不断强化叠加而成的结果。史书记载,相传大梁有13个城门,《史记·魏公子传》所载夷门只是其中之一。这些城门打通了大梁城与其他诸侯国之间的交通,具有重要的城市通行功能。当时的夷门只是城市功能性设施中的一种。在大梁城创造的众多城市文化中,信陵君无忌出奇计、夺军权、窃虎符、救赵危的故事,不仅让信陵君成为当之无愧的战国四公子之一,而且与之相关的侯嬴、朱亥也脱颖而出,成为家喻户晓的、有大节、重情义的人物。正是信陵君、侯嬴为代表的看似毫无社会相似地位的人物,因他们有着同样的家国天下的理志情感和英雄主义气节,从而赢得了当时和后世人们的敬重。之后,由于王贲引鸿沟水入大梁城,大梁城成为一片废墟。后人回望夷门遗迹时,对大梁的繁华、信陵君的礼贤下士、侯嬴的侠义古肠,无不生出感慨之情。加之,此地后又建寺院并在北宋一朝成为皇家佛寺。佛教的普度众生、历史英雄人物的示范和榜样效应相互交织在一起,使夷门逐渐成为一种具有典型地域文化特质的符号,直至成为城市的代名词而为之传诵。人们对大梁城的情感,经历史沉淀而越发深沉、厚重,夷门逐渐成为人们寄托情感、感慨盛世繁华的象征物。故而,人类情感的参与也是生发城市文化景观的主要动因之一,且这种情感随着人们地域文化认同感的加深而不断强化,反过来更突显景观的表征性意义。

四、社会思潮变迁

开封历史上先后出现的城市景观,也是历史推进中各种文化的衍生、植入、碰撞、创新而不断生成的一种客观存在物。夏商周时期甲骨文、城邑、青铜器的出现标志着中国文化的成熟。之后,随历史不断向前发展,中国文化也不断发展、丰富。春秋战国的诸子百家,西汉独尊的儒术,东汉前后传入的佛教、兴起的道教,魏晋时期的玄学,逐渐成为社会发展的重要思想源泉,并引领了不同历史时期的文化思潮方向。如随着佛教的盛行,南北朝至隋唐时期,宗教艺术逐渐盛行,开封的大相国寺在此背景下应运而生。该寺院是借助战国时期魏国国都大梁城信陵君无忌故宅之名、高僧慧云假托梦见兜率宫之由,发愿募集建立起来的一座寺院。初建之时其景观功能远低于实用的宗教功能,而且,魏晋南北朝时期,由于政权分裂,社会动荡不安,其时富于思想的知识分子,运用哲学论辩的方式,对抽象理论进行探索,产生了玄学,因此,南北朝时期的佛教为扩大影响力而逐渐附会玄学、儒学来阐述佛理。随后的朝代变迁中,一些同时代的建筑、景观或毁于战火,或消失于洪水之中,而相国寺由于其特殊的地理位置和宗教性质优势得以穿越历史成为遗留下来的古迹。北宋时期,国都东京城内的相国寺成了一座既是皇家和官方祭祀之地,也是民众精神寄托之所的、融合神圣与凡俗的寺院。这里不仅成为北宋一座专为皇家和统治阶级使用的礼佛场所,而且也被一般佛教信徒所共享。由于宋代以后打破了以往的坊市制度,都市生活形态发生转变,人们作息时间延长,活动空间增加,休闲娱乐方式多元,因此,北宋以后城市世俗文化逐渐走向历史舞台,包括相国寺在内的城市内外公共性空间均充斥着世俗生活的气息。在宋人眼中,相国寺"几乎就是一个集商贸、游冶、娱乐种种功能于一体的公共空间"①,所以相国寺不仅是一处因"圣显"而建立的宗教圣地,而且也是一处受社会不同阶层共同关注、并参与其中的凡俗场所。相国寺从最初的一处历史场景地,随着中国儒学、玄学的逐渐渗透,民俗和市民休闲文化的不断冲击,逐渐成为一座具有文化象征意义的寺院。这一变化充分体现了不同历史时期涌现的社会文化思潮对景观形成和内涵提升的重要影响。可见,开封古代的城市景观,整体也表现出多文化杂糅的景象,且随历史发展,其文化附加由单一到多元,由高雅到通俗,由政治到社会,处在不断扩展和深入的进程中。正是在此过程中各种文化思潮不断撞击、交融,开封城市建筑和标识物才得以不断丰盈,经历史沉淀而成为一种代表城市文化发展的景观。

第二节 八景的出现与发展

一、景观的文化意义

我们知道,任何事物和历史现象都有一个酝酿、发生、发展、变化的过

---

① 段玉明:《相国寺——在唐宋帝国的神圣与凡俗之间》,四川出版集团巴蜀书社,2004,第14页。

程,景观的出现也是这样。早期人类社会,人和自然环境中的其他物质都是一种自然自发的生存状态。随着社会发展,人们对自然界中的各种现象逐渐认识并掌握其规律,于是,人类由原来对自然恐惧而产生的崇拜,变为了因了解和掌控自然而生出的对自然山水的热爱。春秋时期,老子曾提出"人法地,地法天,天法道,道法自然"①的哲学观,庄子也说:"山林欤,皋壤欤,使我欣欣然而乐欤。"②而作为儒学始祖的孔子则把这种对自然山水的热爱升华到与人的品德相关联的境界,提出了"知者乐水,仁者乐山"③的名言。这显然已经"超越了对自然山水外部形态的感性认识,将人的道德精神与自然相比拟"④。从此,铺陈在大地上的景观开始逐渐赋予了人类文化的色彩。

东汉,佛教开始传入中国。佛教宣扬的因果报应、来生转世等观念逐渐为人们所接受。其教义中描述的西方极乐世界是一处由亭台楼阁、花草树木组成的,没有痛苦和危难的极乐仙境,因此它成为人人向往之地。它所描绘的美景随着佛教在中国的传播逐渐成为人们心中追求的世外桃源。生活在困苦不堪的现实中的人们对佛教所宣扬的西方极乐世界无不神往。汉代之后,帝王和达官显贵们也开始接受佛教的观念,在自我的现实世界里按此构想修建"师法自然"的园林景观,以此表达对西方极乐世界的向往之情。

在漫长的历史长河中,儒、释、道三教对自然山水的认识逐渐影响和改变了中国人对自然现象的认识。人们本着对美好生活的向往,把对生活的热情寄托在山水之间,借助山水抒发对理想的追求。中国人为打通通向精神归宿的桥梁,到达心中所向往的极乐世界,不惜耗费大量的人力、物力,对客观生活中的自然山水按照理想的模式进行构建、经营。为能在理想的山水中生活,人们在山水之中加入亭、台、楼、阁。当人们进入其中,或停、或靠、或坐、或走、或观、或想,让心灵有一个自由想象的空间,可以自由地与理想中的天国进行对话,从而达到暂时摆脱现实世界烦恼的目的。这种因对美好世界的向往而产生的行动就顺理成章地成为历代古人追求理想的动力。因此,不同历史时期的景观就在这种动力的驱使下不断出现、发展和演变,从而构建了丰富多彩的历史文化景观体系。

---

① 梁海明译注《道德经》,书海出版社,2001,第 57 页。
② 郭庆藩辑《庄子集释》外编《知北游第二十二》,中华书局,1978,第 765 页。
③ 杨伯峻:《论语译注》,中华书局,2009,第 61 页。
④ 周琼:《"八景"文化的起源及内涵》,《云南政协报》2017 年 5 月 5 日,"文史春秋"第 1 页。

二、八景的出现

"八景"是一个具有独立意义的词语,它最初只是一个道教概念。道教关于"八景"的解释有二:一指人的眼、耳、鼻、口、舌等主要器官。据《玉清无极总真文昌大洞仙经》载:"八景,八门者,身中所具之门户,为神气之所出入。"① 二指八个最佳行道受仙时间里的气色景象。这八个受仙时间分别是立春、春分、立夏、夏至、立秋、秋分、立冬、冬至,而与之对应的八景分别是元景、始景、玄景、灵景、真景、明景、洞景、清景。②

中国风景园林专家陈明松先生则借用这一道教词汇,将"八景"定义为一种集称文化,它是指"将一定时间、一定距离、一定范围、一定条件下,类别相同或相似的人物、事件、风俗、物品等,用数位的集合称谓,以通俗、概括、艺术、精确的形式表达出来,就形成了一种'集称文化'"。③ 本文所指八景是对一定地域中代表四面八方、山水晨昏、四季变化的景观进行的代表性概括。它是自然景观和人类智慧、人文理想有机结合的产物。入选八景的景观都有着深厚的历史积淀,是历史事件、文人轶事、民间传说的景观化表现。八景是中国传统文化的特殊组成部分,它凝聚着历代民族精英和劳动人民的智慧和心血,是民族遗产中最有价值的部分。

八景景观作为景观的一种表达形式,早在先秦时期就已经开始出现,以后历经两汉的孕育、魏晋南北朝的萌芽和唐代的初步发展,两宋时期八景在名、实及景物形式上大致定型。④ 关于八景何时出现的问题,目前大致有两种说法:一种是来源于宋迪所作的《潇湘八景图》,另一种则认为来自于早宋迪一百年的李成所作的《八景图》。第一种说法的根据是沈括在《梦溪笔谈》卷一七中的记载:"度支员外郎宋迪,工画,尤善为平远山水。其得意者,有'平沙雁落''远浦帆归''山市晴岚''江天暮雪''洞庭秋月''潇相夜雨''烟寺晚钟''渔村落照',谓之'八景'。好事者多传之。"⑤ 这为宋迪与八景

---

① 胡道静等选辑《道藏要集选刊》,上海古籍出版社,1998,第140页。
② 张廷银:《传统家谱中"八景"的文化意义》,《广州大学学报》2004年第4期,第41-45页。
③ 陈明松:《中日风景名胜集称文化比较初探(一)——"八景"画比较浅谈》,中日韩第七届八景文化国际研讨会讲稿,2005。
④ 周琼:《"八景"文化的起源及内涵》,《云南政协报》2017年5月5日第,"文史春秋"第1-2页。
⑤ 沈括:《梦溪笔谈》卷一七,侯真平点校,岳麓书社,1998,第137页。

的关系做了注脚。但还有一部分学者认为《潇湘八景图》并非宋迪原创。"《潇湘八景图》最迟在五代宋初时已出现。"①据《图画见闻志》记载,后蜀画家黄筌《潇湘八景》图传世。② 南唐至宋初的南宗画家董源(？—约962)已经创作《潇湘图》③,这两幅图说明有关八景的图画早于北宋已经出现。此外,宋迪的师父李成也曾画《潇湘八景图》。"据宋代著名书画家米芾《八景图诗》,其诗跋尾:'余购得李营丘画八景图。'据《挥尘录》和《弈人传》,李成死于宋乾德中,可知李作八景图早于宋迪。"④文中所指"李营丘"乃五代末年至宋初画家李成,其生卒年为后梁贞明五年(919)至北宋乾德五年(967)。由此可见,八景之说是早于宋迪的。

事实上,按照发生学的观点,每一种物象出现之前,大量相关条件便已开始积蓄着、组合着,直至推出其将要出现的物象。《潇湘八景图》的出现也同样遵循这样的理论。它的出现与北宋之前及当时的哲学思潮、社会风气有很大关系。

从上述论证八景出现的史料可以看出,在北宋或者稍早一点的五代,八景及其相关的绘画已经出现并兴起。魏晋南北朝时期,由于社会常年动荡不安,当时文人士大夫对国家和自我未来命运都毫无信心,在思想和文化领域出现了一种与前代哲学思想和文化审美不同的动向——玄学思潮。其中以"竹林七贤"为代表的玄学家们表现出了重清谈、轻仕途、寄情于自然山水之间的行为方式。他们这种遁世的行为实质上是对当时社会现实的一种逃避。"晋人向外发现了自然,向内发现了自己的深情。"⑤从此以后,他们的行为便逐渐成为当时社会的一种普遍风尚。崇尚安静、向往隐逸生活就成为文人们争相追逐的最高理想,这种思想导向"促进了山水诗、山水画的发展和'八景'的形成"⑥。

有宋一代,随着市民文化的兴起,文人思想发生了变化。他们创作的"诗或画,所咏赞、所泼染的丘山溪壑、野店村居成了他们一种心理需要的补

---

① 邓颖贤、刘业:《"八景"文化起源与发展研究》,《广东园林》2012年第2期,第14页。
② 郭若虚:《图画见闻志》,邓白注,四川美术出版社,1986,第133页。
③ 南宗画家董源创作的《潇湘图》是中国山水画史上的代表性作品,现藏北京故宫博物院。
④ 黄纲正主编《历代名人咏长沙诗词选》,湖南文艺出版社,1996,第111页。
⑤ 宗白华:《美学散步》,上海人民出版社,1981,第215页。
⑥ 张苗、郭芳华:《古代"八景"中的公众参与思想及其对现代地域性景观营造的启示》,《设计》2016年第5期,第54页。

充和替换,一种情感上的回忆与追求"①,因而这种情感在诗画上表现为"人与自然那种愉悦亲切和牧歌式的宁静"②。正是这种社会风气,宁静的、闲适的、牧歌式的、代表着封建时代文人理想生活图景的"潇湘八景"才有了萌生的温床。风雨雪月、山川河流这些自然地理现象,积聚了文人独到的审美眼光,承载了他们灿烂的思想,凝聚了深厚的文化内涵,逐渐生成为"潇湘八景",因此,"潇湘八景"具有生态和人文的厚重色彩,成为彰显地方文化的表征,被民众普遍接受和认可。

最早关于"八咏"题材的诗出现在南朝时期。据史料记载,著名史学家和文学家沈约经常游览风景名胜。为登高远眺,他在"南朝齐隆昌元年(494)为东阳太守时主持建成一座玄畅楼"③。该楼建成后沈约多次登临赋诗,并以"秋月、春风、衰草、落桐、夜鹤、晓鸿、朝市、山东"八景为题材作"八咏诗",成为轰动当时文坛的杰作。沈约所建"玄畅楼"也因此改名为"八咏楼"。沈约组诗所描述的八种不同景观,显然已可归入"八景"诗之列。

唐朝也有关于"八景"的记载。唐柳宗元于贞元二十一年(805)被贬湖南永州时,先后写下《始得西山宴游记》《钴鉧潭记》《钴鉧潭西小丘记》《至小丘西小石潭记》《袁家渴记》《石渠记》《石涧记》《小石城山记》八文,即著名的"永州八记"。这八篇以永州城郊景色为题创作而成的文章应属"八景"文化范畴。

宋代,苏轼《虔州八境图诗》八首的第一首即阐明《虔州八境图》及诗与沈约所建的"八咏楼"有相承之意④。从这些史料可以看出,"八景"及其文化在南北朝时期已经萌芽,在唐代有一定发展,宋代宋迪所作《潇湘八景图》最终把八景的景名、形态等固定下来。

随后,八景及其文化经过文人士大夫的塑造和渲染,逐渐成为一种形制,被官方认可,成为表现地方文化的一个重要维度。明代官方要求各地正式将八景收入地方志,一时之间八景之风盛行,大到省、府、县,小到一个园林、一处村庄,都有好事者评选当地八景。由此"八景"在中国,尤其是明清之后成了一种独特的文化现象流传开来。

---

① 李泽厚:《美的历程》,广西师范大学出版社,2001,第225页。
② 李泽厚:《美的历程》,第228页。
③ 王帮铎主编《浙江旅游大观》,测绘出版社,1989,第201页。
④ 高云龙:《日本葛饰北斋风景版画与中国潇湘"八景"画题》,《艺术百家》2009年第2期,第86页。

三、八景的发展及传播

北宋时期,宋迪所作《潇湘八景图》问世后,随之,北方的燕京、中原的汴梁、南方的杭州等地也出现了"燕京八景""汴京八景""西湖八景"[①]等。此外,八景诗也开始出现,如李俊民为山西临汾所作《平水八咏》、元好问为河北固安作《方城八景》等。"八景"及其诗词文化在北宋以降的社会开始成为一种传统发展起来。

(一) 北宋以后八景及其文化的发展

元朝建立之初,统治者对汉族地区的典章制度、思想文化表现出了排斥的态度,因此八景及其文化没能保持两宋时期的态势,发展缓慢。从目前所见文献来看,该时期各地留存八景及相关的记载十分有限。元末,朱元璋打着"驱逐胡虏,恢复中华"的旗号,将蒙古人赶回大漠。中国再次回归到汉族建立的王朝统治之中。因此,历史延续的各种文化重新回归正统,八景及其文化在经历金元的沉寂后重新被提出。

明代万历年间,明政府为点缀升平,粉饰盛世,诏令各地选定八景并上报朝廷。八景文化从此打上官方印记,这也是全国各地八景盛行的主要原因。[②] 地方官员纷纷组织本地文人乡贤,遍访当地山水名胜,根据"潇湘八景"模式评选本地八景。文人们在评选八景过程中创作了许多与此相关的诗词和文学作品。可以说,明代是八景及其文化普及并走向繁荣的重要时期。随着八景评选的深入,人们在评选时开始注重审美与文化因素。各地八景在表现自然山水的基础上,融入美学、文学等思想,从而逐渐形成了带有地方浓郁特色的八景文化。与此同时,以文字记述或绘制八景的文学和绘画作品也开始出现,如董其昌《秋兴八景图册》、文徵明《文衡山潇湘八景册》等。[③]

清代康乾时期,八景及其文化继续发展。当时八景遍布全国,相关作品

[①] 张苗、郭芳华:《古代"八景"中的公众参与思想及其对现代地域性景观营造的启示》,《设计》2016年第5期,第54—55页。

[②] 杨国荣、王艳丽:《河北地域传统八景诗的文化价值分析》,《统计与管理》2014年第4期,第86—87页。

[③] 周琼:《"八景"文化的起源及其在边疆民族地区的发展——以云南"八景"文化为中心》,《清华大学学报(哲学社会科学版)》2009年第1期,第108页。

大量涌现。正如《洞庭湖志》所说"各郡均有八景,处处皆然",以至"十里之邑,三里之城,五亩之园以及琳宫梵宇,靡不有八景十景(诗)"。① 所选八景从以自然山水景观为主的日月星辰、风雨雷电、花草树木,逐渐向宗教建筑、名人遗迹、农耕渔樵等人文景观转变。清嘉庆、道光年间,随着自然和人文环境变化,八景对人们的吸引力开始下降,但受明代影响,官方依然倡导评选八景,因此各地在评选八景时出现一种不良现象,即不论是否拥有代表特色和文化的景观,人们都会尽量拼凑成八景的情况。这种现象导致八景逐渐失去了代表地域特色和文化的功能。无怪乎章学诚批评道:"近代方志,往往有图,而不闻可以为典则者,其弊有二:一则逐于景物,而山水摩画,工其绘事,则无当于史裁也。一则厕于序目凡例,而视同弁髦,不为系说命名,厘定篇次,则不可以立体也。夫表有经纬而无辞说,图有形象而无经纬,皆为书志列传之要删;而流俗相沿,苟为悦人耳目之具矣。"② 上述因素还不是八景及其文化衰落的主要原因。1841年后,中国进入半殖民地半封建社会,整个社会动荡不安,上至官府下至文人乡贤已无心评选八景,民众也没有精力和时间去欣赏八景,这才是"八景"文化衰落的最直接原因。③

1949年后,一些沿海开放城市,在发展经济的同时开始注意到历史文化对城市文脉延续的重要性。各地政府和有责任、有担当的文人乡贤,结合当地经济发展、文化传承以及历史遗存等因素,开始重新评选新八景。与此同时相关的文学作品也大量涌现。这是八景在经历古代社会的兴起、繁荣和衰退之后的再次复兴。如广东先后于1963年、1986年和2002年三次评选"羊城八景"④,北京的新十六景、南京的四十八景等都开始评选出现。此举有效助推了各地社会文化的发展。同时,政府重提并评选八景的活动对城市形象塑造、城市文化功能的深度开发也提供了一定的历史借鉴。

(二) 八景在国外的传播

北宋时期的"潇湘八景"经宋迪绘画、宋徽宗题字、米芾赋诗,逐渐固定为一种较为完整的地域景观传播形式。之后,随着北宋对外经济、文化的交

---

① 赵吉士:《寄园寄所寄录》,大达图书供应社,1935,第121页。
② 章学诚:《文史通义》第三册卷七《〈永清县志·舆地图〉序例》,上海书店,1988,第59-60页。
③ 邓颖贤、刘业:《"八景"文化起源与发展研究》,《广东园林》2012年第2期,第16页。
④ 张嘉盈:《宋代至今羊城八景演变的特点及其规律》,《广州大学学报(社会科学版)》2003年第11期,第42页。

流与发展,八景开始向海外传播。

八景传播最初向东到达日本。北宋时期,日本著名高僧成寻曾在都城东京交流和学习,回国后,他不仅将所学到的中国高深的佛法带回日本,而且还带回了包括八景在内的众多中国文化,此后八景开始在日本传播。南宋时中国佛教中的临济宗、曹洞宗等佛教教派的文化已较完整地传入日本。南宋禅僧画家牧溪的《潇湘八景图》套图正是在此时传入日本,日本各界对这套图画给予很高评价。但不幸的是,随着时间流逝,这八幅图目前仅存四幅真迹,其中的《烟寺晚钟图》和《渔村夕照图》被日本列为"国宝",《远浦归帆图》和《平沙落雁图》被列为日本"重要文化遗产"之一。

自南宋时期《潇湘八景图》传入日本后,日本画家竞相临摹,开启了以八景为代表的中国文化在日本的传播和发展。室町时代(1338—1573),日本产生了别具"和风"的"潇湘八景"。庆长、元和年间(1596—1624),欣赏《潇湘八景图》开始成为日本上流社会的一种风雅行为。江户时代(1603—1867),"潇湘八景"已成为完全和式化的中国山水画主题,也成为日本崇尚高雅和风流的代名词。同时,日本将"潇湘八景"作为一种"八景文化"的命题模式和"景牌"开始在国内发展应用,并在"八景诗""八景画"基础上,创造出"八景俳句"和"八景浮世绘"等文化形式。

日本对"潇湘八景"的模仿,以室町时代(1338—1573)至江户时代(1603—1867)初期所选定的滋贺县内琵琶湖南部著名的"近江八景"以及石川县首府的"金泽八景"最为典型。日本"近江八景"是指石山秋月、势多(濑田)夕照、粟津晴岚、矢桥归帆、三井晚钟、唐崎夜雨、坚田落雁、比良暮雪,"金泽八景"是指小泉夜雨、称名晚钟、乙舳归帆、洲崎晴岚、濑户秋月、平潟落雁、野岛夕照、内川暮雪。它们与"潇湘八景"虽地点景致不同,但景名中画龙点睛的末尾两字却完全相同,主题如出一辙。观其名而知其景,八景中的夜雨、晚钟、归帆、晴岚、秋月、落雁、夕照、暮雪,静中有动,这种无声胜有声的名称显然都是中国景点的命名方式。"近江八景"是京都冈光寺长老蛰居近江时,仿"潇湘八景"而命名;而"金泽八景"则是1677年由中国高僧心越禅师根据中国宋代洞庭湖畔的"潇湘八景",并结合金泽四季景色和对故乡杭州美景的思念之情而选定命名的。此后,八景创作模式在日本各地被竞相效仿。同时代产生的还有"博多八景""南都八景""松岛八景"等。

中国宋代所创八景文化在日本获得长足发展。昭和十六年(1941)日本学者岛田修二郎的《宋迪与潇湘八景》问世,之后陆续有《潇湘八景图录》《潇湘八景图》《潇湘八景——从挂幅到屏风》等书籍问世。日本研究者对宋迪《潇湘八景图》及之后日本各地出现的八景,从空间造型、光造型等方面进行了大量研究,并将代表古典主义的"潇湘八景"对日本文化的影响以及日本的八景作为专题进行研究。中国的八景及其文化在历史发展中逐渐渗入到日本的艺术、文学、园林建筑等各个方面,被日本研究者称为来自遥远古潇湘的文化冲击。

中国的八景及其文化除东传日本外,对毗邻的朝鲜、越南等国也有一定影响。朝鲜"平壤八景"就是根据李氏王朝(1392—1910)时代的《西京八颂》而来,包括古代平壤城最具代表性的八处景观,分别为:乙密赏春、浮碧玩月、莲堂清雨、永明三胜、普通送客、龙山晚翠、巨门帆舟、湾滩春景。而越南则有"河仙十景":东湖印月、南浦澄波、屏山叠翠、石洞吞云、金屿拦涛、珠岩落鹭、萧寺晚钟、江城夜鼓、芦溪渔舶、鹿峙村居。18世纪初的越南统治者郑天赐(1700—1780)在当地大力推广中国文化,招揽中国士人编修著作,进行学术研讨并著《咏河仙十景》。不论是朝鲜的八景,还是越南的十景,这些景观的命名方式及景观内容都可以看出明显的中国化痕迹,其中都能找出"潇湘八景"的影子。

由此可见,中国八景文化传播至邻邦后,各国不仅结合本国特点提出类似模式的八景,而且在八景基础上又进行延伸,根据地域和景观不同进行创新,提出"八景""十景"等。我国八景及其文化对日本和东南亚各国的影响亦可见一斑。

第三节　明初汴京八景的出现

明初分封,明成祖朱元璋把自己的第五子朱橚分封到开封,于是,朱橚成为第一代周王。第二代周王朱有燉是朱橚长子,具有较高的文化素养,作为一方诸侯,他对开封的城市史十分熟悉,对这座城市的感情也日益深刻,所以在承袭北宋"潇湘八景"建构模式的基础上,他带着强烈的建立文明话语的意识,拾掇和恢复历史记忆的碎片,逐渐"构建起一整套可以完整描述城市景观的话语体系,'汴京八景'在这一时代背景下的出现,正好提供了完善的描述框架"①。

---

① 武强:《环境变迁与城市空间的生产:以汴京八景为中心的分析》,《中国社会历史评论》2016年,第169页。

一、"汴京八景"命名缘起

"汴京八景"是开封人对明清历史上曾出现过的开封城市八景的统称。在明清时期记载有八景的方志中著作者却把它称为"汴城八景""又八景"等。开封历史上先后曾用名有"大梁""汴州""东京""汴京""汴梁"等,"汴京"是金代时期开封的称谓。虽然历史上用"汴京"指代开封的时间并不长,但后世开封人多用该名称指代古代开封,如明人李濂所著《汴京遗迹志》《汴京勼异记》均以"汴京"指代开封。美籍华人学者黄仁宇先生的第一本以宋徽宗年间及靖难之役前后的历史为背景的历史小说,虽然是以北宋东京城为空间展开故事,但作者却为该书命名为《汴京残梦》。而当代开封文化名人、曾为中国古都学会会员的杨庆化先生也曾先后出版了一套以"汴京"命名的系列丛书:《汴京沧桑:开封龙亭》(2003)、《汴京杨姓名人》(2010)、《汴京八景记》(2012)、《汴京赋》(2013),等等。明代以后的开封人为何对"汴京"这一称谓情有独钟,是有其特殊的地域和文化情结在其中的。

明清时期的开封是当时河南省会开封府治所所在地,同时也是附属郭县祥符县治所所在地,因此这里被称为开封府,或祥符县。开封历史上先后有八个朝代在这里建都,且称谓不一。按当时的行政称谓来说,明、清两代开封出现的八景应该叫"开封八景"或"祥符八景"才对。但现在的开封人更愿意以"汴京八景"命名之,这需要追溯一下明清之前的开封历史。

"汴"是现代开封的简称,亦是开封历史上一条古老河道的名字。古代中国以农业立国,地处中原腹地、黄河之滨的开封,由于其地理环境使然,"水"更是当地发展农业经济的基础性影响因素。从汴州、汴京、汴梁这些历史上先后使用过的称谓来看,汴河不仅对开封各历史时段称谓影响深远,而且与不同时期经济发展和城市繁荣也密切相关。战国的魏惠王把都城迁到汴河附近,名为大梁,使其一跃成为当时著名的大都会,名震一方。之后,随着隋唐大运河的开通,汴河开启了它的全盛时期。这一时期的汴河不仅承担着灌溉农业的任务,而且也是当时重要的水运交通枢纽。唐朝节度使李勉也正是看中它的交通地位,把节度使衙署迁到开封。北宋立国后,因"诸水莫此(汴水)为重"①,宋廷才最终决定定都汴水之滨的开封,所以一条"汴"水与古代开封的城市发展和繁荣息息相关。

---

① 脱脱等:《宋史》卷九三《河渠三》,第2317页。

"京"的甲骨文写法是🏛，本意是高岗，指人工筑起的高土堆。《诗经·大雅·公刘》："瞻彼溥原，乃陟南冈。乃觏于京，京师之野。"①而《说文解字》卷五京部中解释为："人所为绝高丘也。"②清代段玉裁《说文解字注》按释诂云：京，大也。因此"京"逐渐演变并引申为"大"，既然"京"是指又高又大，因此也用来专门指代国都。《诗经·大雅·文王》"殷士肤敏，裸将于京"③，这里的"京"就表示国都也。

　　开封曾先后为八朝国都，作为京城的历史时期是开封人引以为豪的时期。在四千多年的建城和建都史中，开封先后使用了很多名称：夏都老丘；春秋郑庄公的粮仓启封；魏国大梁；汉代浚仪；汉景帝时期的开封；汉梁孝王时期的梁国；北周、唐代的汴州；后梁、后晋、后汉、后周和北宋的东京；金代的汴京；元代的汴梁；明清代的开封；等。上述这些称谓中作为都城时期的名称在后世文献的记载中出现频次较多，尤其是北宋东京，由于所创造的辉煌文化，其名称更是频繁地出现在后世的各种文献中。明清之后开封虽失去了国都地位，但作为曾经的国都之所，帝都时代所创造的城市文明和历史文化已然留在了开封人的骨子里，成为地域文化的典型符号之一，变成了开封人引以为豪、难以忘怀并津津乐道的历史记忆的一部分，而"京"本意表示又高又大，并有专指独一无二的国都之意，所以后世开封人更愿意用"京"来述说代表开封的历史。

　　明初至清末方志中出现的不同版本的汴京八景，其中均有四到五处景观与曾为国都时期的文明成就有关。如明清时期先后出现的 4 个不同版本汴京八景中提到有 23 处景观。其中"夷山夕照""艮岳晴云""开宝晨钟""资圣薰风""汴水秋风""隋堤烟柳""金梁晓月""州桥明月""金池夜雨""相国霜钟""铁塔行云"等 12 处景观中提到的夷山、艮岳、开宝寺、相国寺、资圣阁、汴河、隋堤、金梁桥、州桥、金明池都是作为国都时出现或成为城市典型地标性标志物的城市景观所在地。

　　汴河孕育和成就了古老开封的文明，"京"则彰显了开封历史的辉煌，因此用"汴京"来指代开封，用"汴京八景"指代明、清两代的代表性城市景观，是开封人对辉煌历史片段的一种特殊记忆方式，是对汴河在开封历史发展中作用的认可，也是对先后经历的八个朝代作为国都时所创造灿烂历史文化的一种肯定。故而，明清时期方志中出现的以"汴城八景""又八景"命名

---

① 韩伦译注《诗经》，江西人民出版社，2017，第 261 页。
② 许慎：《说文解字》卷五，上海古籍出版社，2007，第 256 页。
③ 韩伦译注《诗经》，第 237 页。

的八景景观,现代开封人提到它们时大都愿意以"汴京八景"概称之。

另外需要指出的是,本文选取明清汴京八景为研究对象,时间上以明清两个历史时期为主,空间上以开封城区为中心展开研究。按当时行政区划,明、清两代的开封城既是河南省城和开封府治所在地,也是开封府所辖祥符县治所在地。明代的开封府辖域为4州28县。清承明制,开封仍为河南省城、开封府治所在地,辖4州30县。因此,本文考察对象仅指明清时期开封城城垣以内及近郊,也即是汴京八景所处的地域范围,不包括现有行政区划范围内开封辖区的县域八景。

二、"汴京八景"出现的空间基础

前文已经对北宋之前开封的城市空间发展有过论述,此处重点论述金代至明代开封城市的空间发展。

金代的开封曾经先后两次做过金国的都城。虽作为都城时间不长,但金政权对开封也进行了一定营建。第一次修建是金海陵王完颜亮为彻底消灭南宋政权决定南迁都城至汴京之时。为迁都汴京做准备,贞元三年(1155)海陵王完颜亮派人重修原来的北宋皇宫,可惜一场大火,让刚修建好的汴京宫室烧得面目全非,为此完颜亮还重罚了相关责任人。"贞元三年(1155),南京大内火,海陵使右司郎中梁铢、同知安武军节度使王全按问失火状。留守冯长宁、都转运使左瀛各杖一百,除名。安国及留守判官大良顺各杖八十,削三官。火起处勾当官南京兵马都指挥使吴湝杖一百五十,除名。失火位押宿兵吏十三人并斩。"[①]由此事可以看出,完颜亮对重修汴京皇宫是相当重视的。

为尽快将京城迁到开封,在宋宫失火后的第二年,金海陵王就再以梁汉臣为提举大使,重新营建汴京大内诸宫。正隆三年(1158)海陵王使"浩与敬嗣晖营建南京宫室"[②]。海陵王对此次营建极为重视,虽已命张浩营建皇宫,但仍经常派人前来视察监督:"……浩至汴,海陵时时使宦者梁珫来视工役,凡一殿之成,费累巨万。珫指曰:'某处不如法式。'辄撤之。浩不能抗而与之均礼。"[③]《金史·宦者传》中也有类似记载:"及营建南京宫室,海陵数数使珫往视工役。是时,一殿之费已不可胜计,珫或言其未善,即尽撤去。虽

---

① 脱脱:《金史》卷八二《郭药师传》,中华书局,1975,第1834页。
② 脱脱:《金史》卷八三《张浩传》,第1863页。
③ 脱脱:《金史》卷八三《张浩传》,第1863页。

丞相张浩亦曲意事之,与之均礼。"①

海陵王营建宫室,为达华丽效果,更不惜花费大量人力物力。"至营南京宫殿,运一木之费至二千万,牵一车之力至五百人。宫殿之饰,遍傅黄金而后间以五采,金屑飞空如落雪。一殿之费以亿万计,成而复毁,务极华丽。"②营建前后共用近6年时间。修建成的宫室虽不能与北宋皇宫相媲美,但也称得上是"制度宏丽,金碧辉映,不可胜言"③。此外,为增强城市的军事防御功能,他还顺便维修了城池:"都城四围凡七十五里,城门十二,每一面分三门,其正门两傍又设两门。"④由此可知,金代开封依然保留了北宋东京的城市框架。

金朝后期,为避蒙古锋芒,金宣宗决定再次把都城迁至开封。贞祐二年(1214),"上(金宣宗)决意南迁,诏告国内。太学生赵昉等上章极论利害,以大计已定,不能中止,皆慰谕而遣之"⑤。不久金宣宗从中都出发,"秋七月,车驾至南京"⑥。从此一直到天兴元年(1232)金哀宗出逃,开封一直为金朝国都。与金前期的统治相比,金宣宗较重视城市建设,但也没有突破原来北宋东京的城市格局。"宣宗所迁,大概依宋之旧……宫室制度金国时有更改,大抵皆宋朝之旧也。"⑦金宣宗在迁都之前也先派人对完颜亮所营建皇宫进行整修,迁都后他还重修太庙和社坛等。"命参知政事李革为修奉太庙使,礼部尚书张行信提控修奉社稷。"⑧

金宣宗除对皇城和城内建筑进行修复和增筑外,他还做了一件对后世开封影响深远的事情,就是对原北宋东京城的内城进行扩筑。贞祐四年(1216),宰相高琪"请修南京里城"⑨。次年七月,大臣完颜赛不上书:"京都天下之根本,其城池宜极高深,今外城虽坚,然周六十里,仓猝有警难于拒守。窃见城中有子城故基,宜于农隙筑而新之,为国家久长之利。"⑩金宣宗

---

① 脱脱:《金史》卷一三一《梁珫传》,第2808页。
② 脱脱:《金史》卷五《海陵本纪》,第117页。
③ 宇文懋昭:《大金国志校证》卷三三《汴京制度》,崔文印校证,中华书局,1986,第473页。
④ 宇文懋昭:《大金国志校证》卷三三《燕京制度》,崔文印校证,第471页。
⑤ 脱脱:《金史》卷一四《宣宗本纪上》,第304页。
⑥ 脱脱:《金史》卷一四《宣宗本纪上》,第305页。
⑦ 宇文懋昭:《大金国志校证》卷三三《汴京制度》,崔文印校证,第471,473页。
⑧ 脱脱:《金史》卷一四《宣宗本纪上》,第317页。
⑨ 脱脱:《金史》卷一四《宣宗本纪上》,第322页。
⑩ 脱脱:《金史》卷一一三《完颜赛不传》,第2480页。

采纳完颜赛不的建议,于兴定二年(1218)"筑汴京城里城"①。这次修筑的子城是在原北宋内城故基之上把南北两墙墙基向外拓展,东西两墙只加高加固。此次扩展后的子城"周长已经达到了14.4公里"②。金朝的开封宫城,经过几次修筑,范围也比北宋皇宫的面积扩大了一倍,"周围达9里13步"③。

金国时期,经两次迁都、三代帝王的多次修筑,形成了"金汴京城外城、子城、皇城、宫城四重城垣层层套叠的新的城市格局"④。这一时期开封作为金国的都城共二十年,金政权对开封城市建设虽略有建树,但终因时间太短对后世影响不大。

元朝统治期间又先后两次对开封进行修筑:一次是至元二十七年(1290),一次是延祐六年(1319)。⑤ 城市面貌虽有所改观,但也不再有北宋和金的辉煌。其间,由于黄河河道变迁,为防止南侵的黄河水侵蚀农田,延祐六年(1319)起,开封开始修筑大堤。当时修建的堤坝虽规模不大,却是"后来护城堤的雏形"⑥。元朝末年的战争还改变了开封城的城门格局。至正十七年(1357),元朝将领泰不花为对抗红巾军刘福通攻城,竟"以汴城四面城门,止留五座,以通往来,余八门俱塞"⑦。留下的五座城门在清人周城的《宋东京考》中转引《开封府志》记载为:"门五,东曰丽景,南曰南薰,西曰大梁,北曰安远,东北曰仁和。"⑧

从唐节度使李勉修筑汴州城开始,开封城市框架逐步完善,并在发展中逐步形成为皇城、里城、外城三重城池层层相套的城市格局。这成为以后明清汴京八景发展和演变的基本空间格局。

明初的开封城"自金迄元,汴梁外城毁,内城存"⑨,开封呈现出由土城、砖城、周王府萧墙和紫禁城四重城垣由外而内层层镶嵌组成的城市格局。明初开封作为明军北伐的根据地,"跸于汴驻焉。但遣将北伐,于是升汴为

---

① 脱脱:《金史》卷一〇六《术虎高琪传》,第2345页。
② 刘春迎:《揭秘开封城下城》,第136页。
③ 程子良、李清银主编《开封城市史》,社会科学文献出版社,1993,第147页。
④ 刘春迎:《揭秘开封城下城》,第142页。
⑤ 程子良、李清银主编《开封城市史》,第155页。
⑥ 刘春迎:《揭秘开封城下城》,第154页。
⑦ 光绪《新修祥符县志》卷二三《杂事志》,第775页。
⑧ 周城:《宋东京考》卷一《京城》,单远慕点校,第5页。
⑨ 光绪《新修祥符县志》卷九《建置志》,第253页。

京,设卫十有六,填实之守焉"①。同时,为了加强军事防御,朱元璋于洪武元年(1368)诏令"重筑河南省开封府城"②。但基于"河南省城者,宋之内京城也。是城也,起自五代,至宋而益饬。神宗时,则更筑新城于外,今曰土城者是也。宋亡,入金历元,外城毁而内城存"③的实际情况,当时的开封城"内有砖城一座,高五丈,敌楼五座"④,所以明初对开封采取了青砖包砌的方式修筑城墙。"即宋之旧里城,周回二十里一百九十步,高三丈五尺。国朝洪武初重筑,外包以砖。"⑤由此可知,明代的开封城面积虽比宋代大大缩小,但城墙及其功能和形制依然保留宋时模样。

北宋时期所建外城明代已消失不见。明代的开封"外城曰土城,周四十八里二百二十三步,仅余基址,有门不修,以土填塞,备防河患"⑥。外城城墙基址已沦为开封城周围的一道土堤(现在叫土城)。虽仅留土堤,明代也曾对此有过维修。"永乐十二年(1414)秋八月修开封土城一百六十余丈,二十年(1422)冬十月修开封府城;嘉靖四年(1525)太监吕宪重修开封府城。"⑦可见,明代开封对城墙的修葺重点基本都在里城以内,外城基本没有太大关注了。

开封作为明代河南省府治所所在地,官方对城市基础建设较为重视。政府不仅对毁坏的城墙进行修复,还通过不断重修、增建以加强防御工事。明李梦阳《河南省城修五门碑》记载:"是故,是城也缮之视他城坚,甃皆砖也。然又重砖而城,根砖若石,入之地又数尺。"⑧这段碑文记述了明开封城墙建设情况。之后又有重修增建,清顺治《祥符县志》载:"正德四年(1509)重修,万历二十八年(1600)增建敌楼。"⑨

明代开封城市格局,除北宋建立的三重城垣有所改变外,城门与前代也有所不同。李濂《汴京遗迹志》载:"今省城,即宋之旧里城……门五,东曰丽景,南曰南薰,西曰大梁,北曰安远,东北曰仁和。"⑩这段记载明确指出,明代

---

① 李濂:《汴京遗迹志》卷一六《艺文三》,周宝珠、程民生点校,第303页。
② 光绪《新修祥符县志》卷九《建置志》,第253页。
③ 李濂:《汴京遗迹志》卷一六《艺文三》,周宝珠、程民生点校,第303页。
④ 佚名:《如梦录·城池纪第一》,孔宪易校注,中州古籍出版社,1984,第1页。
⑤ 李濂:《汴京遗迹志》卷二《官署一》,周宝珠、程民生点校,第4页。
⑥ 佚名:《如梦录·城池纪第一》,孔宪易校注,第1页。
⑦ 光绪《新修祥符县志》卷九《建置志》,第253页。
⑧ 李濂:《汴京遗迹志》卷一六《艺文三》,周宝珠、程民生点校,第304页。
⑨ 顺治《祥符县志》卷二,清顺治十八年(1661)刻本,第38页。
⑩ 李濂:《汴京遗迹志》卷一《宋京城》,周宝珠、程民生点校,第4页。

开封里城城门只有五座有史可考。同时，按开封市考古工作队对内城的考古探测的结果"内城方向与外城基本一致"①的说法，宋继郊《东京志略》引用南宋王应麟《玉海》卷一七四："里城南三门（朱雀、保康、崇明），东二门（丽景、望春），西二门（宜秋、闾阖），北三门（景龙、安远、天波）"②。显然，这里所载与北宋时期的十二座城门也已经有所不同。

除城门和城墙变化外，明代开封的城市形制也呈现一些特点，可以用"五门不对，三山不显"概括。"五门不对"是指东门偏北，宋门偏南，南门偏西，西门正直，北门偏东；"三山"是指城内三处地势比其他地方稍高之处。土街为一山，即今布政署东口往南土街；爪儿隅头为一山，即大爪隅头与小爪隅头；夷山为一山，在城内东北隅铁塔寺：谓之"三山不显"。③ 明代开封人对"五门不对"的说法有着基于城市地形的民俗化理解。"汴梁地脉，原自西来，故唯西门直通，余四门皆屈曲旋绕，恐走泄旺气也。势如卧牛，故名卧牛城。"④而《周易》云牛属金，而金生水，故而金乃水之母。通过城门把城市人为设计成卧牛形状，开封人以此希望黄河不要再进犯开封，让民众不再饱受水患之苦。此外"土城角，有铁犀一只，于忠肃公制。犀背有忠肃公铭，石碑一通，上镌山水二字，大约四尺，字画深五寸许，坐南向北，取镇压黄河"⑤。开封人驱逐水患之心显而易见。而"三山不显"则是基于长期处于平原地区的人们向往高岗山地地貌的一种心理诉求。但也正是城中这几处略显凸起的小山，在明末清初的大水患中救了许多城中百姓。

明代的开封由北宋三重城池到两重城池的格局变化大大缩小了城市景观的生长范围，且"五门不对，三山不显"的城市地理特征无形中也影响了汴京八景的选择。

三、"汴京八景"的提出

有关开封景观的记载最早出现于金代散曲之中。金人冯子振作于金明昌年间（1190—1195）的散曲小令《正宫·鹦鹉曲》中记载了当时开封的一些景观。"以汴、吴、上都、天京风景试续之。并作散曲《夷门怀古》：人生只合

---

① 刘春迎：《揭秘开封城下城》，第105页。
② 宋继郊：《东京志略》，王晟、李景文、刘璞玉点校，第112页。
③ 佚名：《如梦录·形势纪第二》，孔宪易校注，第3页。
④ 佚名：《如梦录·形势纪第二》，孔宪易校注，第3页。
⑤ 佚名：《如梦录·关厢纪第七》，孔宪易校注，第76页。

梁园住,快活煞几个白头父。指他家五辈风流,睡足胭脂坡雨。[幺]说宣和锦片繁华,辇路看元宵去。马行街直转州桥,相国寺灯楼几处。"①曲中提到州桥、相国寺、夷门、梁园,显然都是金代已被人们广为熟知的景观。州桥和相国寺是城中热闹繁华地的代表,而夷门、梁园不仅是著名的城市景观,而且已经作为开封的代名词被广泛认可。

明初守藩开封的第二代周王朱有燉在以复兴中华文物制度为标榜的思想统领下,努力采取各种形式表明和体现其统治思想的正统性。② 明初汴京八景即在此背景下应运而生。它是周王朱有燉通过八景对明初开封进行的景观化文化形塑。

北宋时期宋迪作《潇湘八景图》对当时的国都东京城是有所影响的。朱有燉在《诚斋录》的《汴城八景诗有序》中指出:"汴中旧有《中州八景诗》、《夷山八景》《梁园八景诗》,昔人皆用嵩岳、太行、隋堤、金池之景命于题中。"③可见明之前的开封是有中州八景、夷山八景、梁园八景等提法的,但只是限于目前相关史料和文献的不足,不知具体内容如何。关于汴京八景的文献记载,很多学者以明成化《河南总志》中所载八景为最早。④ 事实上,最早的"汴京八景"是明初周王朱有燉所提,在其文集《诚斋录》中以七言律诗形式出现。

周王朱有燉是明初分封开封的朱元璋第五子朱橚的儿子,明代开封的第二代藩王。他有感于时文所载的景观大都是"想象而赋也,或远隔于数百里之外,或湮没于千百年之上",于是在北宋八景模式的基础上萌生了"予新制汴城八景"的想法。为避免前人弊端,他特地制定"以近城朝夕可览者,命于诗题,略不引用故事,唯状此汴中佳景"作为收录八景的标准。⑤ 他在书中用八景诗的形式记载了汴城八景,并作《汴城八景有序》来说明择定八景理由。这套八景被命名为"汴城八景"。按收录景观先后顺序,这八景分别是:艮岳晴云、大河春浪、开宝晨钟、夷山夕照、金梁晓月、资圣薰风、百冈冬雪、

---

① 钟林斌:《元曲三百首译注评》,辽海出版社,2001,第 60 页。
② 武强:《环境变迁与城市空间的生产:以汴京八景为中心的分析》,《中国社会历史评论》2016 年,第 166-186 页。
③ 朱仰东:《朱有燉〈诚斋录〉笺注·诚斋新录》,中国文联出版社,2016,第 377 页。
④ 吴小伦(《水环境变迁与城市景观建设:以明清代的开封"八景"为例》,《兰台世界》2013 年第 4 期,第 136-137 页)和武强(《环境变迁与城市空间的生产:以汴京八景为中心的分析》,《中国社会历史评论》2016 年,第 166-186 页)等均认为此为最早汴京八景辑录时间。
⑤ 朱仰东:《朱有燉〈诚斋录〉笺注·诚斋新录》,第 377 页。

吹台秋雨。① 这套八景基本遵循"潇湘八景"的成景模式。八景不仅以四字成景且对仗工整,同时景观内容也同样涉及日月晨昏、春夏秋冬、风霜雨雪等不同类别、不同时节的景致。朱有燉所收录景观均为明初城内外可见之景。他把区域内的山、河、寺、钟、桥、冈、台、阁等典型类别的景观均选出代表性景致纳入八景。

朱有燉在其文集中所提汴城八景得到了同一时期的政治家兼文人于谦(1398—1457)的认可。于谦于1430—1447年任河南、山西巡抚。他在任期间秉承着自我独有的价值观,同情民众,关心民瘼,专精为治,清正廉洁,深入社会下层,积极为民奏减赋税、灾荒赈贷、治理河道、保护生产,把自己最好的青春和智慧都奉献给了中原苍生②,因此,于谦对明初汴京八景的认可是具有一定的代表性和普遍性的,他在《忠肃集》中用八首七言律诗对朱有燉所拟"汴城八景"给予肯定和迎合。③ 由此可见,朱版八景(以下把朱有燉的八景统称朱版八景)并非周王自娱之作,是得到同一时期以于谦为首的地方官员和士大夫阶层的认可和接受的。

除地方官员的认可外,明初朱版八景也被收录在明成化《河南总志》中。该书是河南第一部省志,是当时任河南按察副使的会稽人胡谧主持纂修的。这部省志是以后河南各地修志的标准。这部编撰于成化二十二年(1486)的《河南总志》也收录了一套"汴城八景"④。这套八景与明初朱版八景的内容、名称、顺序完全一致。该志书把朱版八景作为开封的代表性景观收录其中,可以看出省府一级也是认可这套八景作为明初开封景观代表的。

值得注意的是,周王朱有燉以八景诗形式确定开封八景的同时,同一时期当地还流传一幅《汴城八景总图》。⑤ 于谦曾为这幅图作诗一首,名为《题汴城八景总图》:"天风吹我来中州,光阴荏苒春复秋。民安物阜公事简,目前景物随冥搜。梁园花月四时好,日落夷山映芳草。大河滔滔涌地来,腾波起浪如奔雷。隋堤烟柳翠如织,铁塔摩空数千尺。阴晴晦明各异态,对此令

---

① 朱仰东:《朱有燉〈诚斋录〉笺注·诚斋新录》,第378—382页。
② 牛建强:《于谦与明宣德、正统间的河南地方社会》,《黄河文明与可持续发展》2018年第1期,第91—113页。
③ 于谦:《忠肃集》卷一一,《文渊阁四库全书》本第187册,第237页。
④ 成化《河南总志》卷四,明成化二十二年刻本,收入《稀见方志丛刊》第2册,国家图书馆出版社,2016,第37页。
⑤ 《汴城八景总图》目前并未见真迹,仅有于谦所作《题汴城八景总图》诗一首证明曾有该图。

人感今昔。……"①他在诗中所提景物与周王朱有燉所定八景有所不同。虽然诗中只提到了梁园、夷山、大河、隋堤、铁塔五处景观,但很明显,这套八景与朱版八景是不完全一致的,于谦诗歌中提到的梁园、隋堤和铁塔都不在朱版八景之中。因此,至少可以说明,该时期开封的梁园、隋堤和铁塔也是得到明开封另一部分民众认可的景观。

由此可见,周王朱有燉提出八景的同时,开封还流传有其他版本的汴京八景,或许这套八景只是流传百姓中间,口口相传没有文字记载。总之,周王朱有燉的汴城八景是有文献可考的、经明初官方确定的汴京八景,因此,笔者认为明初朱版八景(见表3-1)代表着汴京八景的出现和形成。

表3-1 明初汴京八景②

序号	出处	命名者	名称	内容
1	诚斋录	朱有燉	汴城八景	艮岳晴云、大河春浪、开宝晨钟、夷山夕照金梁晓月、资圣薰风、百冈冬雪、吹台秋雨
2	于忠素集	于谦		
3	河南总志	胡谧	汴城八景	艮岳晴云、大河春浪、开宝晨钟、夷山夕照金梁晓月、资圣薰风、吹台秋雨、百冈冬雪

四、八景择定标准和特点

(一) 择定标准

周王朱有燉在《诚斋录》的小序中明确了评选八景的标准:"近城朝夕可览。"③一是"近城",即景观在城中或近郊;二是"朝夕可览",即景观能够满足人们一早一晚均可游览、实际可见之所。另外,他还认为所选景观应该要抛弃对八景只感慨陈迹、故事引用的弊端,力争达到"唯状此汴中佳景"④的目的。

1. 近城是前提

朱版中收入的八景,满足的第一个条件景观必须是以城区为中心的近

---

① 李濂:《汴京遗迹志》卷九《冈堆坡陂关梁井墓》,周宝珠、程民生点校,第429页。
② 史料来源于朱有燉《诚斋录》、于谦《忠肃集》、成化《河南总志》。
③ 朱仰东:《朱有燉〈诚斋录〉笺注》,第377页。
④ 朱仰东:《朱有燉〈诚斋录〉笺注》,第377页。

城之景。从上文论述可知,明代的开封为土城、砖城、周王府萧墙和紫禁城四城城垣相套的城市格局。最外围的土城,经历金、元、明初,基本保持"仅余基址,有门不修,以土填塞,备防河患"①的功能。明代开封市民的生活和活动范围主要在砖城以内。朱版选定的八处景观,从景观分布上看,大致以周王府为中心,分布在城市内外。距离城区最远的景观是"百冈冬雪"之百冈,在"城东北三十里"②。除此之外,"大河春浪"之黄河位于"汴城之东北五里"③,"吹台秋雨"之吹台在"城东南三里"④,艮岳晴云、开宝晨钟、夷山夕照、金梁晓月、资圣薰风等五处景观则位于砖城以内或砖城周边。(见图3-1)

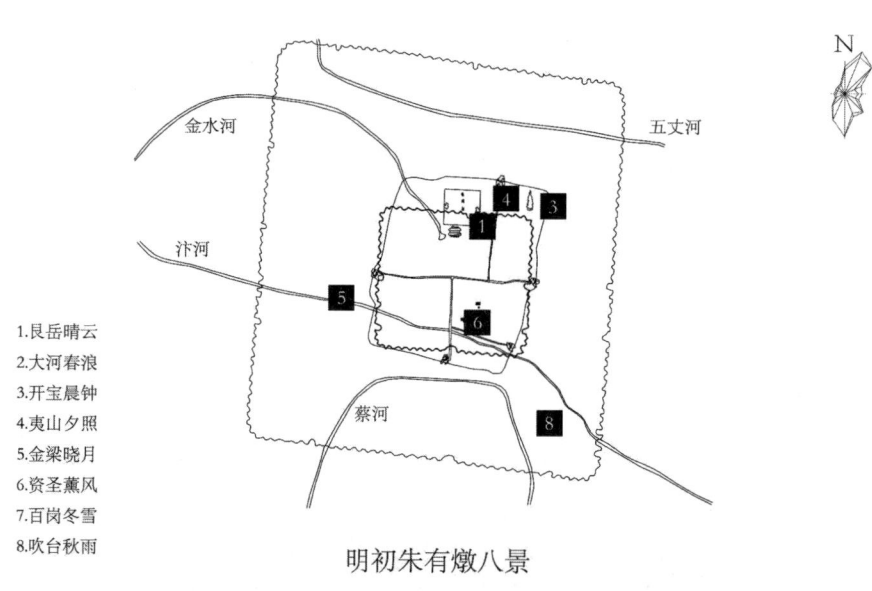

1. 艮岳晴云
2. 大河春浪
3. 开宝晨钟
4. 夷山夕照
5. 金梁晓月
6. 资圣薰风
7. 百岗冬雪
8. 吹台秋雨

明初朱有燉八景

图3-1:明初朱有燉《诚斋录》中的八景分布示意图⑤

① 佚名:《如梦录·城池纪第一》,孔宪易校注,第1页。
② 李濂:《汴京遗迹志》卷九《冈堆坡陂关梁井墓》,周宝珠、程民生点校,第130页。
③ 李濂:《汴京遗迹志》卷五《河渠一》,周宝珠、程民生点校,第71页。
④ 李濂:《汴京遗迹志》卷八《台、池、园、苑、洞、峡、渚、汧》,周宝珠、程民生点校,第122页。
⑤ 史料来源于周宝珠《清明上河图与清明上河学》和刘春迎《揭秘开封城下城》中的《内城遗址实测平面图》。按史书记载相对位置标注。

2. 朝夕可览是目的

朱有燉选择八景的另一个标准是入选景观均是朝夕之间即可完成游览的地方。依据这一标准,朱版八景所选景观大都分布在城中及近郊,民众在早晚之间便可实现游玩和观赏之需。朝夕之间可以完成的游览项目是一种典型的近郊游活动。这种活动自先秦时期已经开始,北宋时期则更广泛地深入民间。孟元老《东京梦华录》记载:"大抵都城左近,皆是园圃,百里之内,并无闲地。次第春容满野,暖律喧晴。万花争出粉墙,细柳斜笼绮陌。香轮暖辗,芳草如茵,骏骑骄嘶,杏花如绣,莺啼芳树,燕舞晴空。红妆按乐于宝榭层楼,白面行歌近画桥流水。"①可见北宋时期城市近郊的园圃已经成为东京市民郊游踏青的主要场所。从朱有燉择定八景的标准可以看出,古已有之的近郊游穿过历史的帷幔依然清晰地传承和保留在民众的日常生活之中。

朱版八景中距离中心城区最远的景观地是位于黄河岸边的百冈。根据当时人们出行的交通方式步行、骑马或乘马车估计,如果按每小时步行五公里计算,人们往返一趟百冈加游玩,一天时间足矣。其他景观距离城市中心也都不过十五公里,更能印证"朝夕"的标准。

另外,朱版八景所选景观均为"可览"之景,故"或远隔于数百里之外,或湮没于千百年之上"②的景观不能收入八景。朱版八景不仅是真实可见之景,而且也是代表明初开封城市文化发展的景观。为何朱有燉要特别强调"朝夕可览"呢?明初,经过金、元战争和自然灾害的破坏,开封的城市建筑和景观大多已遭受严重创伤,有些已了无踪迹,因此,周王朱有燉在遵循古人择选八景标准的前提下,兼顾当时的城市现状,只能选择尚能见到之景入选八景。

总之,明初朱版八景是结合历史遗存和城市发展而提出的典型城市景观,并兼顾城市文化发展主流选择而成的可览之景。

(二) 汴京八景的特点

自宋迪《潇湘八景图》诞生以来,各地所定八景基本都按该模式对景观进行描写和歌颂。明初朱版八景也基本遵循和涵盖了这些特点。

1. 景观由四字组成

明初朱版八景中的景名与宋迪"潇湘八景"景观命名模式一样,由四字

---

① 伊永文:《东京梦华录笺注》卷六《收灯都人出城探春》,第613页。
② 朱仰东:《朱有燉〈诚斋录〉笺注》,第377页。

组成。从音韵学角度来说,四字词语押韵,便于读诵。这种文字表达不仅让文章看起来对仗工整,而且更容易理解和记忆。曾为首善之区的开封,在文化、典籍、制度的传播上不仅注重本身的内容,更讲究外在的形式。朱版八景的景观命名均采用名词加动词或加形容词的方式。四字中前面两字由反映地点场所的名词构成,后两个字则是指代时间、季节,亦或描绘一种状态、场景的词语。四字两两并列组成一个景观,如"艮岳晴云"由"艮岳"和"晴云"两个词组成,"艮岳"指代景观所在地,"晴云"是描写晴空中白云漂浮的状态。当人们身处艮岳之中欣赏"轻云冉冉雨晴初"①的美妙景致,心情也处在轻飘飘而无杂念的状态中。当然,从八景蕴藏的文化内涵来看,四字组合意义远不止表面字义那么简单,它是一个在广度和深度上都能无限拓展的有机组合。

2. 景观体现时空统一

从空间上讲,八景兼顾了区域内四面八方的代表性景观。从上文所绘明初汴京八景方位分布图3-1来看,若以周王府为中心,东、西、南、北、中景观分布的比例为2∶1∶2∶2∶1。结合八景排序,前四名的方位分别是中、北、东偏北、东偏南。可见明初朱版八景的方位分布特征:一是平面空间中的五个方位均有八景,体现了满足所有市民实际游赏需求的特点;二是总体分布表现出了以周王府、东偏北为中心、兼顾他方的特点。艮岳位于城市中心稍偏北,开宝和夷山在城内东北部,相国寺资圣阁在城中心,金梁桥在城西,百冈、黄河在城北黄河附近,吹台在城外东南。

朱版所选八处景观除蕴含地域空间方位外,从时间上讲,八景中包含山川河流、日月星辰、风霜雨雪和四季变化等内容,充分体现了一年四季、风霜雨雪等时间序列的景观。八景中表示时间的词语有月、夜、晨、昏等,表示四季的词语有春、秋、冬。从所选八景的晨昏分布上看,晨景有"开宝晨钟""金梁晓月",昏景有"夷山夕照",其比例为2∶1。春夏秋冬景观共有四处,其分布比例为1∶1∶1∶1。而"艮岳晴云"虽不属于晨昏或季节类,但却是凡一天或四季之中的晴日都可欣赏之景观,也属于具有具体时间节点之景观。

此种空间分布基本兼顾了城市全局并囊括四面八方之特点,这也符合道教中关于八景的解释八个最佳行道受仙时间里的气色景象的本意。《周易》中八方和道教中八景、八时的意思表述,在朱版八景中都得到了充分体现,足见中国传统文化在不同时期的传承性和相似性。

---

① 朱仰东:《朱有燉〈诚斋录〉笺注》,第378页。

3. 景观体现人的多种感官体验

景观是一种由色彩、构图、声音、温度等多方面要素综合而成的客观存在形式。一般情况下，人在欣赏景观时，感觉器官参与得越多对景观的理解体验就越深刻。虽然人们接受的外界信息大部分来自视觉，但听觉、触觉、肤觉、热觉、冷觉等其他感觉器官的参与，对信息传递的完整性和丰富性同样具有重要意义。朱版八景中的视觉景观，如"艮岳晴云""大河春浪""夷山夕照""金梁晓月""百冈冬雪"的描写；听觉景观，如"开宝晨钟""吹台秋雨"；肤觉的景观，如"资圣薰风"。它们从不同方面理解和诠释了对景观的认识。就常识而言，"多种感官的牵涉，对于人们头脑中地理物象的形成是极其重要的"①。而且多感觉参与又进一步提升人们对信息的传递质量，加深对景物的理解和认识，如"艮岳晴云"虽然是描绘晴日所见之浮云，但朱有燉的"半空玉气浓还淡，一片香绵卷复舒"②就很好地传递和表达了一种闲适、恬淡的人的主观感觉。"开宝晨钟"中描写的钟声，实际也是人们诸多感觉器官体验的表达。古代佛教寺院的钟声不仅是佛教徒上早课的信号和古人合理安排日常生活的报时器，而且它还在精神层面带给人以心灵上的宁静。客观上，城市民众借助寺院中不同时间节点的钟声，建立一套相应的时间概念体系，游刃有余地安排日常的各种生活。另外，佛教把人的眼、耳、鼻、舌、身、意视为"六根"，只有通过不断修行才能达到"六根清净"。人只有六根清净，才能人静心沉，才能"焚香祝寿听音雄"③，才能使人更能透彻体会和领悟佛教教义。故而，开宝寺的晨钟能入明初八景也是历经战乱后的明初开封人对佛教推崇的一种表达。

4. 借助自然景观传递人文信息

通过自然景观的描写传递人文信息是朱版八景的又一显著特点。朱版八景中的具体景观大都通过四季变化、日月星辰、风雨雷电等自然现象来表现和传递历史人文信息。朱版八景反映开封辉煌历史的景观所占比重较大，如"艮岳晴云""开宝晨钟""资圣薰风"，它们都是在北宋时期已经出现或被民众广泛认可的景观。作为北宋皇家园林代表的艮岳，它是中国古代园林发展顶峰时期的代表之作，充分展示了古代的园林文化。"艮岳晴云"是人心情开朗之时看到的空中浮云之状态；"开宝晨钟"展现的是一个庄严

---

① 王恩涌：《人文地理学》，高等教育出版社，2004，第254页。
② 朱仰东：《朱有燉〈诚斋录〉笺注》，第378页。
③ 朱仰东：《朱有燉〈诚斋录〉笺注》，第379页。

肃穆的佛事活动场景;而相国寺资圣阁的风,虽然是一种自然现象,但只有人才能赋予它各种感觉。"薰风"的和煦只有登临高阁之人在心情愉悦时才能体会到。"夷山夕照""吹台秋雨"虽是古已存在且保留至明初的自然景观,但它们更是人们对师旷登高、信陵君窃符救赵等历史事件表达的一种人文感怀。夷山落日的余晖表达的是人们一种伤感之情。吹台上绵延的"秋雨"则显示出人们的一种愁绪和对历史的缅怀。

第四节 明初汴京八景的演进

北宋以后,开封城市地位逐渐下降。相对于北宋之前的城市发展,金元时期的开封基本没有新增景观。金代早期的开封一派荒凉衰败景象。"时京城外不复有民舍……太学廊庑皆败……都亭驿栋牌犹是伪齐年号。琼林苑敌尝以为营,至今作小城围之。金明池断栋颓壁,望之萧然也。"①金世宗时期,南宋楼钥出使金国,其《北行日录》记载"城外人物极稀疏……城里亦凋残"②,只是,"北门内外人烟比南门稍盛"③。周辉也看到了同样的情形:"入大城,人烟极凋残。"④城中有些习俗和建筑仍保留下来,楼钥记载"望见婆台寺塔……相国寺如故,每月亦以三八日开寺,两塔相对,相轮上铜珠尖",⑤但城中大部分的建筑和景观却已破坏。"都亭驿……犹是故屋,但西偏已废为瓦子矣""河中有乱石,万岁山所弃也。北郊方坛在路西,青城在路东……皆荒墟也。"⑥不久之后,范成大再次经过此地,城市景象依然没有太大改观,"过东御园,即宜春苑也,颓垣荒草而已。……弥望悉荒墟。……大相国寺倾檐缺吻",⑦昔日盛极一时的艮岳也是"曲江之处,河中卧石礌磈皆艮岳所遗"⑧。范成大感慨曰:"旧京自城破后,创痍不复。……民间荒残自若,新城内大抵皆墟,至有犁为田处。旧城内有布肆,皆苟活而已。四望时见楼阁峥嵘,皆旧宫观寺宇,无不颓毁。"⑨其间,金国虽先后两次在开封定

---

① 李心传编撰《建炎以来系年要录》卷一二九,胡坤点校,中华书局,2013,第2421页。
② 楼钥:《北行日录》,《丛书集成》初编本,中华书局,1991,第11页。
③ 楼钥:《北行日录》,第13页。
④ 周辉:《北辕录》,《丛书集成》初编本,中华书局,1911,第3页。
⑤ 楼钥:《北行日录》,第11页。
⑥ 楼钥:《北行日录》,第13页。
⑦ 范成大:《揽辔录》,中华书局,1985,第1页。
⑧ 范成大:《揽辔录》,第2页。
⑨ 范成大:《揽辔录》,第2页。

都,但均出于政治和军事需要而择定,因此,金世宗海陵王和后期的金宣宗、哀宗都只对原汴京宫室进行增建和修葺,对城内设施并未进行大力整修。

元代,开封已成为蒙古族统治下的地方行政中心,城市地位进一步下降。在元灭金的过程中,开封甚至差一点遭到屠城的命运,幸亏精通汉学的元朝大臣耶律楚材劝说皇帝:"将士暴露数十年,所欲者土地人民耳。得地无民,将焉用之。……奇巧之工,厚藏之家,皆萃于此,若尽杀之,将无所获。……时避兵居汴者得百四十七万人。"①开封才免遭屠城厄运。而且,战争期间元军攻城要"取土填壕","掘城为龛",金军守城则"填塞四门,以便守御",这使城市建筑遭到严重破坏。再加上整个元代,汴梁一带自然灾害非常严重,水、旱、风、蝗等灾害时有发生,尤其是黄河水患对城市危害最深,因此元代开封更没有新增城市景观。

明代立国后,作为藩国之一的开封,是当时省会治所所在地,城市政治、经济和文化在前代基础上进一步发展,因此代表城市文明的景观也在此基础上展开。明初朱有燉所提的汴城八景是明初开封城发展的见证,是明清汴京八景最早出现的标志。它们是从明初开封城内外众多可见景观中择选出来的、具有一定代表性的景观。朱版中出现的八处景观分布在城内和城市周边,都是经过周王遴选的可见且景致尚佳之所。

一、"艮岳晴云"之艮岳

位于朱版八景第一位的"艮岳晴云"之艮岳是一座由北宋皇帝宋徽宗亲自设计监建而成的皇家园林。它是一处成于北宋也毁于北宋的城市园林景观。换言之,周王朱有燉所提"艮岳晴云"之艮岳实际上是一处明朝初年已经不存在的景观,这显然与其八景收录标准"可览"是相悖的,为何朱有燉还把其收录八景且位于首位呢?

从上文论述可知,在金兵入侵东京城时,北宋宋徽宗主持修建的艮岳遭到严重毁坏。金兵第一次入侵东京城,艮岳曾是城中市民暂时避难之所。"靖康元年(1126)闰十一月,大梁陷,都人相与排墙避虏于寿山艮岳之巅。时大雪新霁,丘壑林塘,宛若画本。凡天下之美,古今之胜在焉。"当时城市虽已遭破坏,但艮岳作为皇家园林的气派依然还在。在北宋末僧人祖秀眼

---

① 宋濂等:《元史》卷一四六《耶律楚材传》,第3459页。

中,艮岳依然为"天下之杰观而天造有所未尽"①。当金人再至,"钦宗命取山禽水鸟十余万,尽投之汴河,听其所之,拆屋为薪,凿石为砲,伐竹为篦篱,又取大鹿数千头,悉杀之以啖卫士"②,"诏令民任便斫伐为薪。是日,百姓奔往无虑十万人,台榭宫室悉皆拆毁,官不能禁也"③,因此祖秀在《阳华宫记》中感慨:"明年春,复游阳华宫,而民废之矣。"④一座盛世杰观就这样在战火中被毁。

艮岳是一座人工堆砌的假山。北宋末年的一场宋金战争,虽然山上奇松怪石、华木竹筒、宫室台榭等可毁可拆,但山体、山石等却不会因战争瞬间消失,艮岳中从江南各处收集来的大量太湖石更不可能在短时间内搬运和销毁。进入金代,艮岳被圈入金主完颜亮的皇城之内,成为金宫后苑的一部分⑤,当年宋徽宗亲笔提名的"神运昭功"和"玉京独秀"太湖石再次成为金皇宫的景观石。《金史》和《大金国志》对此都有记载:"内曰仁智殿,有二太湖石,左曰敷锡神运万岁峰,右曰玉京独秀太平岩"⑥"仁智殿下两巨石,高三丈,广半之。东一石有小碑,刻'敕赐昭庆神运万岁峰',西一石刻'独秀太平岩',乃宋徽宗御书,刻石填金"⑦。元代杨奂所作《汴故宫记》中也有对这两块太湖石的记载:"由苑门而北曰仁智殿,有二大石,左曰敷锡神运万岁峯,右曰玉京独秀太平岩。"⑧艮岳中用来造景的太湖石,由于巨大而沉重,不便运输又不能销毁,因此才得以历经战火而保留下来。

明代立国后,朱元璋分封其五子朱橚驻守开封。由于城市格局所限,明周王府建在北宋大内基址之上。⑨"国朝洪武十一年(1378),即宋故宫遗址建周王府,乃太祖第五皇子谥定始分封之国,宗室繁衍,甲于它藩。"⑩《如梦录》也证实周王府是建在北宋皇宫遗址之上的。"周府本宋时建都宫阙旧

---

① 李濂:《汴京遗迹志》卷四《山岳》,周宝珠、程民生点校,第60页。
② 李濂:《汴京遗迹志》卷四《山岳》,周宝珠、程民生点校,第56页。
③ 李濂:《汴京遗迹志》卷四《山岳》,周宝珠、程民生点校,第61页。
④ 李濂:《汴京遗迹志》卷四《山岳》,周宝珠、程民生点校,第60-61页。
⑤ 杨庆化:《汴京八景记》,第36页。
⑥ 脱脱:《金史》,卷二五《地理中》,第588页。
⑦ 宇文懋昭:《大金国志》卷三三《汴京制度》,李西宁点校,齐鲁书社,1999,第250页。
⑧ 李濂:《汴京遗迹志》卷一《宋大内宫室》,周宝珠、程民生点校,第12页。
⑨ 据今天的考古发现明代周王府萧墙的午门是在金代皇宫的五门的基础上直接修建的,金代皇宫下面为北宋皇宫的宣德门门址。
⑩ 李濂:《汴京遗迹志》卷一《宋大内宫室》,周宝珠、程民生点校,第13页。

基,坐北朝南,正对南薰门,即宋之正阳门也。"①周王府的建造遵循"前朝后寝"的建筑礼制,后花园是"后寝"的组成部分。明周王府宫后有"龙亭山,一名煤山,明太祖封周藩于开封,筑土山于王宫后,建亭阁,列花石,为游观所"②。煤山除承担"蓄积煤炭,以备有警",还是王府成员游赏娱乐之地。《如梦录》所载煤山"山高五丈,松柏成林,上立石碣,书'八仙聚处'四字,山下有洼池,又有湍水……沿岸上便是水亭,各样游乐之处,奇石异花,重峦叠嶂,揽之不尽……鹿羊抵触,禽鸟展翅,猛虎作威,鹤舞莺鸣。……此宫内景象也"③,从中可以看出周王府煤山的主要功能是"游观"。

按照上文所述艮岳的盛衰情形,以及金元以后艮岳演变和明代所建周王府的一些情况可以推知,明初朱版八景中的"艮岳晴云"之艮岳,实为明初周王府煤山所在地。艮岳所处地理位置,据开封市考古工作队的勘探结果并结合相关文献可知,应位于当年北宋皇城东北部。其范围为封丘门南北一线为东界,景龙门南北一线为西界,宫城北墙一线为南界,里城北墙为北界。④ 同时,考古队还对艮岳范围作出大致推算:艮岳为东西略长,南北稍短的长方形,东西约为600米,南北约500米,周长2200米。⑤ 从周代所建方圆几百公里的园囿,到北宋末年所建长宽各为500米左右的艮岳,宋徽宗实现了方寸之间布置亭台楼阁、沟壑山林,把大自然搬进人工园林中的梦想,因此,艮岳不能不说是中国园林发展史上的巅峰之作。而明代以后,身为藩王的朱有燉,有着与宋徽宗一样的文人情结,因此他用心营建煤山,使其成为一处可游可览的优美景致所在地。这同时也是朱有燉个人审美建构的一种表达方式吧,所以"艮岳晴云"不仅是一处实际可见之美景,而且也是明初周王自认最为得意的城市文化建设杰作之一。

二、"大河春浪"之黄河

自古以来,黄河与开封城市的发展密不可分。黄河对开封而言,既是一条益河,也是一条害河。开封城市的繁华与衰落多与黄河息息相关。战国时期的大梁,因鸿沟而起,也因鸿沟而亡;唐宋开封,因大运河经过此地而

---

① 佚名:《如梦录·周藩纪第三》,孔宪易校注,第6页。
② 佚名:《如梦录·周藩纪第三》,孔宪易校注,第9页。
③ 佚名:《如梦录·周藩纪第三》,孔宪易校注,第9页。
④ 刘春迎:《北宋东京城研究》,科学出版社,2004,第259-261页。
⑤ 刘春迎:《北宋东京城研究》,第261页。

兴,北宋以降,又因汴河断流而衰;金元以后,黄河改道,逼近开封,开封更是与黄河结下了不解之缘。

远古开封由于濒临黄河,所以土壤肥沃,适宜耕种,较早出现了原始农业。公元前360年,魏惠王在黄河和圃田之间开凿一条大水沟,把黄河水引入圃田,用于大梁城的农业灌溉。之后经过几次大的引水工程,并不断兴修水利,这里逐渐发展成商业中心,成为当时有名的"商贾大都"①。但公元前225年,秦始皇派遣王贲伐魏,他"断故渠,引河东南出,以灌大梁"②,大梁城在滔滔黄水中变为一片废墟。

汉代的开封依然未从秦末大水中恢复,司马迁曾有"吾过大梁之墟"③的说法。进入隋代,开封称汴州为河南道首府。隋唐时期开通的大运河不仅加强了南北交通,而且进一步促进南北经济的交流。唐韩宏曾曰:"大梁襟带河、汴,控引淮、泗,足以禁制山东。"由于开封占据了重要的交通和地理优势,石敬瑭才有"大梁天下之要会"④的论断。正是汴水给开封带来的诸多益处,经隋唐发展,五代十国时期的开封逐渐成为北方的政治经济中心。

北宋之前的黄河基本从濮阳北行流入渤海,距开封较远。历史上虽黄河不断决口泛滥(除人为因素),但对开封城市发展直接影响不大。"河入中国,行太行西,曲折山间,不能为大患。"⑤但黄河上游携带大量泥沙,每年都在开封段沉积不少,河床逐渐抬高,因此北宋时期黄河不断有水患侵扰开封地区。"开宝四年(971)十一月,河决澶渊……五年(972)……五月,河大决濮阳,又决阳武……黄河之患,终宋之世,迄无宁岁。"⑥但这一时期的黄河并没有影响城市生活,自然也没有引起市民更多的关注。

宋建炎二年(1128),宋军在与金兵对抗的过程中,东京留守杜充为阻止金军南进,决开黄河堤防,造成黄河历史上又一次大的改道,这也是黄河长期南泛入淮的开始。之后数十年,金人控制黄河下游。"金始克宋,两河悉界刘豫。豫亡,河遂尽入金境。数十年间,或决或塞,迁徙无定。"⑦期间有史

---

① 吴朋飞、徐纪安、马建华:《"引河沟灌大梁"初探》,《中原文物》2016年第1期,第55页。
② 顾祖禹:《读史方舆纪要》四,贺次君、施和金点校,中华书局,2005,第2146页。
③ 司马迁:《史记》卷七七《魏公子列传》,第1868页。
④ 顾祖禹:《读史方舆纪要》四,贺次君、施和金点校,第2137页。
⑤ 李濂:《汴京遗迹志》卷五《河渠一》,周宝珠、程民生点校,第69页。
⑥ 李濂:《汴京遗迹志》卷五《河渠一》,周宝珠、程民生点校,第69-71页。
⑦ 脱脱:《金史》卷二七《河渠志》,第669页。

料记载的黄河河决就有 1166 年、1168 年、1180 年、1187 年、1194 年、1208 年①，多次的河决使黄河河道发生较大改变。金哀宗天兴三年(1234)八月，开封境内黄河河道迁徙，此时已经移到城北 10 公里处的寸金淀。当蒙古军南下攻打金国时，采用北宋东京城留守杜充当年伎俩，掘开寸金淀，以灌南军。在此之前，黄河南徙不超过唐宋汴河一线，至此却夺涡、颍入淮，这次河决是黄河在开封境内的一次大变迁。② 此次黄河决溢致使河道的迁徙摆动对开封地区的影响较为深远。黄河河道逐渐南移，使开封城紧靠险工河段；黄河河道变迁，洪水浸淹，破坏了历史上形成的鸿沟——汴河水道系统；黄河在开封一带的频繁迁徙和泛滥，使开封周围的自然地理日趋恶化，城市环境受到严重破坏。③

元代开封属汴梁路，该历史时期黄河河患汴梁路共有 7 次。但因当时元朝的政治中心远离开封，因此元廷对黄河河患的治理长期持消极态度。元代黄河河道在开封段决溢事件比较重大的共有 6 次：天兴三年(1234)、至元二十三年(1286)、至元二十七年(1290)、大德九年(1305)、延祐元年(1314)、延祐六年(1319)。④ 在此情势下元廷也意识到问题的严重性。延祐五年(1318)正月，河北河南道廉访副使奥屯分析断言："近年河决杞县小黄村口，滔滔南流，莫能御遏，陈、颍濒河膏腴之地浸没，百姓流散。今水迫汴城，远无数里，傥值霖雨水溢，仓卒何以防御。方今农隙，宜为讲究，使水归故道，达于江、淮，不惟陈、颍之民得遂其生，窃恐将来浸灌汴城，其害匪轻。"⑤元廷权衡利弊后接受了这一建议，于第二年(1319)开始在开封城北修建护城堤。修成后的黄河大堤"通长二十里二百四十三步。创修护城堤一道，长七千四百四十三步，下地修堤，下广十六步，上广四步，高一丈，六十尺为一工。……内流水河沟，南北阔二十步，水深五尺。河内修堤，底阔二十四步，上广八步，高一丈五尺"⑥。元廷主导修成的黄河大堤，作为阻挡黄河水患的第一道屏障，有效地保护了元代开封城。至此开封直到元朝末年都没有再出现过大的黄河决溢。但至元二十七年(1290)的黄河决溢事件，

---

① 吴朋飞、邓玉娜：《黄河变迁对元代开封的影响》，《城市史研究》2016 年第 1 期，第 1-15,296 页。
② 钮仲勋：《历史时期黄河下游河道变迁图》，测绘出版社，1994，第 6 页。
③ 范沛潍、李润田：《黄河与开封》，《开封文博》总第 34 期，2010，第 3-7 页。
④ 吴朋飞、邓玉娜：《黄河变迁对元代开封的影响》，《城市史研究》2016 年第 1 期，第 1-15,296 页。
⑤ 宋濂等：《元史》卷六五《河渠志二》，第 1623 页。
⑥ 宋濂等：《元史》卷六五《河渠志二》，第 1623 页。

使宋金以来开封水路运输仍能通航的四河之汴河、蔡河部分淤塞。① 这几次水患也使开封城区面积大大缩小。

明代以后黄河对开封的影响开始明显。"明洪武二十年(1387)河始决开封城。"②由于这次黄河水患,河道距离城区越来越近。"(明)洪武二十四年(1391),河决原武县黑洋山下,而东南流经汴城之东北五里。"③顾祖禹《读史方舆纪要》中也有类似记载:"明洪武二十四年(1391)河决原武之黑阳山,而故道淤,河去城北不过五里。"④由此可见,明代黄河直接威胁开封城的次数更多,危害更严重。

据统计,在明代260多年时间里"河南共发生洪涝灾害101次,黄河在开封城近郊决溢达58次之多"⑤。从各州县的受灾频次来看,开封府祥符县受灾次数最高,共有14个年份发生过大洪水灾害,是黄河南泛决溢受灾最严重的城市之一。⑥ 其中还有几次严重的记录,一次是"洪武二十年(1387)河决开封城,泛水由安远门冲入城内,淹没馆舍民房,冲毁街道店铺"⑦,一次是"洪武三十二年(1399)复决,冲塌土城,水从封丘门流入里城,官廨民庐淹没倾圮"⑧。还有就是"(天顺)五年(1461)七月,(黄)河决汴梁土城,又决砖城,城中水丈余,坏官民舍过半。周王府宫人及诸守土官皆乘舟筏以避,军民溺死无算"⑨。频繁的黄河决溢,开封城市格局和城中建筑都遭受了不同程度的破坏。

明代洪武二十年(1387)河决开封。水"自安远门入,淹没官民廨宇甚众"⑩,这次洪水从城北安远门冲入城中,淹没官舍民房,冲毁街道店铺。之后不足30年,"永乐八年(1410)秋,河决开封,坏城二百余丈。民被患者万四千余户,没田七千五百余顷"⑪,严重影响了开封的城防安全,于是"河南

---

① 吴朋飞、邓玉娜:《黄河变迁对元代开封的影响》,《城市史研究》2016年第1期,第5页。
② 光绪《新修祥符县志》卷六《河渠志》,第135页。
③ 李濂:《汴京遗迹志》卷五《河渠一》,周宝珠、程民生点校,第71页。
④ 顾祖禹:《读史方舆纪要》,贺次君、施和金点校,第2145页。
⑤ 程子良、李清银主编《开封城市史》,社会科学文献出版社,1993,第180页。
⑥ 吴朋飞、李娟、费杰:《明代河南大水灾城洪涝灾害时空特征分析》,《干旱区资源与环境》2012年第5期,第16页。
⑦ 程子良、李清银主编《开封城市史》,第180页。
⑧ 李濂:《汴京遗迹志》卷五《河渠一》,周宝珠、程民生点校,第71页。
⑨ 张廷玉等:《明史》卷八三《河渠志一》,第2019-2020页。
⑩ 康熙《开封府志》,第100页。
⑪ 张廷玉等:《明史》卷八三《河渠志一》,第2014页。

守臣,请修汴梁坏城。往河决汴梁,坏城二百余丈,至是修筑。上谕工部侍臣曰:'汴梁迫黄河,不免冲决之患。此国家之藩屏之地,不可以缓。且闻黄河水增三尺,其急遣人往视之。'"①另据《明史·河渠志》记载,这次水患之后的50年,黄河再次决口。"(天顺)五年(1461)七月,(黄)河决汴梁土城,又决砖城,城中水丈余,坏官民舍过半。周王府宫人及诸守土官皆乘舟筏以避,军民溺死无算。"②屡次的黄河水患严重影响了开封城市的发展和建设,因此黄河河防问题逐渐引起了明廷的高度重视。

明初,开封周王和地方官员通过各种方式积极应对黄河水患。"[(明)洪武二十三年(1390)]秋七月壬辰,河决开封,振之。"③当时正是周王朱有燉负责藩国事务之时,虽难以考证朱有燉是否组织过抗灾,但作为藩王也要担当重任,因此,对于年仅十三岁的朱有燉而言,这次抵御黄河水患是一件极有成就的事情。时任河南巡抚的于谦率领开封民众,在黄河南岸与开封城之间修筑了一条大堤。同时,于谦还设置专职官员负责督导修缮。"河南近河处,时有冲决。谦令厚筑堤障,计里置亭,亭有长,责以督率修缮。并令种树凿井,榆柳夹路,道无渴者。"④历代以来黄河虽屡有危及开封,但于谦任河南巡抚时期,滔滔黄水被阻在大堤之内,这道大堤大大降低了黄河对开封城的威胁。

明初修成的黄河大堤成为一道防御黄河水患的重要屏障,有效保障了城市的生产生活。周王和官民在对战黄河水患的过程中,体验了"生与死之意义的深层感知",加深了"对悲美、壮美的追求",更体会了"自身现世幸福"的珍贵。⑤ 这种复杂的情感交织在一起,加深了民众对黄河的印象。这一对抗并战胜黄河的全民性事件正是全城民众的共同记忆,因此明初的黄河成为一种景观走进了人们的视野。朱有燉笔下的黄河所呈现的是一幅豪迈壮阔的画卷:"千重巨浪接天陲,此时黄河二月时。……南去遥通淮泗水,澄清永与太平期。"⑥春回大地之时,当人们站在修成的黄河大堤上,远望刚解冻的黄河水一路翻滚着浪花向东而去,想着官民上下一心共同修建大堤

---

① 康熙《开封府志》,第100页。
② 张廷玉等:《明史》卷八三《河渠志一》,第2019-2020页。
③ 张廷玉等:《明史》卷三《太祖本纪三》,第47页。
④ 张廷玉等:《明史》卷一七〇《于谦传》,第4544页。
⑤ 谢彦君、孙佼佼、卫银栋:《论黑色旅游的愉悦性:一种体验视角下的死亡关照》,《旅游学刊》2015年3月,第88页。
⑥ 朱仰东:《朱有燉〈诚斋录〉笺注》,第379页。

的场景,一种战胜自然的愉悦和自豪感油然而生,才会有"大河春浪"的盛景。

三、"开宝晨钟"之开宝寺

开宝寺的前身是建于五代十国时期的独居寺。该寺院在唐代逐渐发展。唐朝初年的高宗、武后时期,传入中国的佛教全面兴盛发展。当时的独居寺在此背景下进一步发展。唐玄宗于开元十七年(729)东封泰山回来路过开封,在独居寺附近设行宫做短暂休息。他看到夷山上的独居寺狭小,便下诏重修寺院。寺院建成后,人们为纪念唐玄宗此次东巡泰山的封禅活动,把寺院改名为"封禅寺"。重建后的寺院一改过去空间狭小、房舍低矮的模样,开始粗具规模,这为以后寺院的发展奠定了基础。

北宋是开宝寺发展的鼎盛时期。之后历经战火和兵燹,开宝寺渐渐失去了昔日的辉煌,但作为佛教寺院,它依然发挥着佛教功能。开宝寺在明代先后被改名为"祐国寺""上方佑国寺"等名称,民间还俗称为铁塔寺。明僧人祖全、广明及周王对寺院屡经修葺,并多次重修钟楼,增造佛像,使开宝寺得以呈现往日的壮丽巍峨。"明洪武十六年(1383),僧祖全募缘重建。天顺间,修葺,敕改祐国寺。"①祖全把重建的寺院更名为祐国寺。洪武二十九年(1396),周王在铁塔内所造的阿弥陀佛琉璃像上也曾题"上方佑国寺"字样。天顺元年(1457),僧广明派遣僧徒到北京请得"佑国寺"赐额。成化十六年(1480)、嘉靖三十二年(1553)又重修佑国寺。嘉靖三十六年(1557)又重修寺内钟楼。经多次重修的寺院,"东有钟楼,砖座高丈八尺,上建崇楼,四角门,上琉璃四扣兽,付檐四面琉璃佛,其像极古。内悬铜钟,布袋样,重六千斤,下有阴井一眼,深二丈余。……遇王薨逝,撞钟三日三夜,名'引魂钟'"②。可见,明代该寺院是历代周王薨逝时超度撞钟的指定寺院;因此,对周王而言,开宝寺不仅是一处普通的佛教寺院,而且更具引领人之灵魂回归天国的意义。朱有燉笔下对开宝寺钟声的描写充满了对佛的虔诚:"宝塔层层霄汉中,鲸音忽起曙楼东。草分僧径霜华白,花覆禅堂日影红。升坐诵经随韵转,焚香祝寿听音雄。此声普济三千界,不比姑苏夜半钟。"③明代的开宝寺重修后虽没能恢复到当年北宋的规模和格局,但也显示出了皇家寺

---

① 周城:《宋东京考》卷一四《寺》,单远慕点校,第253页。
② 佚名:《如梦录·街市纪第六》,孔宪易校注,第43页。
③ 朱仲东:《朱有燉〈诚斋录〉笺注》,第379页。

院的模样,成为一处佛教文化气息浓厚的城市文化景观。

四、"资圣薰风"之资圣阁

相国寺众多的寺院建筑中资圣阁能入朱版八景是与其能满足周王登临休闲游乐功能有关的。作为守藩的周王朱有燉对资圣阁的描写更多了一些休闲愉悦之感:"高阁巍巍倚碧空,炎光不到梵王宫。半天飒爽非关雨,满座清凉只是风。解愠已知无热恼,安禅那复有雌雄。茶余倚槛披襟立,两望名山杳霭中。"①这首诗一改历代描写资圣阁的豪放,而是用一种轻松的心情描绘了一幅茶余倚槛、休闲纳凉、偷闲躲静的场景。同时,明代李濂在其《汴京遗迹志》中也有类似定位:"资圣阁,即相国寺之后阁,都人夏日于此纳凉,八景中资圣薰风是也。"②炎热的夏日,人们登临高阁,热恼全消,满座清凉,明代的开封人夏日纳凉的生活习俗可见一斑。资圣阁能引起周王的关注并收入八景,也正是对明代开封民众日常生活真实写照的描绘。

北宋东京寺院众多,但位于市中心的相国寺地位特殊。当年北宋的相国寺规模宏大,建筑布局严谨。佚名《相国寺记略》对此有详细描述:"御书'敕修相国寺'五字阴文突起,坊内石狮一对,东西两掖门……向南大门五间,……而二殿、而正殿、而八角殿、而藏经楼……二殿内供接引佛,东西两壁坐风调雨顺四大王……向北大雄宝殿内供佛像……大雄殿北八角殿俗呼八角琉璃……中一院大约三四亩,当院中八棱亭耸起……八角殿正北崇楼高起为藏经楼……养鱼池大十余亩……后东西配殿于大雄殿,和观音殿配殿同……僧寮及茶房……香积厨……放生堂……方丈院……只园小筑……精舍三间……妙香阁五间。"③"此寺旧基周围五顷四十亩,南至祥符县治东街,北至鼓楼西街,东西至两马道,东马道北抵鼓楼,西马道临县署马厩,四周红墙,外周遭沟渠与寺内阴沟俱会于寺外东南,流注蔡河。"④相国寺在北宋一代达到全盛。寺院中著名的建筑之一的、建于唐代的排云宝阁,北宋时期改名为资圣阁,这里成为东京一处著名佛教建筑景观,但北宋后因战争和兵燹水患其辉煌逐渐退去。"金章宗、元世祖相继修葺,失考。"⑤

---

① 朱仰东:《朱有燉〈诚斋录〉笺注》,第381页。
② 李濂:《汴京遗迹志》卷八《宫室》,周宝珠、程民生点校,第117页。
③ 光绪《新修祥符县志》卷一三《祠祀志》,第402-404页。
④ 光绪《新修祥符县志》卷一三《祠祀志》,第402页。
⑤ 光绪《新修祥符县志》卷一三《祠祀志》,第397页。

北宋末年金军入侵，相国寺虽遭到破坏，幸运的是资圣阁并未被毁。南宋周密《癸辛杂识》载："楼阁最高而见存者：相国寺资圣阁、朝元宫阁、登云楼。资圣阁雄丽，五檐滴水，庐山五百铜罗汉在焉。"① 金人李献甫《资圣阁登眺》对其也有描述："高阁凌云眼界宽，野烟碧树有无间。天边孤鸟飞不尽，陌上行人殊未还。魏国几回时事改？汴堤千古夕阳闲。愁来重倚栏干望，崧少西头是故山。"② 元代诗人陈孚《登相国寺资圣阁》描写道："大相国寺天下雄，天梯缥缈凌虚空。三千歌吹灯火上，五百缨缦烟雨中。"③ 从金元时期诗人对该处诗歌的描绘中也能感受资圣阁的高大。直到清代，宋继郊《东京志略》中对资圣阁的记载依然不减当年规模："后一阁参云，凡三级，榜曰'资善之阁'，上有铜罗汉五百尊。"④

资圣阁以自身高度引领了整座城市的制高点，把长期关注平面的民众视线通过资圣阁拉向高远的天空。《北道刊误志》载资圣阁"高三百尺"⑤。按宋尺标准，一尺为30.5厘米，那么当时的资圣阁高度在91.5米左右。根据1979年9月，河南师范大学地理系几位同志对铁塔的现有高度进行测量，得出铁塔实高55.88米。⑥ 而"《续编资治通鉴长编》对北宋东京开宝寺塔的记载：'造浮屠十一级以藏之，上下三百六十尺，所费亿万计，前后逾八年。'……如果目前所存的开宝寺砖塔55.88米，就是《续编资治通鉴长编》所载的'三百六十尺'，那么资圣阁的'三百尺'，则大致为46.57米，合15丈3尺。再以应县佛宫寺塔为例，明末笔记《枣林杂俎》载其高度亦为三百六十尺，而佛宫寺塔实高67.31米，按这个比例来推算，资圣阁的高度约为56.09米，合18丈4尺。由此，我们可以推测，资圣阁的高度有可能在15丈至18丈之间较为合理"。⑦ 由此，文献中记载的"三百尺"应该是记录者作为文人的一种文学化夸张。即使如此，明清时期的开封，在一马平川的中原地区，高56.09米的资圣阁成为地标性建筑也是当之无愧的，所以资圣阁作为城市制高点之一，且又位于城市中心的皇家寺院之中，能成为一处标志性景观是毋庸置疑的。

---

① 周密：《癸辛杂识》别集上《汴梁杂事》，吴企明点校，中华书局，1981，第217页。
② 李濂：《汴京遗迹志》卷二三《艺文十》，周宝珠、程民生点校，第458页。
③ 李濂：《汴京遗迹志》卷二三《艺文十》，周宝珠、程民生点校，第461页。
④ 宋继郊：《东京志略》，王晟、李景文、刘璞玉点校，第543页。
⑤ 王瓘：《北道刊误志（及其他三种）》，第8页。
⑥ 据河南师大地理系秦凌亚、王西川、余明泉1979年9月6日测量数据。
⑦ 李德华：《北宋东京大相国寺三门阁和资圣阁复原探讨》，《中国建筑史论汇刊》，2014年第9辑，第192-193页。

明代随着开封经济的恢复，相国寺也有一定修复，其中包括对资圣阁的重修，但日益严重而频繁的黄河水患对开封城以及相国寺的破坏趋势是无法阻挡的。相国寺于明洪武二年（1369）重修，但后来又遭黄河水淹，永乐四年（1406）和成化十三年（1477）又重修，成化二十年（1484）还"赐名崇法"①禅寺。在对寺院屡毁屡修的同时，河南省府还对寺院进行扩张性修复。"置僧纲寺于内，而并南北大黄、景福三寺入焉。"②之后，"嘉靖丁酉（嘉靖十六年，1537）又重建资圣阁"③。嘉靖三十三年（1554）和万历三十五年（1607）重修。④

不断投入人力所形成一定规模的寺院却抵不过一场水患。明末的黄河水患使开封城几乎遭受灭顶之灾。"大城止存半耳。至宫殿、衙门、民舍、高楼略露屋脊。"⑤相国寺也未能幸免。"累经黄河入城，廊庑僧舍多被淹塌，今所存者圣容殿，结构奇绝，盖旧殿也。"⑥相国寺虽在水患中破坏严重，但资圣阁作为寺中最高佛教建筑却得以幸存。《如梦录》载："后有杰阁三间，高四丈，周王所建，上坐大慈悲菩萨。"⑦从该记载可以看出，明代资圣阁是周王主持修建而成。周王出资修缮寺院是一件好事，朱有燉把该景观收入八景自然也能得到民众的认可。

五、"夷山夕照"之夷山

"夷山夕照"之夷山从战国开始在民众心中就有一定的认可度和较高的影响力。因为"夷门"不仅代表了魏国大梁城的繁华，而且被视为一处展现信陵君、侯嬴和朱亥等人信仰和气节的象征地；所以"夷门"在后世开封人心中的地位随着历史对该事件的发酵而逐渐提升，甚至一度被用来直接指代开封。金代李汾曾经写诗"琪树明霞五凤楼，夷门自古帝王州"⑧，诗中"夷门"即指开封。清人宋继郊《东京志略》："夷门本汴东门，此则以夷门为汴

---

① 光绪《新修祥符县志》卷一三《祠祀志》，第397页。
② 李濂：《汴京遗迹志》卷一〇《寺观》，周宝珠、程民生点校，第151页。
③ 光绪《新修祥符县志》卷一三《祠祀志》，第398页。
④ 光绪《新修祥符县志》卷一三《祠祀志》，第397页。
⑤ 刘益安：《汴围湿襟录校注》，中州书画社出版，1982，第57页。
⑥ 李濂：《汴京遗迹志》卷一〇《寺观》，周宝珠、程民生点校，第151页。
⑦ 佚名：《如梦录·街市纪第六》，孔宪易校注，第51页。
⑧ 李濂：《汴京遗迹志》卷二三《艺文十》，周宝珠、程民生点校，第457页。

京矣。因望题标夷门,仍编入夷门类中。"①由此足见夷门及其所发生的历史故事对后世影响之深远。唐胡曾有诗云:"六龙冉冉骤朝昏,魏国贤才杳不存。唯有侯嬴在时月,夜来空自照夷门。"②这里逐渐成为一处对历史人物和历史事件感怀的象征地。

"夷山"得名概因当年大梁城夷门在此的缘故,加之夷门跟信陵君窃符救赵的历史事件有关,因此它也被赋予了一定的文化意义。随着历史发展,这里作为曾经的历史事件发生地,不断积聚的文化要素使明代的开封人对夷门、夷山及相关建筑的保护、修缮和扩建等抱有极大的热情。"开封旧有信陵君祠,在上方寺之右"③,"寺西信陵君祠,大门三间,左右两厢,正殿三间,祀信陵墓主,配以侯嬴、朱亥。万历十九年(1591),布政司左参政李维桢创建,并自撰碑记"④。开封人为缅怀历史,不仅在这一重要历史事件的发生地建祠堂,而且还把与该事件有关的历史人物侯嬴、朱亥作为左右配殿主奉。由此可知,在明代的开封人眼中,夷山是开封历史文脉的象征;信陵君及侯嬴、朱亥是历代推崇的英雄人物。明代高启《大梁行》云:"信陵真是贤公子,富贵不骄天下士;已访侯嬴到里门,复迎朱亥经屠市。"⑤三个历史人物的形象在明代的开封人心中依然栩栩如生。但毕竟历史已成过眼云烟,作为守藩开封的周王更多关注的是眼前的美好:"夷山高处若平冈,独立西风对夕阳。万灶炊烟凝暮紫,满林霜叶映秋黄。雁行南去穿云影,鸦阵东来耀日光。最好登临望原野,半堤芳草下牛羊。"⑥他的诗描写的是一幅站在如平冈般的夷山之上,凝望被夕阳染成紫色的万家炊烟和被映成黄色的满林霜叶,远眺南飞的雁群和东去鸦阵的画面。同时,他还提议应该出城寻找原野,与芳草地上的牛羊为伴。在周王看来,过往轰轰烈烈的历史已经化作历史的尘埃,变成了历史的一部分,眼下宁静祥和的生活才是值得珍惜的美好。

---

① 宋继郊:《东京志略》,王晟、李景文、刘璞玉点校,第142页。
② 光绪《新修祥符县志》卷五《地理志》,第122页。
③ 光绪《新修祥符县志》卷一二《祠祀志》,第401页。
④ 光绪《新修祥符县志》卷一三《祠祀志》,第409页。
⑤ 嘉靖《河南通志》卷三八,收入李京文、郭鸿昌主编《稀见方志丛刊》第12册,第535页。
⑥ 朱仰东:《朱有燉〈诚斋录〉笺注》,第380页。

六、"吹台秋雨"之吹台

吹台作为一处地处开封城东南、地势相对较高的高台,在师旷之后的历史发展中一直处于民众的视野之下。这里不仅逐渐增加新的建筑,而且也不断被赋予新的功能。

吹台最早增筑的记载是在后周显德二年(955)周世宗柴荣所建"天清寺"时期。"世宗初度之日曰'天清节',故名其寺亦曰天清。寺之内砖塔曰兴慈塔,俗名繁塔",之后,"宋太宗太平兴国二年(977)重修",但元朝末年,由于兵燹,天清寺和繁塔"寺塔俱废"。①

事实上,繁台上的建筑除天清寺和繁塔外,北宋时期还曾建有两座寺院:国相寺和白云寺。据明代李濂《汴京遗迹志》中所载《李梦阳撰国相寺记》云:"国相寺,繁台前寺也,台三寺,后曰白云,中曰天清。"②"国相寺,在天清寺南,即天清寺之前楼三间。……白云寺,在天清寺西北,即天清寺之白云阁废址也。③"宋末元初因兵燹水患,这些建筑被毁,但"梁孝王鼓吹台、徽宗龙德宫旧基尚在"④。

除以上与寺院相关的建筑外,宋时吹台上还有其他功能的建筑存在。"宋都人建庙以祀二仙姑。弘治中,改为碧霞元君祠,好鬼者翕然趋之。"⑤可见,北宋东京人不仅供奉佛教神灵,对本土道教也一样推崇。建筑的增加是其功能多样的表现,吹台文化就在这种历史发展中不断叠加并逐渐形成的。

金元以后,由于黄河水患,开封遭受破坏较大,但因吹台地理位置和自身独有的高度使然而幸免于难,所以原本为师旷奏乐之所的吹台,明代以后,饱受黄河水患之苦的开封人为了祈愿治水英雄的护佑,就把这里作为纪念大禹的圣地了。"盖以汴地近河,禹有治水功,故庙禹。"⑥而且在禹王庙后,又有人建碧霞元君祠。明"正德丙子(1516),巡按御史东塘毛公至,谓非

---

① 李濂:《汴京遗迹志》卷一〇《寺观》,周宝珠、程民生点校,第158页。
② 李濂:《汴京遗迹志》卷一〇《寺观》,周宝珠、程民生点校,第159页。
③ 李濂:《汴京遗迹志》卷一〇《寺观》,周宝珠、程民生点校,第158页。
④ 周密:《癸辛杂识》,吴企明点校,中华书局,1988,第218页。
⑤ 李濂:《汴京遗迹志》卷一〇《寺观》,周宝珠、程民生点校,第178页。
⑥ 袁喜生:《李濂年谱》,河南大学出版社,2001,第207页。

其鬼也,乃撤其像,改祠三贤云"①。"三贤祠,祀唐李白、杜甫、高适,天宝中,三人聚于梁宋,共饮吹台之上,后人慕其高风,因祀之。"②"按唐史,甫尝从李白、高适过汴州,酒酣登吹台,慷慨怀古,人莫测也。"③之后有人又把"三贤祠"改为"五贤祠"。"越四十六年,为嘉靖辛酉(1561),副都御史白石蔡公以巡抚至,暇日登吹台,谒三贤,而祠宇颓坏,顾瞻兴喟,乃属开封郡守泗泉刘君曰:'空同李子献吉、大复何子仲默,非此邦人邪?二子之诗皆国朝名家也,刻集中又多登台之篇,盍并祠之?'泗泉曰:'诺。'于是修葺其祠宇,增塑李、何二子像,称'五贤'焉。"④明代的吹台不论是增建的禹王祠,还是三贤祠、五贤祠、碧霞元君祠,我们都可以看出,吹台在历代发展中日渐增加的各种人文要素不断抬升了它的地位,吹台由此成为明代开封人的一处最易识别、最便于记忆的城市历史文化景观。

七、"百冈冬雪"之百冈

朱版八景中的"百冈冬雪"之百冈是位于黄河南岸、开封城北15公里处的百余座沙堆。这一景观记载的是北朝的魏与南朝的宋之间在宋文帝元嘉年间(424—453)发生的一场战争。此次战争中,宋国大将檀道济率领的军队,粮尽而返,魏军却趁机偷袭。聪明的檀道济,利用晚上只闻其声不见其人的条件,唱筹量沙,以谎骗魏军。魏军以为宋军补给已到,果然退兵,于是,檀道济和他的军队得以全师而还。明嘉靖《河南通志》和清顺治《祥符县志》对此事件都有记载,而且清顺治《祥符县志》中不仅记载百冈形成的缘由,还特别指出,此处景观在清顺治时期犹存。⑤但关于百冈的记载在清人宋继郊的《东京志略》以及后来的清光绪《新修祥符县志》中都没有再提。从以上文献记载可知,明朱有燉时期,百冈因战争而形成的百个沙堆是存在的。冬天,万物萧条的黄河岸边,白雪覆盖着百余座沙堆,远远望去是相当壮观的,百冈入八景是符合周王选定八景之标准的。

---

① 袁喜生:《李濂年谱》,第207页。
② 光绪《新修祥符县志》卷一四《古迹志》,第449页。
③ 袁喜生:《李濂年谱》,第207页。
④ 袁喜生:《李濂年谱》,第207页。
⑤ 顺治《祥符县志》卷一,第10页。

八、"金梁晓月"之金梁桥

朱版中提到的"金梁晓月"之金梁桥是贯通城市东西的汴河上的桥梁中的一座。据宋孟元老记载,北宋东京城中汴河之上共有 13 座桥梁,金梁桥是其中一座。州桥西去"曰浚仪桥,次曰兴国寺桥,次曰太师府桥,次曰金梁桥"①。这 13 座桥梁中的州桥从其地理位置以及历代对该处的记载可以看出,它应该是东京城中重要的地理坐标和建筑景观,但明初的朱版八景中没有收录州桥却独提金梁桥。

按照周王朱版八景的选择标准,入选的桥梁景观也应该符合"近城朝夕可览"的原则,是城内可见、能通行的、保存较为完好、有价值的桥梁。由于历经数次黄河水患,明代开封城市格局随着发生变化,人们社会生活中心发生转移,汴河以西的金梁桥及其附近区域逐渐发展成为明代开封人们日常娱乐活动之地。周王府教授李正之子李梦阳的《汴京元夕四首》就对这种现象进行了描写:"中山孺子倚新妆,郑女燕姬独擅场。齐唱宪王春乐府,金梁桥外月如霜。"②这首诗描写了元宵佳节之时,各地来的"孺子""燕姬"在金梁桥外唱着周王编写的春乐府直到深夜,以至月光洒满金梁桥,人们依然流连忘返的场景。该诗虽描写的是明代开封城文化生活的繁盛,但从中可知金梁桥是李梦阳时代的开封城市文化娱乐中心,而这些娱乐生活的发端则是统领一方的周王朱有燉所创作的乐府。周王府长史牛恒的"夜来行乐雁池头,侍女分行秉烛游。唱彻宪王新乐府,不知明月下樊楼"③、清代诗人王紫绶《大梁宫人行》"宫中日夜闻箫鼓,记得宪王春乐府"④等,都肯定了周王朱有燉对明代开封戏曲的贡献。金梁桥成为明初南北戏曲会演的集中地,这也反映出明代开封的戏曲之盛。之后金梁桥逐渐成为明代开封戏曲文化活动中心的代名词。

作为著名杂剧作家的周王朱有燉一生创作三十余种杂剧、百余种散曲。由于他嗜好声伎和创作杂剧,以周王为首的各个大小王府也争相附和。明

---

① 伊永文:《东京梦华录笺注》卷一《河道》,第 25 页。
② 李濂:《汴京遗迹志》卷二四《艺文十一》,周宝珠、程民生点校,第 493 页。
③ 宋继郊:《东京志略》,王晟、李景文、刘璞玉点校,第 273 页。佚名:《如梦录》,孔宪易校注,"前言"第 4 页。
④ 康熙《开封府志》,第 876 页。

代开封一时间形成了"大梨园七八十,小吹打二三十班"①的局面。金梁桥也逐渐成为南北各派戏曲表演的舞台。"朱氏的杂剧大部分是反现实的"②,因此他的杂剧除在文学上具有一定影响外,也受到百姓认可和喜爱。"金梁晓月"这一景象不仅陈述了明人对杂剧的狂热,而且也是周王自我成就的一种含蓄炫耀。

从以上对朱版八景的梳理可知,这八处景观皆符合"近城朝夕可览"的标准,而且也都从不同侧面代表着明初开封城市经济发展的成就。

第五节 明初汴京八景形成的原因

1368年,朱元璋南京称帝,初步确立了元明易代的历史格局,正式进入朱明政权统治时期。由于朱元璋是在"驱逐胡虏,恢复中华"的旗帜下建立的王朝,因此,明初开封也本着恢复中华文化的宗旨,延续城市既有文明并在此基础上不断发展。明初开封在继承和保留众多历史遗迹、遗存的同时,也在不断发展城市经济,创造属于明代开封的、新的城市景观,因此,开封历史发展到明代,已积累了大量反映城市文明的景观。但为何在众多景观中遴选提出汴京八景,细究起来,应该主要有以下几个方面的原因。

一、唐宋八景之风的延续

唐、宋两代是开封城市发展史上最为重要的两个历史时期。这一时期创造的灿烂文明对这座城市的政治、文化、社会价值取向等都有着深刻的影响。中国唐宋时期逐渐兴起的地域八景之风在后世历史发展中逐渐成为一种表达县域景观文化的手段。明代的开封,作为曾经的唐汴州衙署和北宋国都东京所在地,也毫无保留地传承了唐宋时期的文风,而用八景表达历史文化的方式也在其中。

从上文有关八景的历史演变中可知,唐代开始,王维《辋川集》、柳宗元《永州八记》等已经用诗歌和散文的形式描绘地域代表性景观。北宋时期作为组景"八景"以绘画形式出现在宋迪的《潇湘八景图》之中,此后,沈括在其《梦溪笔谈》一书中记载之,"八景"之名由此而生,且被好事者多传之,足

---

① 佚名:《如梦录》,孔宪易校注,"前言"第3页。
② 佚名:《如梦录》,孔宪易校注,"前言"第7页。

见当时八景之风之盛。沈括(1031—1095)是宋仁宗时进士,而宋迪虽无专门传记记载其生平,但从其兄宋道的墓志铭及其相交文士的文集笔记中可知,他与司马光、黄庭坚、苏轼为同时代人。① 沈括书中记载了宋迪的《潇湘八景图》,同期,又有苏轼诗作《虔州八境图》问世。《潇湘八景图》的流传和大文豪苏轼八景诗的传诵,这就不可能不流传到文学艺术繁荣的都城东京。京都一般是引领一个时代社会风尚发展走向之地。东京作为北宋国都所在地集中和表现了灿烂的宋文化。北宋帝王中饱读诗书的宋徽宗更是一位精通书画的文人帝王。虽然目前文献尚未见到有关北宋东京八景的记载,但在画家、诗人云集的东京城,书画皇帝宋徽宗坐镇于此,没有八景是说不过去的。但随着金人掳走北宋徽宗、钦宗二帝,东京是否有八景之说的历史成为谜团。

明朝立国后,标榜复兴中华文物制度的朱明政权对北宋所创造的文明高度认可。而明初的开封由于曾是北宋都城东京所在地,且战略地位重要,朱元璋在明军攻取开封后,以"应天为南京,开封为北京"②,把开封作为陪都。此后十年"开封是当时平定中原,出兵北伐,夺取元朝大都(今北京)的根据地"③。曾为国都的耀眼光环和明初陪都的身份,让明初开封人有着一种强烈的地域文化认同感和自豪感。正因为此,第一代周王朱橚动了觊觎皇位之心,不久被朱元璋洞悉并无情打压。这些历史对第二代周王朱有燉来说既是值得骄傲的资本,但也是无声的警示。作为文人,朱有燉对开封曾有的辉煌无比自豪;作为地方藩王,他安分守土对城市发展充满信心。因此,周王朱有燉借用北宋已有的八景表达模式提出汴京八景,以弥补曾为帝都时无八景表征地方文化的缺憾。朱版汴京八景不仅汇集城市景观精华,彰显统治之功,而且也以此表明周王朱有燉心向朝廷之意。其中再现的唐宋八景之风,不仅是对城市文化认同的一种情感化再现,某种意义上也是明初开封统治者想达到的一种理想城市生活状态的描绘。在朱有燉择选出的八景中,多处景观的再现均与唐宋盛世的文明有着直接或间接的关联。

二、佛教思想的渗透

朱版八景中提到的"开宝晨钟""资圣薰风"是分属北宋著名的皇家寺

---

① 吴湘:《宋迪〈潇湘八景图〉考证》,《荣宝斋》2017年第2期,第123页。
② 中共山东省委组织部编《中国历代礼贤通观》,齐鲁书社,1997,第1421页。
③ 程子良、李清银主编《开封城市史》,第165页。

院开宝寺、相国寺的景观。这类佛教景观的大量出现和被民众接受及认可的情况与北宋立国之后政府对佛教的推崇有很大关系。

佛教自汉代传入中国以来,经历了魏晋南北朝和隋唐时期的发展和沉浮。在此过程中,官方对佛教的态度呈现出一种极端化的发展趋势。佛教在中国发展过程中,既有魏晋南北朝时期的梁武帝、唐代武则天的崇佛行为,又有三武一宗的灭佛事件。这种极端的佛教政策在北宋得到修正。一方面,为统治需要,北宋统治者积极运用佛教实行文治;另一方面,经历灭佛运动后的佛教也开始反思,并主动融入中国本土宗教,积极向皇权靠拢。这两种因素的共同作用,为佛教在北宋的发展提供了一定的社会基础。因此,北宋政府开始推行较为理性的佛教政策,采取不抑制也不排斥的态度发展佛教。北宋立国后,建隆元年(960)六月,宋太祖下诏:"诸路州府寺院,经显德二年(955)停废者勿复置,当废未毁者存之。"①

当然宋廷整顿佛教的同时,佛教也不断主动调整与统治者的关系,以求生存和发展。欧阳修《归田录》记载的一件小事说明了宗教对统治者的依附:"太祖皇帝初幸相国寺,至佛像前烧香,问当拜与不拜,僧录赞宁奏曰:'不拜。'问其故,对曰:'见在佛不拜过去佛。'……故微笑而颔之,遂以为定制。至今行幸焚香,皆不拜也。议者以为得礼。"②最高统治者对佛教政策的调整和转变,致使北宋出现"士大夫多修佛学"③的局面。在这种思想指导下,东京寺院如雨后春笋般兴建起来,形成了一道独特的佛教文化景观。

北宋佛教寺院兴起,除官方对佛教支持外,也与民间广泛的佛教信仰基础有很大关系。佛教倡导"佛性本自具足,三宝不假外求""顿悟成佛"④的教义并强调自省。这种简单易行的修佛方式有利于在不掌握文化主动权的基层民众中推广,从而大大降低了进入佛教的门槛,进而有力地推动了佛教在北宋世俗化的进程。因此,北宋时期的东京城不仅寺院众多,多有出家僧人修行佛法,而且广大居家佛士更是遍及社会各阶层。如著名文学家苏轼自称为"六一居士";北宋政治家王安石,不仅是一个援法入儒的人,而且还是"一个把儒释道三家的义理融合为一的人"。⑤ 北宋时期官方对前代排抑佛教政策的调整和佛教主动对皇权的靠拢,有力地助推了北宋佛教的发展,

---

① 李焘:《续资治通鉴长编》卷一,第17页。
② 欧阳修:《归田录》卷一,中华书局,李卫国点校,1981,第1页。
③ 王辟之:《渑水燕谈录》卷三《奇节》,吕友仁点校,第31页。
④ 邓广铭、漆侠:《宋史专题课》,北京大学出版社,2008,第7-8页。
⑤ 邓广铭、漆侠:《宋史专题课》,第9页。

从而东京城出现了佛教繁荣、寺院兴盛的局面。此时的寺院景观也成为城市景观文化的重要组成部分。

朱元璋打着继承宋风的旗号建立了明政权。佛教作为思想控制的工具，也成为明廷一种重要的统治民众思想的手段。而且在经历金元政权后，佛教思想更加深入人心，因此，明初的开封接受传承的佛教思想和教义，并主动融入生活常态之中，佛教教义、仪式等逐渐渗透到人们生活的各个方面，影响着人们的思想和行为，成为人们生活的一部分，这才有了朱版中的"开宝晨钟""资圣薰风"景观。

三、社会风尚的引领

北宋立国之初，宋太祖赵匡胤为避免重蹈五代覆辙，提出以文治国、崇文抑武的国策。他通过杯酒释兵权削夺了石守信等武将的兵权，逐步构建了帝王和文人共同治理国事的政治格局。

北宋帝王倡导与士大夫共治天下，其收效显著。"政治之纯出于士大夫之手者，唯宋为然。故唯宋无女主、外戚、宗主、强藩之祸"①，因此，士大夫阶层成为执行和维护国家政策的主体。士大夫政治地位在北宋得到前所未有的提升。他们政治地位的上升和稳固无形中助涨了其主体意识的觉醒。在文人治国理念的主导下，作为掌握文化知识的群体，他们的思想、观念和行为具有一定的社会引领性。他们所倡导的生活方式也逐渐得到了其他社会阶层的认可。

经过五代十国后建立起来的北宋政权，在文人治国国策的推行下，社会逐渐趋于稳定，经济慢慢复苏。社会经济的发展必然带来文化的繁荣。统治者看到了文治带来的经济和文化的昌盛，因此对士大夫给予更多优待。这种优待反过来又极大鼓舞了他们用儒学建构社会生活的热情。北宋时期，文人士大夫的思想、观念和行为开始成为一种社会潮流，他们对风雅的追求逐渐成为一种社会风尚。由于"京师，天下之本"②，所以在东京，城市流行的社会风尚对全国其他地方有着有巨大的示范作用。于是，文人们簇拥着帝王一起构建金明池与民同乐盛世和平的场景，士大夫们怀着对佛的虔诚在开宝寺与高僧参禅的行为、秋高气爽时登高远眺抒发怀古忧思之情

① 柳诒徵：《中国文化史（下）》，中国大百科全书出版社，1988，第516页。
② 李焘：《续资治通鉴长编》卷一一八，第2777页。

的举动,都在这种文人追求风雅的社会时尚中成为民众追逐的潮流。于是,东京城中出现了每年三月万民空巷拥向金明池的局面,展现了春暖花开开宝寺游人踏青游乐的一派悠闲场景,呈现了古吹台边市民重阳登高的怡人画面。

北宋以来形成的这种社会风尚逐渐发展成一种典型的市民文化形态。随着朱明政权的建立,汉文化统治的地位重新确立,这种已经根植于社会生活之中的、文人追求风雅的风尚文化,在明初长于诗文的周王统领下重新大放异彩,因此出现了全城争相追逐周王"齐唱宪王新月府"①的景象。

四、周藩经济的发展

但凡王朝初立,统治者都会采取各种措施努力恢复生产。明初,开封作为明政权陪都的十年期间,其经济的恢复和发展成就较为明显。由于开封重要的地理战略位置,加上曾是宋都的心理认同,朱元璋较为重视开封,他不断加大对城市建设的投入。这些举措对开封经济恢复和发展起到了相当大的促进作用。

明朝国都迁往北京后,虽然明廷对开封的关注度略有下降,但开封作为省府所在地、藩王府城,其地位仍不容小视。享受国家丰厚禄银的藩王、贵族和各级大小官员是开封经济消费的主力军,也是拉动本土经济发展的重要力量。在这一消费群体的支撑下,明代开封的经济呈现出相当繁荣的局面。《如梦录》是现存对明代的开封经济描述最为详尽的著作。书中论及明代的开封城市经济的繁荣景象时形容到"满城街市,不可计数,势若两京"②,市中心是"天下客商,堆积杂货等物,每日拥塞不断"③,这些记载充分印证了明代开封经济的发展情况。商品经济的日渐发达冲击了人们的固有观念。城内贵族官员不顾明初"官员之家,不能于所部内买卖"④的规定,开始越来越多地参与商业活动,经营各种产业。《如梦录》中出现了居于闹市的王府破墙面向街巷开设店铺的记载,如墨黑胡同南口的"华亭王府,大门改为大杂货铺……北门店内,俱是楼房,有百余间"⑤,大隅首往西有周府潞

---

① 佚名:《如梦录》,孔宪易校注,"前言"第3页。
② 佚名:《如梦录·街市纪第六》,孔宪易校注,第57页。
③ 佚名:《如梦录·街市纪第六》,孔宪易校注,第31页。
④ 陈子龙:《明经世文编》卷五八《恤民疏》,中华书局,1962,第459页。
⑤ 佚名:《如梦录·街市纪第六》,孔宪易校注,第29页。

油店,南薰门外有周王碗店,等。明代开封经济的繁荣,为其文化的发展提供了必要的前提条件。

值得指出的是,明初遍及全城的周藩对开封经济的贡献不容小觑。明太祖朱元璋为永保朱氏天下,从洪武三年(1370)开始,分封子孙到全国各战略要地为王。"夏四月乙丑,封皇子樉为秦王,棡晋王,棣燕王,橚吴王,桢楚王,榑齐王,梓潭王,杞赵王,檀鲁王,从孙守谦靖江王。"①直到洪武十一年(1378),"春正月甲戌,封皇子椿为蜀王,柏湘王,桂豫王,楧汉王,植卫王。改封吴王橚为周王"②。按明朝制度,被分封诸王世代相袭,除嫡长子世袭封号外,其余诸子皆封郡王,诸女得封郡主,他们吃穿用度皆由国家供养。此时的开封逐渐形成了以周王府为中心、左右拱卫的城市格局。遍及全城的王府大宅影响了城市的布局,而享受国家俸禄的王府子弟的消费则左右了明代开封经济文化生活的走向。

自朱橚就藩开封后,他就着手营建周王府。朱橚府邸是在宋金皇宫的基础上加以修建的,但"仍保存着北宋东京内城的规格"③。整个周王府坐落在宋金皇宫基址之上,坐北朝南,南门正对南薰门。明周王府坐落于原宋金开封皇城之内。"萧墙九里十三步,高二丈许,蜈蚣木镇压,上覆琉璃瓦,下有台基高五尺,上安栏杆,栏杆外街宽五丈,方是居民。"④萧墙之内为周王府府邸,四周修筑高大城墙。"高五丈,上有花垛口,内有拦马墙。"⑤周王府的确立奠定了明代开封的城市格局。

此外,明代开封城中其他郡王、郡主府邸也豪华无比。"群王门第,亦是金钉朱户,琉璃殿宇。宫中皆有内景,郊外皆有花园"⑥,且"大街小巷,王府、乡绅牌坊,鱼鳞相次"⑦。据统计"明代分封开封的郡王就有六十六人,郡王子孙镇国、辅国、奉国将军,镇国、辅国、奉国中尉达两千二百四十四人。郡、县主及郡、县、乡君、仪宾共两千二百九十五人"⑧。汪介人在《中州杂

---

① 张廷玉:《明史》卷二《太祖本纪二》,第24页。
② 张廷玉:《明史》卷二《太祖本纪二》,第33页。
③ 孔宪易:《试谈〈如梦录〉与明代的开封》,载《中国古都研究(第一辑)——中国古都学会第一届年会论文集》1983年,第213页。
④ 佚名:《如梦录·周藩纪第三》,孔宪易校注,第6页。
⑤ 佚名:《如梦录·周藩纪第三》,孔宪易校注,第7页。
⑥ 佚名:《如梦录·周藩纪第三》,孔宪易校注,第12页。
⑦ 佚名:《如梦录·街市纪第六》,孔宪易校注,第57页。
⑧ 郡王等数字参见范沛潍《周王与明代的开封》,《史学月刊》1994年4期,第111-118页。

俎》中说"明季,河南诸藩最横。汴城即有七十二家王子"①,所以开封又有七十二府之说②。遍布全城的周藩王府支撑了城市经济的发展,促进了文化生活的繁荣。可以说,经金元后,明代的开封因周王驻藩而再次兴盛,城市文化再次呈现新的生命力。

遍及全城的周藩王府对明初开封城市文化的影响是全面和深刻的。他们的消费支撑城市繁华的商业和市民文化的繁荣。他们的文化素养引领城市的文化和社会风尚。明初八景中的"资圣薰风""开宝晨钟""金梁晓月""大河春浪"诸景观也因周王的主导和民众的参与而成为具有特定文化意义的城市景观。

五、戏曲文化的繁荣

明初朱元璋为利用家族力量达到屏藩帝室、巩固朱家江山的目的,先后把其子孙分封各地名城大都当藩王。洪武三年(1370)"帝惩宋元孤立,失古封建意,于是择名城大都,豫王诸子,待其壮,而遣就藩服,外卫边陲,内资夹辅"③。但朱元璋把诸王藩封各地的同时,要求他们不得干预地方事务。"大抵惩前代之失,欲兼用封建郡县,以相欠制,故亲王与方镇各掌兵,王不得与民事,官吏亦不得与王府事。"④为安定藩王,朱元璋为各地藩王配备随驾乐队以供享乐,"钦拨二十七户,随驾伺候奏乐"⑤。同时,他还赐予诸藩戏曲文本,"洪武初年,亲王之国必以词曲一千七百本"⑥。在此约束下,就藩开封的周王朱橚及其后人不敢在政治上有所企图,其子孙也多把精力放在各种文学和戏曲创作之中。周王朱有燉在戏曲和杂剧创作中取得的成就

---

① 汪介人辑《中州杂俎》,三怡堂,1921,第20页。
② 今研究开封城市史的重要文献都认可明代的开封拥有"七十二王府",如孔宪易:《〈如梦录〉校后注记》,《河南图书馆季刊》1981年第4期;开封市地方志编纂委员会编《开封市志》(第6册),燕山出版社,2001,第318页;周宝珠、徐伯勇《古都开封》,河南大学出版社,2011,第202页;孙凯:《明代周藩王陵调查与研究》,中州古籍出版社,2014,第iv页。但据吴朋飞考证,明代周藩有封号的郡王,共77位,至明末崇祯十五年(1642)黄河灌城时仍有42位郡王。(吴朋飞:《明代周藩郡王的封废与王府的空间呈现》,《中国历史地理论丛》2015年4月第30卷第2辑,第121-131页。)
③ 龙文彬:《明会要》,中华书局,1956,第50页。
④ 朱永嘉:《明代政治制度的源流与得失》,中国长安出版社,2015,第146页。
⑤ 佚名:《如梦录·街市纪第六》,孔宪易校注,第49页。
⑥ 李开先:《闲居集》卷六《张小山小令后序》,明刻本,第1182页。

最为突出。

周王朱有燉嗜好声伎和创作杂剧,是明初著名的戏曲剧作家,他对开封戏曲文化的贡献非常大。在周王朱有燉身体力行的影响之下,明代开封的城市文化尤其是戏曲文化得到了极大推广。明初开封已成为中原地区的教坊乐伎汇集的重镇,城内出现了大小不等的、正式或非正式的、各种不同类型的戏曲演出据点。无论是城内的富乐院,或是金梁桥附近的各小巷,还是其他散居各街道的清唱局,逐渐成为各类戏曲演出的主要场所。遍布全城大街小巷的演出场地和南北各种艺人的精彩表演,无疑形成了明代开封一道重要的城市文化景观。

"金梁晓月"之金梁桥及周边地区是明代开封城大小王府集中地之一,也是明朝初年南北各种戏剧汇聚演出的地方。明代开封第一代周王朱橚长于诗,而其子朱有燉继承其父文学修养,更是"勤学好古,才具多能……以杂剧名世……擅散曲、诗词……而楷、篆尤冠绝一时"①。他对小令、散曲、套数、杂剧都精通,写有散曲、套数一百二十余首,杂剧三十余个,为北曲巨匠;又通南曲,所作乐府、传奇,音律协关;又喜爱演奏。② 周藩遍布的开封城一时之间刮起一阵朱有燉风:"齐唱宪王新乐府,金梁桥畔月如霜。"③于是,金梁桥在明代朱有燉时期逐渐成为一处教坊乐伎汇集的地方,南北各路戏班汇聚在此直到深夜,"金梁晓月"正是这一盛况形象的写照。

六、周王偏好的体现

明代的开封虽已降为一般省府,但曾经帝都的影响依然强大。朱版八景中列于首位的"艮岳晴云"就是体现周王朱有燉个人偏好的城市文化景观。

历168年凡9代帝王的北宋都城东京是开封历史上最为辉煌的时期。从宋太祖赵匡胤开始,一直到宋徽宗赵佶,在宋廷重文抑武的国策下,历代帝王无不重视个人素养的提高,尤其是宋徽宗更为典型。宋徽宗不仅在绘画上成就斐然,而且他还自创瘦金体书法。此外他还开创了历史上按图建园的先河。艮岳就是宋徽宗按图监建的一处大型皇家园林。他把对山水的

---

① 朱仰东:《朱有燉研究》,博士学位论文,山东师范大学,2013,第1页。
② 王晟:《明代的开封周王府》,《河南大学学报(社会科学版)》1986年第1期,第48-52页。
③ 宋继郊:《东京志略》,王晟、李景文、刘璞玉点校,第671页。

热爱,把追求的理想化景物,按照自我设计构建成一处真实的园林景观。

　　一般代表一座城市规制和国家概念的城市主体景观,不仅是城市景观的外在表象在高度、广度上的一种反映,而且也是城市权力构成以及更深层文化意识形态的一种外显化表现。朱有燉一方面作为藩王,他有责任和义务宣传开封;另一方面作为知识分子,他更愿意用文人擅长的方式反映城市文化的变迁,表达对城市的情感。因此,明初朱版八景也有周王个人意志和自我文化价值观的影响在其中。

　　朱有燉(1379—1439),号诚斋,别号全阳子、全阳翁、全阳道人、老狂生、梁园客。"明高祖朱元璋之孙,第五子周王橚长子,封国开封,谥'宪',世称'周宪王'。"①有关研究认为,藩王朱橚"在明代的藩封中一直保持着优越的地位"②,其权威"实凌驾在河南诸行政官吏之上"③。作为第二代藩王的朱有燉同样拥有优越的地位和特权。

　　作为藩王的继承人,朱有燉很早就接受了来自宫廷和宗藩良好而严格的教育。这种教育让朱有燉成为主政一方的"一代贤王,一位在文学史上留下千古不朽之作的'伟大'作家"④。朱有燉所提汴城八景,一方面是为弥补北宋宋迪有"潇湘八景"而汴城却无八景的缺憾,另一方面也是彰显其督领地方取得成就的景观化表达。

　　朱版八景排名第一的"艮岳晴云"是对按宋徽宗所绘图画而建皇家园林艮岳的景色描写。这一景观是以周王为代表的统治阶级对城市文化继承的一种表达方式。第一代周王朱橚利用藩王特权,大兴土木,兴建周王府邸。其王府形制基本保留和沿袭北宋皇宫的建筑格局,艮岳所在地被建为周王府花园。朱有燉在此复建一座具有游赏功能的煤山。煤山小桥流水,丛林叠嶂,景色宜人。"八仙聚处……遍是水亭……就山依洞,女尼讽经……鹿羊抵触,禽鸟展翅,猛虎作威,鹤舞莺鸣。"⑤朱有燉传承了历代文人以花为友的风尚,在园中建造"赏菊的玩菊亭、赏莲的莲亭、赏牡丹的牡丹亭等"⑥。他此举与宋徽宗建艮岳以满足文人怡情的雅兴如出一辙,因此,朱版八景中

---

① 朱仰东:《朱有燉〈诚斋录〉笺注》,笺注者"序"第1页。
② 王晟:《明代的开封周王府》,《河南大学学报(社会科学版)》第1期,第48页。
③ 孔宪易:《试谈〈如梦录〉与明代的开封》,《中国古都研究(第一辑)——中国古都学会第一届年会论文集》1983年,第213页。
④ 朱仰东:《朱有燉研究》,博士学位论文,山东师范大学,2013,第60页。
⑤ 佚名:《如梦录·周藩纪第三》,孔宪易校注,第9页。
⑥ 朱仰东:《朱有燉研究》,博士学位论文,山东师范大学,2013,第77页。

的"艮岳晴云"描绘的应该是朱有燉假借宋徽宗之名,利用藩王特权实现和满足个人喜好的一处景观。

朱版八景中排名第二的是"大河春浪"。通过前文关于黄河历史变迁的梳理可知,为有效遏制黄河对开封城的威胁,守藩开封的朱有燉协同巡抚于谦,带领军民一同在黄河南岸修筑大堤抵御水患。与此同时,正统十一年(1446)五月,于谦"命工铸造铁犀,用于镇御黄河"①。之后人们还把这头铁犀立于为于谦所建的庇民祠之中。黄河岸边安放镇河铁犀还包含着民众一种美好的心愿。按五行相生相克的理论,"铁"为"金",而"金"生"水",因此"金"乃"水"之母。既然"金"是"水"的母亲,按照中国尊卑礼仪的观念,儿子是不应该进犯母亲;另外,中原地区人们农耕普遍使用黄牛,而黄牛皮肤为黄色,取其"黄"之意,黄色在五行中是土的颜色,"土"克"水",因此,铁犀镇河也表达了人们祈愿用铁犀镇压黄河水患的美好心愿。于谦主持修筑的黄河大堤,客观上也在一定时间和范围内遏制了黄河对开封城的威胁。故对朱有燉而言,见证并参与修筑大堤抵御水患也是值得骄傲的事情。因此朱版中"大河春浪"是对开封官民上下齐心共同修筑黄河大堤壮举的认可。

其他收录朱版八景的景观,或是与佛教相关的寺院("开宝晨钟""资圣薰风"),或是与古代帝王、圣贤、侠士有关的台地("百冈冬雪""夷山夕照""吹台秋雨"),或是与明代开封民众日常生活的娱乐、戏曲、歌舞表演有关的桥梁、要津(金梁晓月)。总之,入选景观不同程度上均体现和蕴含了朱有燉的个人价值和审美标准。

由以上对明初汴京八景形成的成因分析可知,明初朱版八景是周王朱有燉从文人角度出发对城市文化进行的文化话语的一种建构,更是遵从历史发展和城市社会文化生活以及经济发展的规律而筛选出的代表性景观。

---

① 牛建强:《于谦与明宣德、正统间的河南地方社会》,《黄河文明与可持续发展》2018年12月,第103页。

第四章
明中期汴京八景的发展

在明初周王朱有燉提出汴京八景后,八景作为开封城市景观的代表逐渐被接受并流行起来。但随着明代开封城市经济的复苏和繁荣,到明中期,城市的整体社会文化思潮和价值取向悄然发生转变,人们对城市景观的认知也开始有所改观,于是,开封人李濂又提出了两套汴京八景,汴京八景出现了新的变化。

第一节 明中期汴京八景的多元化发展

随着社会的发展,城市经济的繁荣,明代开封的社会风尚、文化思潮也随之不断发生变化,其城市功能逐渐增加,城市景观也开始承担更多彰显城市繁荣的使命。明嘉靖(1522—1565)年间,辞官归家的祥符文人李濂有感于"其间遗迹往事,非藉图籍以传,则迹与代湮,事随人灭,陵谷变异,城阙丘墟,虽都人遗老有不能道其旧址之所在者矣",于是"追忆旧闻,著《汴京遗迹志》二十有四卷"[1]。通过实地考察和对古籍文献的整理,成《汴京遗迹志》一书。书中,他不仅提出了"汴城八景",而且还提出了"又八景"。(后文中这两套汴京八景统称"李版八景")朱版八景流行至明中期,李版八景的出现开启了汴京八景的多元化发展时代。

一、两套汴京八景涌现

(一) 李濂及其《汴京遗迹志》

李濂(1488—1566),字川父,祥符人,世居大梁。"举正德八年(1513)乡

---

[1] 李濂:《汴京遗迹志》,周宝珠、程民生点校,"序"第1页。

试第一，明年成进士。嘉靖五年（1526）以大计免归……一日作《理情赋》，友人左国玑持以示李梦阳，梦阳大嗟赏……濂自此声驰河、洛间。"从小受开封悠久历史文化熏染的李濂，在三十八岁罢官归家后，"益肆力于学，遂以古文名于时"①。退居乡里四十年，李濂"杜门却扫，静坐斗室，温绎经书，周而复始……时自吟讽，聊发山林之一噱之尔"②，因此取得了丰硕成果，在文学、历史、方志、医学、数学等方面都著作颇丰。他的著录主要有"《汴京遗迹志》二十四卷，《祥符文献志》十七卷，《祥符乡贤传》，《朱仙镇岳庙集》十二卷、附录一卷，《嵩渚集》一百卷、《续集》《外集》若干卷，《汴京勾异记》八卷，《乙巳春游稿》五卷，《观政集》一卷，《医史》十卷"等。③ 从这些著作中可以看出，他是一位知识渊博的学者。他尤其热衷于方史研究，《汴京遗迹志》就是代表作。在该书中李濂提出了新的汴京八景，从此明代汴京八景出现了新元素并朝多元化方向发展。

李濂撰写《汴京遗迹志》有两个目的：其一是为实现少时心愿。年少的李濂曾试图收集史料编纂一部有关宋代史实的著作，但做官后因忙于仕途，至荒废。"尝辑宋艺祖而下九帝，起庚申（960），至丁未（1127），凡一百六十有七年之事，为《汴宋春秋》，垂完而辍。……丙戌（1526）免归，始得肆力纂述，乃于箧笥中检寻前稿，散逸罔存。于是，追忆旧闻，著《汴京遗迹志》二十四卷。"④其二，为传承地方历史文化。李濂看到其他曾为国都的城市，都有图籍传世，但自五代到北宋为都城的开封却没有，深感遗憾，故引发著书想法。"唯秦、汉以来，天子建都之地，曰关中，曰洛阳，曰建业，曰汴梁，曰临安。其间遗迹往事，非藉图籍以传，则迹与代湮，事随人灭，陵谷变易，城阙丘墟，虽都人遗老有不能道其旧址之所在者矣。然则，图籍之在寰宇，抑岂可少哉！……独吾汴自五代以迄于宋，久为帝都，而纪载之书无闻焉。……间尝遍叩城中藏书之家，暨海内博雅之士，咸亡有也……创辑《汴京遗迹志》成"，所以李濂以完成此书为使命，广泛收集史料，"聊亦摭故实，备考察，舒慨惋，资谭噱，补乡国之缺文，消山林之长日而已。……所谓一代兴衰治乱之故，亦略寓于其中"⑤。在这两方面因素的共同推动下，李濂于嘉靖二十五年（1546）完成该书。

---

① 张廷玉：《明史》卷二八六《文苑二》，第7360页。
② 袁喜生：《李濂年谱》，第107页。
③ 李濂：《汴京遗迹志》，周宝珠、程民生点校，"校点说明"第2页。
④ 李濂：《汴京遗迹志》，周宝珠、程民生点校，"序"第3页。
⑤ 李濂：《汴京遗迹志》，周宝珠、程民生点校，"序"第1—2页。

李濂所作《汴京遗迹志》是一部城市地方志史书。这部书是李濂大量著书中完整流传下来的一部，清代收入《四库全书》后经过多次翻刻，在地方志文献中享有较高的盛名。该书主要记载开封地区的北宋遗迹，用征引和自写相结合的方式编撰而成。书中条目众多，共分十五大类，记载了北宋至明，开封城内名胜古迹，对研究城市发展具有重要的史学意义。书中全面详实地描写和记述了北宋直到明中期的开封曾经或现存的历史遗迹，并收录自唐代以来各种碑记、杂文、赋和诗词等。其中收录的历史遗迹、遗址就包括"汴城八景"和"又八景"。《汴京遗迹志》提出的"又八景"助推了明中期开封城市的发展，使城市八景文化的建构出现了多元化发展趋势。

（二）《汴京遗迹志》中的两套汴京八景

李濂在《汴京遗迹志》卷十三《杂志二》中收录两个版本的八景："汴城八景"和"又八景"。其中"汴城八景"是：铁塔行云、金池过雨、州桥明月、大河涛声、繁台春晓、汴水秋风、隋堤烟柳、相国霜钟。"又八景"是：艮岳春云、夷山夕照、金梁晓月、资圣薰风、百冈冬雪、吹台秋雨、宴台瑞霭、牧苑新晴。① 同一书中出现两个版本八景，且景观无一重复，足以说明明代开封所积淀的历史遗迹之多。另外李版（以下把李濂的八景统称李版八景）两套八景均为单独罗列之景观。这与明初朱版八景以七言律诗表现八景的方式完全不同。但李濂节选收录了唐至明部分诗人所写与八景有关或以八景命名的七言或五言古诗进一步解释八景。

李版八景是朱版八景基础上的继续发展。（见表4-1）朱版八景和李版八景这两套八景的出现使明中期汴京八景的内容大大增加，呈现一种多元化的发展态势。封建时代"舆论引导者是权力顶端的帝王……以士人为先导的民间舆论，依然可以在某些时候、某些场景代表民众的集体利益和意志"②，因此，明代开封以周王朱有燉为首的统治阶层和以李濂为首的本土文人士大夫所提汴京八景都代表不同阶层，从不同角度表征了他们心中明代开封城市发展的方向，引领和建构了明代开封的城市景观体系。

李版八景虽不及朱版八景既有官方志书的法定认可，也有文人士大夫及地方官员的认同，但明代人文地理学家王士性（1547—1598）在万历初年游历开封时，却对李版八景中提到的诸多景点给予了关注。夷门、夷山——

---

① 李濂：《汴京遗迹志》卷一三《杂志二》，周宝珠、程民生点校，第222页。
② 展龙：《明代社会舆论的历史意蕴及启示》，《山东社会科学》2018年9月，第89-90页。

"忆梁往事,如魏公子好士,当时夷门鼓刀之流……今止夷山一阜耳";梁园——"修竹园、雁鹜池,无一存者";平台——"亦名繁台,又为师旷吹台……台有大禹庙……庙有李子碑";汴河、隋堤——"城东南则隋炀帝引河入汴幸江都故道,堤杨柳旧数万";艮岳——"城东北为寿山艮岳……而株木片石俱废";寺院——"城内寺颇多,惟相国、铁塔最修丽"。① 以上王士性书中提到的这些景观基本都出现在李版八景之中。明末《如梦录》也对李版八景给予肯定。"最宜月夜,汴梁八景之一,所谓'州桥明月'也"②,"钟楼内悬大铜钟一颗,霜天声闻最远,所谓'相国霜钟',汴梁八景之一也"③。书中也说繁台为"郊外一景也"④。由此可以印证李版八景也是得到当时的文人和民众接受和认可的。

表 4-1　朱版与李版汴京八景⑤

序号	年代	出处	命名者	名称	内容
1	明初	诚斋录	朱有燉	汴城八景	艮岳晴云、大河春浪、开宝晨钟、夷山夕照、金梁晓月、资圣薰风、百冈冬雪、吹台秋雨
2	明嘉靖	汴京遗迹志	李濂	汴城八景	铁塔行云、金池过雨、州桥明月、大河涛声、繁台春晓、汴水秋风、隋堤烟柳、相国霜钟
3				又八景	艮岳春云、夷山夕照、金梁晓月、资圣薰风、百冈冬雪、吹台秋雨、宴台瑞霭、牧苑新晴

李濂书中辑录的八景只说明了景观的历史沿革和地理方位,并未指出景观是否为真实可见之景,其收录八景初衷更多是基于景观本身的历史意义。在他看来,汴京八景不仅应该代表明代的开封城市发展状况,而且也是对过往历史辉煌成就的再次展示。他不仅用两套八景记载汴京美景,而且还用"大梁十迹"——夷门、古城、吹台、隋堤、上源驿、愁台、陈桥、艮岳、青城、官渡⑥罗列更多著名城市景观和遗迹。李版八景中提到的夷门、吹台、隋堤、艮岳也同时出现在"大梁十迹"之中。可见,对在李濂看来,这几处景观是更具分量的城市文化符号表征地。

李濂书中两套八景涉及山岳、河渠、楼阁、冈桥、台池园苑等八类十六处

---

① 王士性:《王士性集》,朱如略点校,浙江古籍出版社,2013,第 52 页。
② 佚名:《如梦录·街市纪第六》,孔宪易校注,第 32 页。
③ 佚名:《如梦录·街市纪第六》,孔宪易校注,第 51 页。
④ 佚名:《如梦录·街市纪第六》,孔宪易校注,第 74 页。
⑤ 史料来源:朱有燉《诚斋录》、李濂《汴京遗迹志》。
⑥ 李濂:《汴京遗迹志》卷一三《杂志二》,周宝珠、程民生点校,第 222 页。

景观。这一点同明初朱版八景收录原则有相同之处,即景观以城市为中心,遍布于城市内外,以城内景观为主。李版八景中最远是"牧苑新晴"之牧苑,"在陈桥之东北,宋牧养马驼牛羊之所"①,而陈桥则在"城东北四十五里,即宋艺祖为众拥立处也"②。换言之,牧苑距开封多不过五十里。其余城外景点"宴台雾霭"之宴台在"城东北十五里"③,"吹台秋雨"之吹台则在"城东南三里"④,其余景点则均分布于城内不同地方。(见图4-1)

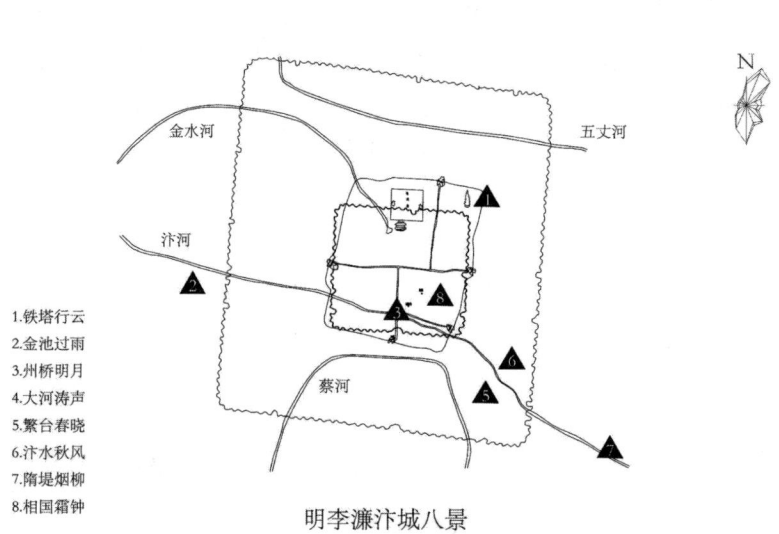

图 4-1 明代李濂《汴京遗迹志》"汴城八景"分布示意图⑤

另外,李版八景收录的景观类别与朱版明显不同。李濂"汴城八景"只有水景观和佛教景观两类。水景观中不论是金明池、州桥、大河、汴水还是隋堤,都与黄河直接或间接相关。汴河和金明池虽是人工开挖的城内河道,但水源也来自黄河。金明池是北宋封建统治者为训练水师而建,但随后金明池逐渐成为一处大型的、开放性极强的公共皇家园林。隋堤和州桥也是

① 李濂:《汴京遗迹志》卷八《台、池、园、苑、洞、峡、渚、浒》,周宝珠、程民生点校,第126页。
② 李濂:《汴京遗迹志》卷八《台、池、园、苑、洞、峡、渚、浒》,周宝珠、程民生点校,第135页。
③ 李濂:《汴京遗迹志》卷九《冈堆坡陂关梁井墓》,周宝珠、程民生点校,第122页。
④ 李濂:《汴京遗迹志》卷九《冈堆坡陂关梁井墓》,周宝珠、程民生点校,第122页。
⑤ 史料来源:周宝珠《清明上河图与清明上河学》和刘春迎《揭秘开封城下城》中《内城遗址实测平面图》。按史书记载相对位置标注。

汴水的附属景观。佛教景观中涉及开宝寺之铁塔、相国寺之晨钟、资圣阁、繁台寺之繁台也是曾经的著名寺院及其标志性建筑。

李濂"又八景"与明初朱版八景有较多重复景观。其中有五处景观与明初朱版八景中的景观一样,且景观表达也相同。它们是"夷山夕照""金梁晓月""资圣薰风""百冈冬雪""吹台秋雨"。另有一个景观描述用词略有不同,艮岳从朱版"艮岳晴云"到李版"艮岳春云",出现了从"晴"到"春"的变化。还有两处新增景观"宴台瑞霭""牧苑新晴",它们代替了朱版中的"大河春浪"和"开宝晨钟"。(见图4-2)

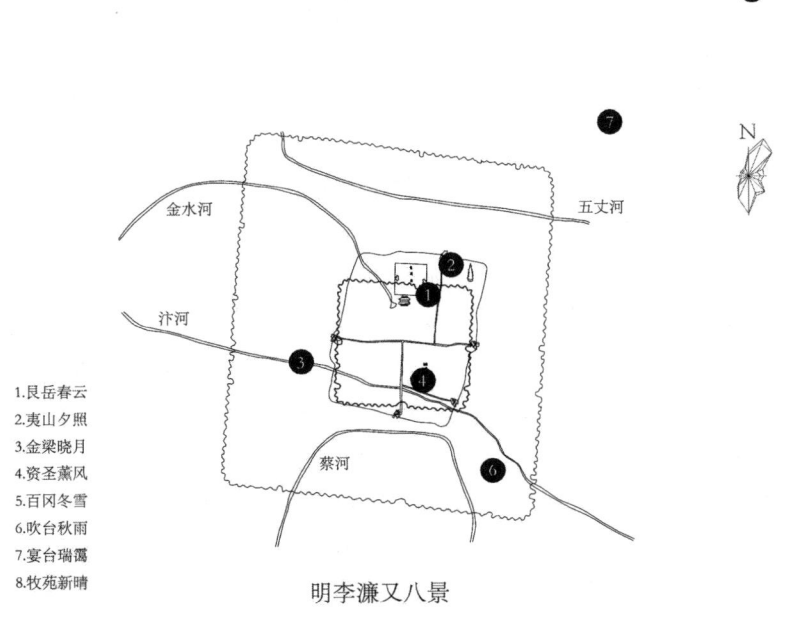

图4-2 明中期李濂《汴京遗迹志》中"又八景"分布示意图①

李版的"汴城八景",除继承朱版八景的"大河涛声"外,其他七个景观与朱版完全不同,但它们却多与黄河间接相关。李版的"又八景"却在继承朱版八景的基础上完全抛弃了"大河春浪"景观。总之,李版两套八景对黄河、汴水、隋堤、州桥和金明池等跟城市发展紧密相关的水景观是极为重视的。

---

① 史料来源:周宝珠《清明上河图与清明上河学》和刘春迎《揭秘开封城下城》中《内城遗址实测平面图》。按史书记载相对位置标注。

二、汴京八景与相关遗迹

李濂《汴京遗迹志》中所列"遗迹"涉及城内外的城市布局、宫殿建筑、周边名胜、山川河渠等。该书按照"无关于汴京旧迹者不录……指明宋之旧京遗迹在当时开封之位置"①的原则进行编撰。书中所列"汴城八景"和"又八景"只是这众多遗迹中的一小部分。

李濂《汴京遗迹志》是一部专门记载汴京之遗迹的志书。他在书中分门别类、按照不同历史时期出现的先后顺序,罗列了不同类型的历史遗存和遗迹,并对其历史地理沿革、相关文化典故加以阐释。书中前十一卷是对东京"内外城、大内宫室、内外诸司、官署、山岳、河渠、寺观庙宇、楼台园榭及冈坡井墓"②等遗迹的记载;十二和十三卷则是对宋之制度、登科、户口等杂志的记述;十四至二十四卷以诗词歌赋对前十一卷所记遗迹的赞颂。诗文本着"无关于汴京旧迹者不录,而录之者各以体类,每体仍以世代先后为序"③的原则,收录代表性文人诗词,以此说明留存遗迹在城市发展中的重要性和影响。

《汴京遗迹志》中收录汴京遗迹共30余种:宋京城、宋大内宫室、宋内诸司、宋外诸司、宋明堂、官署、山岳、河渠(沟洫暨堤闸渡口潭泊)、宫室(宫、楼、阁、亭门、堂、馆)、台、池、园、苑、洞、峡、渚、汧、冈、堆、坡、陂、关、桥梁、井、墓、寺观、祠、庙、庵、院。④李版八景仅是这些遗迹中一小部分。李版两套八景中出现的16处景观包括河渠、寺观、池、桥梁、台、堤、宫室、冈、苑这9种类型的遗迹⑤,只占该书收录遗迹类型的三分之一不到。

从八景与其他遗迹的对比中还可看出,八景所代表的景观类型也仅是遗迹的其中一两处,如遗迹中收录的"河渠"景观共有25处,八景只涉及3处;"寺观"有54座,八景中只涉及2座;"池"收录有9处,八景中只有1处;"桥梁"有11座桥,八景中只有1座;"台"有9处,八景中有2处;"冈"有42个,八景中只有1处;"苑"和"宫室"中的"阁"各有4处,八景中也只都只出现1处。其中"寺观"和"冈"最多,但入选景观也并未因此而增加比例。而

---

① 李濂:《汴京遗迹志》,周宝珠、程民生点校,"校点说明"第4页。
② 李濂:《汴京遗迹志》,周宝珠、程民生点校,"校点说明"第3页。
③ 李濂:《汴京遗迹志》,周宝珠、程民生点校,"校点说明"第4页。
④ 李濂:《汴京遗迹志》,周宝珠、程民生点校,"目录"第1—2页。
⑤ 李濂:《汴京遗迹志》卷一三《杂志二》,周宝珠、程民生点校,第222页。

"河渠"和"台"虽收录遗迹分别只有 12 和 9 处,但八景中却有 2 处景观。因此,明中期选出的八景并非以遗迹数量多寡衡量,而是以其对城市发展的重要程度和自身文化价值来选择的。

从表 4-2 可以看出,《汴京遗迹志》收录的"寺观"和"冈"是较为重要的两种遗迹类别,分别达到 54 处和 42 处之多。在直追北宋崇佛风气之下,开封的寺院文化也随历史发展而发展,因此明代的开封如北宋东京城一样"寺观颇多"[1]。此外,"冈"在《汴京遗迹志》中多次提到,这当与开封地理特征有关。开封自古以来地势平坦,无名山大川。山丘和高冈对开封人来说都较为少见。地处黄河南岸的开封历代饱受黄河水患之苦,因此高于地面的冈、坡就成了人们心理上可以阻挡黄河水患的屏障,所以"冈"是深受水患困扰的开封人寻求保护的一种自我心理暗示的反映。

表 4-2　李濂《汴京遗迹志》中遗迹与八景对比[2]

类型	《汴京遗迹志》中收录遗迹	八景景观
河渠 12	黄河、汴河、蔡河、金水河、五丈河、六丈河、太黄寺河、伯俞河、擎水河、沙海、白沟、京畿沟洫	大河涛声、汴水秋风
寺观 54	相国寺、上方寺、开宝寺、宝相寺、孝严寺、天王寺、天清寺、国相寺、白云寺、观音寺、万寿寺、隆兴寺、清凉寺、一轩寺、云老寺、兴国寺、明福寺、慈孝寺、报慈寺、龟儿寺、安业寺、干明寺、广福寺、惠安寺、铁佛寺、显圣寺、巴楼寺、鸿福寺、地涌佛寺、法云寺、景德寺、惠明寺、干宁寺、太师寺、华严寺、两浙寺、奉圣寺、木鱼寺、旌德寺、母寺、奉先寺、十八圣寺、清钟寺、显静寺、普求寺、庆安寺、永宁寺、打瓦寺、观音寺、文殊寺、弥陀寺、北太黄寺、南太黄寺、景福寺	相国霜钟、铁塔行云
池 9	金明池、方池圆池、迎祥池、莲花池、凝碧池、曲江池、凤池、雁池、平池	金池过雨
桥梁 11	天汉桥(州桥)、金梁桥、浚仪桥、龙津桥、青晖桥、云骥桥、宣化桥、白虎桥、雷家桥、马军衙桥、陈桥	州桥明月
台 9	吹台、宴台、迎秋台、灵台、百花台、拜郊台、沙元台、奉天台、祭封台	吹台秋雨、宴台瑞霭
堤 13	隋堤、防城堤、落藜堤、高门堤、金村堤、十八里堤、夹堤、埽头堤、接冈堤、横堤、娄堤、汴防堤、金水堤	隋堤烟柳
宫室(阁)4	资圣阁、玉皇阁、藏经阁、尊经阁	资圣薰风

---

[1]　王士性:《王士性集》,朱如略点校,第 52 页。
[2]　史料来源:李濂《汴京遗迹志》。

续表

类型	《汴京遗迹志》中收录遗迹	八景景观
冈 42	牟驼冈、凤城冈、望牛冈、百冈、独乐冈、鹳村冈、牛尾冈、霍赤冈、狼城冈、杏花冈、药局冈、长腰冈、仙游冈、侯家冈、堰子冈、井家冈、七里冈、八角冈、白墓子冈、万龙冈、祝冈、钟家冈、赤仓冈、苏村冈、毛冈、黑冈、太平冈、沙窝冈、袁家冈、南神冈、缩头冈、角桥冈、边村冈、殷家冈、白石冈、胡冈、家冈、杨子冈、槐疙疸冈、兔白冈、苏家冈、狮子冈	百冈冬雪
苑 4	琼林苑、迎春苑、宜春苑、牧苑	牧苑新晴

当明代的开封文人士大夫们对八景评选及其相关诗词咏唱已深入进行之时,万历年间(1573—1620)政府才开始诏令各地定出八景上报朝廷①。从此以后,打上官方印记的八景及其文化,迅速在各地盛行开来。

第二节 虚实结合:汴京八景的建构

由于明初朱版八景和明中期李版八景选择景观的视角不同,所以这两个时期提出的八景景观虚实有所差异。李濂从本土知识分子的视角出发,以一种历史的责任感,对城市景观进行了现实与精神的双重建构,让汴京八景成为表达明中期开封城市文化发展状态的一种标志,因此李濂笔下的八景,重点不是景观是否尚存,而是要强调那些能承载重要历史意义的旧址、遗迹。故而,李版八景在延续朱版八景传统的同时,并未遵循其"近城朝夕可览"原则,相比朱版八景,所收录景观明显呈现出虚实结合的特色。

一、汴城八景

李濂"汴城八景"与朱版八景相比是一套全新的八景系统。"汴城八景"中的景观并非都是实际可见之景。这些景观中有的依然令人神往、争相前往,有的却已是荒草废墟,更有甚者已成为只能遥想盛景的遗迹了。

(一) 城市天际线——铁塔

八景中排名第一的是"铁塔行云"之铁塔。铁塔明代被称为祐国寺塔。该塔最初是北宋东京开宝寺中的一座供奉佛舍利子的佛塔。这是一座历经

---

① 刘伯伦、孟宪君:《"八景"谈》,《沧桑》2001 年第 S1 期,第 127 页。

金元水患、地理变迁和人为破坏,到明代仍屹立不倒的佛塔(前文已有论述)。

"铁塔行云"被收入八景,不仅是因其曾为北宋皇家寺院中佛塔之故,而且也是自身历经战火兵燹顽强存在的历史地位所决定的。北宋末年,宋金交战,东京城破坏严重,但铁塔却因自身坚固无比未被毁灭而留存下来。南宋时期楼钥《北行日录》曾载:"北望,见景德、开宝寺二塔。"①之后历经金、元的开封城,在朝代更替中,战争频仍,开宝寺也难逃劫难,寺中建筑除铁塔外全部毁于兵火。明立国后,高僧祖全对该寺重建重修并为之改名。明洪武十六年(1383)"僧祖全募缘重建。天顺间,修葺,敕改祐国寺②"。洪武二十九年(1396),周王朱有燉在铁塔内阿弥陀佛琉璃像上曾题"上方祐国寺"之名。天顺元年(1457),僧广明派僧徒到北京请得"祐国寺"赐额。成化十六年(1480)、嘉靖三十二年(1553)又重修祐国寺。嘉靖三十六年(1557)又重修寺内钟楼。经过多次整修,祐国寺才逐步恢复往日的壮丽巍峨。铁塔作为寺院中安放佛舍利的、历经朝代更迭依然屹立不倒的佛塔,再次成为佛教的象征,神圣地接受着信众的膜拜。

这座建于北宋的佛塔因其前身被雷火所焚,宋仁宗皇祐元年(1049)下诏按原木塔式样重新选址建塔。"于上方院建铁色琉璃砖塔,八角十三层,高三百六十尺,俗称铁塔。"③后因铁塔名气越来越大,又建于上方院内,人们干脆称此寺院为上方寺或铁塔寺。"庆历中,改为上方寺。内有铁色琉璃塔,俗呼为铁塔寺。"④因上方院在夷山的制高点上,而夷山又在"大内东北,当少阳之位,为都城形胜之所"⑤,所以这里不仅环境优美,而且是城中地势较高之处。铁塔作为佛教建筑,在人们心中是神圣的、高高在上的。而八面十三层的铁塔又建于夷山之上,历经金、元,铁塔没有被毁,依然独存,这种实际高度和人们心理高度的结合使铁塔逐渐成为开封人心中的一处地标性建筑。

铁塔到底有多高,才吸引了历代人们对它的关注呢?欧阳修曾言:"开宝寺塔在京师诸塔中最高。"⑥据1979年9月,河南师范大学地理系几位老

---

① 楼钥:《北行日录》,《丛书集成》初编本,中华书局,1991,第11页。
② 周城:《宋东京考》卷一四《寺》,单远慕点校,第253页。
③ 李濂:《汴京遗迹志》卷一〇《寺观》,周宝珠、程民生点校,第155页。
④ 顺治《祥符县志》卷一,第113页。
⑤ 徐松辑《宋会要辑稿·方域一》,刘琳、刁忠民、舒大刚等校点,第9275页。
⑥ 欧阳修:《归田录》卷一,李卫国点校,中华书局,1980,第1页。

师对铁塔当时高度进行测量,得出铁塔实高55.08米。① 这一数据仅是地面高度,地下部分没有计入其中。《铁塔寺记略》中云"塔座下八棱方池,北面有小桥,过桥由北洞门入"②,从这段描述可以看出,铁塔初建时是有一八棱方池作为基座的,只是在历次的黄河水患中被逐渐埋于地下了。清初胡介祉在《大梁杂咏》八首序中,对铁塔基部在明末时被淤埋的深度也有记载。"城东铁塔之根,刨土直下丈余,始见故址。"③"丈余"确切数字是多少呢? 据已知龙亭一带明末水淹时淤积层深度来推断,铁塔当时被淤埋"丈余",应是"一丈稍多一点,决(绝)不会超过一丈五尺"④。如按一丈二尺论,铁塔高度应该是55.08米,再加上4米也就是59.08米,这应是铁塔建成时的实际高度。

在地处中原的开封,城中高耸入云的铁塔引领了城市的天际线,它把人们的视线通过这座佛塔拉向了遥远的天空,引发人们无限的遐想。但在李濂眼中,铁塔不仅是没有被兵燹水患破坏的、依然屹立不倒的景观,而且更是登高望远、抒发感怀、涤荡心灵的忘忧园。他解官家居时,苦无山水登临以舒发长啸,认为城中"佳胜处独佑国寺"⑤。该寺院不仅幽僻清旷,而且寺中"巍塔挺立,凡十有三层。檐铎风袅有声,可以洗人尘抱"⑥,故李濂才"每值花辰雪昼,辄挈壶榼,拉友朋三五人往游焉"⑦。此处成为以李濂为代表的文人士大夫经常光顾之所,他们在这里诗成酒醉,以"发舒长啸"⑧。解官归家的李濂,有大把时间却苦于报国无门,只能著书为乐,并常带三五好友一同前往城内铁塔寺,借助佛教的梵音檐铎,净化心中的烦闷。所以"铁塔行云"某种意义上也是李濂心之所向和退官居家后自我生活态度的反映。

明代的铁塔和铁塔寺不仅是文人们经常光顾之所,而且也是一般民众休闲、郊游、聚会之地。"初九日以后,俱赴上方寺,携榼担酒,或在树阴,或者禅室,……畅饮讴歌、打谜、猜枚、行令、拆牌道字、顶针续麻,丝竹管弦声盈耳。或于台下走马射箭,亦有酒饭茶汤铺,亦有戏鹏杂耍。又有杂货、耍

---

① 据河南师大地理系秦凌亚、王西川、余明泉1979年9月6日测量数据。
② 光绪《新修祥符县志》卷一三《祠祀志》,第409页。
③ 光绪《新修祥符县志》卷二一《丽藻志》,第700页。
④ 魏千志:《铁塔四题》,《河南师大学报(社会科学版)》1982年第4期,第53页。
⑤ 袁喜生:《李濂年谱》,第162页。
⑥ 袁喜生:《李濂年谱》,第163页。
⑦ 袁喜生:《李濂年谱》,第163页。
⑧ 袁喜生:《李濂年谱》,第162页。

货,终日游乐,至暮方散。"①从《如梦录》中记载的这段初一到十五开宝寺中的节日盛况来看,明代的上方寺是节日民众必游之地。文人雅士凡夫俗子都可以在同一空间中找到各自所需和心灵之托。

由此可见,"铁塔行云"之铁塔不仅是城市的地标性建筑,而且还是一处风景优美的城中游乐地。

(二) 公共园林——金明池

"金池过雨"在李濂"汴城八景"中位列第二。它是李濂的"汴城八景"中首次提到的景观。

"金池过雨"中提到的金池即为金明池,是指北宋统治者在东京城郊所建的一处大型皇家公共水上娱乐园林。李濂曾赞誉明代的金明池:"名园胜境,甲于四方。每遇良辰佳节,往往为士大夫游观之所。"②但北宋末年金军进犯,这一胜境"毁于金兵"③。可惜一座承载东京梦华的金明池因"中原用武,兵燹之余,所存无几"④。明代刘醇《吹台春游序》中就出现了"若金明池、蔡太师湖之类,亦泯然无迹可观"⑤的感慨。据考证,"至明代后期,池已被淤平……金明池已了无踪影"⑥。明代李濂成书之时,金明池实际上已消失无踪。

为何消失的景观却被李濂收入八景,这或许是对"当下城市缺失状态的想象弥补"⑦吧。金明池从最初的军事训练场,到后来天子与民同乐的娱乐地,它不仅是东京城市繁华的表现,更是北宋政治清明、文化昌盛的象征。北宋文人不惜笔墨对金明池进行各种描写和赞颂以此表达对太平盛世的认可,如王安石《金明池》:"宜秋西冠碧参差,忆着乡人禊饮时。斜倚水开花有思,缓随风转柳如痴。青天白日春长好,绿鬓朱颜老自悲。跋马未堪尘满目,夕阳偷理钓鱼丝。"⑧他的诗描绘了一幅春日金明池闲适垂钓的画面。而梅尧臣的《金明池游》更是把都人三月游乐金明池的盛况进行了更为形象的

---

① 佚名:《如梦录·节日礼仪纪第十》,孔宪易校注,第87-88页。
② 李濂:《汴京遗迹志》卷一五《艺文二》,周宝珠、程民生点校,第291页。
③ 李濂:《汴京遗迹志》卷八《台、池、园、苑、洞、峡、渚、汧》,周宝珠、程民生点校,第123页。
④ 李濂:《汴京遗迹志》卷一五《艺文二》,周宝珠、程民生点校,第291页。
⑤ 李濂:《汴京遗迹志》卷一五《艺文二》,周宝珠、程民生点校,第291页。
⑥ 刘春迎:《揭秘开封城下城》,第77页。
⑦ 陈燕妮:《论宋诗中的金明池》,《江汉论坛》2014年第7期,第96页。
⑧ 李濂:《汴京遗迹志》卷二二《艺文九》,周宝珠、程民生点校,第452-453页。

描写:"三月天池上,都人袨服多。……苑花光粲粲,女齿笑瑳瑳。行袂相朋接,游肩与贱摩。津楼金间采,幄殿锦文窠。挈榼车旁缀,归郎马上歌。川鱼应望幸,几日翠华过。"①诗歌把男女老少摩肩接踵、欢歌笑语在金明池游乐的场面描写得淋漓尽致。诗词的字里行间都能感受到城市的繁华和市民的欢乐。没有社会安定,就不会有城市繁荣。因此,遥想当年盛况,作为本土文人的李濂更希望能再现繁华,建构一个祥和的游观之所。

建立在北宋都城东京之上的明代开封城,曾经的历史遗迹和影像经一代代文人的文化加工与现实混同起来,逐渐形成了"对于这个都市文化的想象"②。而李濂正是通过勾勒的"汴京八景"再现金明池盛况,以此表达对所失去的城市文化的遗憾。

(三) 城市交通枢纽——州桥

"州桥明月"在李濂"汴城八景"中位列第三。这一景观首次出现在李版八景之中。州桥是北宋东京城中横跨汴河之上、位于城市中轴线上的一座桥梁,具有重要的交通功能。

北宋时期的州桥是一座"正对大内御街"③的"御桥",它是见证东京城市繁华的重要建筑之一。北宋灭亡后,汴河逐渐淤废,横跨其上的州桥也逐渐没落。虽金朝曾两度迁都开封,对州桥有过关注,但也未改变其逐渐没落的趋势。金主完颜亮重修汴京城时,曾把"基址并州桥稍移向东"④,但他此举目的也是为保持金开封城市南北中轴线的一致性,并未对州桥进行修复。

元代州桥已基本失去通行功能。据清人宋继郊《东京志略》中引用元代白珽的《湛渊静语》曰:"《使燕日录》载:出相国寺往州桥桥下水即汴河分流,往昔漕渠。……桥西通延庆观前水,亦隐隐作河身形,其为汴河故址无疑。汴城八景有州桥明月,桥古迹不可见,有坐东朝西关帝庙……过州桥有文、武两楼,夹桥,今鼓楼钟楼东西向,正在州桥北。"⑤从这段描述中可以看出,元代州桥桥下的河道还可隐隐看出一点形状,但桥面已不能通行,其原址处有一座关帝庙,州桥周围依然有钟、鼓、文、武楼等重要建筑。州桥虽然实体已不在,但这里仍是元代开封城中重要的文化和地理节点之一。

---

① 李濂:《汴京遗迹志》卷二四《艺文十一》,周宝珠、程民生点校,第474页。
② 刘旭光:《城市史与城市社会学》,上海三联书店,2013,第148页。
③ 周城:《宋东京考》卷二〇《桥梁》,第350页。
④ 楼钥:《北行日录》,第11页。
⑤ 宋继郊:《东京志略》,王晟、李景文、刘璞玉点校,第669-670页。

明朝立国后，开封再次中兴，州桥一度重现辉煌。由于商品经济发展，出于漕运需要，周王曾命人对州桥进行整修，将宋代的棚梁式州桥改造为拱券式桥梁，从而使"桥高水深，舟过皆不去桅"①，实现州桥两侧舟船相通，从而加快城市物资转运速度。

北宋以降开封城市中轴线就未变化，因此，明代州桥及其附近依然是城市商业贸易中心。当时"中国资本主义的萌芽，开封像苏州、南京等其他大城市一样，……手工业、土机制工业、商业也有相当发展。……土机纺织作坊也在街市、周府内外（属于周王的"官作"）大量的出现。"②嘉靖二十三年（1544），李濂《甲辰元夕》诗中描写了州桥及其周围的热闹景象。"人海涌来喧笑语，车雷轰处恣游盘。太平景象君须记，天汉桥边立马看。"③（天汉桥，一名州桥。④）从这首诗中可以看出，元宵佳节之时天汉桥人海涌动，车马喧天，一派盛世太平的景象。可见，此处作为市民日常生活和经济活动中心的地位依然没有动摇。

"州桥明月"入李版"汴城八景"是对州桥曾经繁华的商业贸易、熙来攘往的都市场景、交易繁忙的城市景象的一种追忆，更是对明中后期开封城市经济繁荣和发展的一种认可。

（四）生命之河——汴河、黄河

"大河涛声""汴水秋风""隋堤烟柳"是李版"汴城八景"中出现的3处与水相关的重要景观。这3处与黄河直接或间接相关的景观，在北宋以后都不同程度地出现衰败趋势。这一方面是因河道自身淤塞，另一方面则跟黄河的屡次决口关系极大。

北宋末年金人利用汴渠水道追击宋高宗。北宋东京生命之河的汴河遭到的破坏是最直接的。高宗为阻遏金兵进逼下诏破坏汴河水道。"淮郡诸水：绍兴初，以金兵蹂践淮南，犹未退师，四年，诏烧毁扬州湾头港口闸、泰州姜堰、通州白莆堰，其余诸堰，并令守臣开决焚毁，务要不通敌船……无令走入运河，以资敌用。"⑤从此以后南北水运宣告断绝。正所谓："尽宋漕渠之

---

① 佚名：《如梦录·街市纪第六》，孔宪易校注，第32页。
② 佚名：《如梦录》，孔宪易校注，"前言"第5页。
③ 袁喜生：《李濂年谱》，第166页。
④ 李濂：《汴京遗迹志》卷九《冈堆坡陂关梁井墓》，周宝珠、程民生点校，第134页。
⑤ 脱脱等：《宋史》卷九七《河渠七》，第2393页。

利莫过于汴,而亦时被决溢之患。"①国兴则水通,国衰则水塞。宋人楼钥乾道五年(1169)以随员身份随同使金,撰写《北行日录》其中描述汴河:"宿灵璧行数里,汴水断流……又六十里宿宿州。自离泗州循汴而行,至此河益湮塞,几与岸平,车马皆由其中,亦有作屋其上。"②之后不足十年,汴河已经断流、荒瘠。淳熙五年(1178)周辉又以出使金国使者的身份北上路过此地,记载:"是日行循汴河,河水极浅,洛口即塞。……晚宿灵璧县,汴河自此断流。自过泗地皆荒瘠。"③楼钥用"亭门之南,即汴河也"④寥寥几字记录开封城中汴河情况。宋继郊引用范成大《石湖诗抄》"指顾枯河五十年,龙舟早晚定疏川"⑤。周辉也指出"五十年后成污渠"⑥。金代后期金政权迁都开封,也曾"按蔡、汴旧渠以通漕运"⑦,但由于金代督领开封时间较短,汴河也没太大改观。

元世祖至元二十三年(1286),"河决开封、祥符、陈留……十五处,调南京民夫……分筑堤防"⑧。这次河决明显靠近开封,"城西已经出现了一股泛水河道,这对城中的汴河和西蔡河有一定影响"⑨。之后,"至元二十七年(1290)黄河决,始淤塞。旧府治南,有汴渠故迹,即其地也"⑩。这次河决,城内汴河开始淤塞,只有汴渠故迹存在也。明中期"河决祥符之义唐湾,自汴城迤东至陈留、杞县,汴河及堤皆为淤,而水则入于蔡河。洪武二十四年,黄河改徙,而蔡河亦淤塞矣。今省城延庆观前有小砖桥,汴渠故迹微存,俗名臭河儿。"⑪实际上李濂时代汴河已很难作为城市景观而存在了。

所谓"皮之不存毛将焉附",汴河已变成臭河儿,依附于汴河而存的"隋堤"也就失去意义。"隋堤烟柳"中所表现杨柳如烟的场景也已不复存在。周辉《北辕录》中载:"是日行循汴河……五十年后,乃成污渠,可寓一笑,隋

---

① 顾祖禹:《读史方舆纪要》,贺次君、施和金点校,第246页。
② 楼钥:《北行日录》,第8-9页。
③ 周辉:《北辕录》,第2页。
④ 楼钥:《北行日录》,第11页。
⑤ 宋继郊:《东京志略》,王晟、李景文、刘璞玉点校,第653页。
⑥ 周辉:《北辕录》,第2页。
⑦ 脱脱:《金史》卷一〇五《张翰传》,第2323页。
⑧ 宋濂:《元史》卷一四《世祖十一》,第292-293页。
⑨ 吴朋飞、邓玉娜:《黄河变迁对元代开封的影响》,《城市史研究》2016年第1期,第1-15+296页。
⑩ 康熙《开封府志》,第77页。
⑪ 李濂:《汴京遗迹志》卷六《河渠二》,周宝珠、程民生点校,第83页。

堤之柳无复仿佛矣。"①换言之,"隋堤烟柳"在明中期也是只能想象的景观了。

隋堤虽已不再,但城外黄河南岸数十里的护城堤无形中成为隋堤的比照对象。明初"国朝正统间,巡抚侍郎于谦因河逼汴城,乃筑东西北三面以御之,……凡四十余里,号大堤焉"②。当年隋堤是人工修筑,现在的护城堤也是人为之举,所以隋堤的烟柳虽随着隋堤消失不见,但人们却借用护城堤的美景来想象和弥补不足,"城外去黄河十里,作大堤环护之,周八十里,树阴夹道,行堤上,即不论晴雨,皆可人"③。只是当年汴水的"秋声"恐怕再难听到。

明初朱版八景中的"大河春浪",明中期已变成"大河涛声"。景观不再用"春"这一带有积极意义的词语来描述,毕竟黄河带来的持续灾难,让它在人们眼中变得已不那么可爱。而汴水、隋堤跟金明池一样,此时都是只可想见的景观,是人们遥想景观盛况、感怀盛世不再的一种追忆而已。

(五) 挺出风烟地——繁台

"繁台春晓"在李濂"汴城八景"中位列第五,是明中期开封人经常到访的郊游地之一,也是李濂笔下一处"每遇良辰佳节,往往为士大夫游观之所"④的去处之一。

"繁台"春秋时期被称之为"吹台",该景观是见证开封历史发展的最好证明。繁台(吹台)具有地势较高、台面宽大、位于城东南的自然地理优势,因此在历代的兵燹水灾中破坏较少。明刘醇在《吹台春游序》中写道:"唯城东南仅三里,有荒台故基,巍然独存,挺出风烟之外,高广数丈,可登可眺,即古之吹台也。"⑤从这段记述可以看出,直到明代,这一高台不仅存在,而且高、广。可见"高"和"广"是明代开封人对吹台的深刻记忆符号。

繁台随历史发展逐渐聚焦成一处文化圣地。北宋时期这里建起一座天清寺。其后不断增建各种祠堂庙宇,以供奉神灵和圣人。"吹台旧祀碧霞元君,呼为二姑台。后祀禹王,为禹王台。祀碧霞于禹王宫后,正德十一年(1516)巡按毛公至,谓祭非其鬼,撤去碧霞元君,改祀唐李白、杜甫、高适,为

---

① 周辉:《北辕录》,第2页。
② 李濂:《汴京遗迹志》卷七《堤、闸、渡口、潭、泊诸迹》,周宝珠、程民生点校,第104页。
③ 王士性:《王士性集》,朱如略点校,第52页。
④ 李濂:《汴京遗迹志》卷一五《艺文二》,周宝珠、程民生点校,第291页。
⑤ 李濂:《汴京遗迹志》卷一五《艺文二》,周宝珠、程民生点校,第291页。

三贤祠,并自撰碑记其事。台侧,李空同别墅旧址。"①碧霞元君祠、禹王台、三贤祠都是先后出现的祭祀建筑。明嘉靖《河南通志》也载:"建禹王庙于上,庙后有三贤祠。"②悠久的历史、优美的自然风光,足够的娱乐空间,在文化和自然因素的共同作用下,这里逐渐成为一处吸引城中百姓出游踏青的郊游地。

春回大地的繁台,游人"列坐于芳树之间,深杯迭进,清歌间作,众宾欢饮。……恍然如在桃源深处,不觉世虑之俱忘也"③。三五友人相邀聚在花开正好的果树之间,饮酒唱歌,不觉忘记时间,忘记烦恼,让人犹如身在桃花源中一般。李濂于弘治十八年(1505)秋"始寄宿吹台读书"④,并于次年因《理情赋》而得到当时文学巨匠李梦阳青睐。"访余吹台读书处,忘年缔交,多倡和之篇。"⑤从此开启了李濂中原文坛之旅的大门。一个人能在宜人的环境读书,并得到名师赏识认可,这种经历和记忆是人一生中最难忘的时期。李濂作为一位十七八岁的少年,能被当时的文学巨匠李梦阳赏识并结为忘年交,是其人生最具有意义的事情。这种情结使解官回乡的李濂有动力"重修城中旧宅及城南别墅"⑥,并在当年读书旧地启动少年时未完成的工作。李濂对吹台的情有独钟和此地深厚的文化积淀,吹台被收入"汴城八景"是理所应当的。

李濂年少读书之地叫"吹台",但他所作诗词却多用"梁王台"指代,如"二十为时文,读书梁王台。花迎书院发,河绕石梁回"⑦"忆昔读书梁王台,酒酣长啸烟云开"⑧等相关诗句即为证。诗中多次以梁王台借指该处,也可知作者对梁孝王的认可。繁台(吹台)被收录八景,或许还有对梁孝王礼遇宾客的羡慕,对自我怀才不遇、生不逢时的感慨,也或许还有对淡出尘世的向往。

(六) 梵刹钟声——相国霜钟

"相国霜钟"在李濂"汴城八景"中位列第八。这一景观取代了明初朱

---

① 佚名:《如梦录·关厢纪第七》,孔宪易校注,第74页。
② 嘉靖《河南通志》卷二一,河南大学图书馆藏书,第1378页。
③ 李濂:《汴京遗迹志》卷一五《艺文二》,周宝珠、程民生点校,第291页。
④ 袁喜生:《李濂年谱》,第9页。
⑤ 袁喜生:《李濂年谱》,第10页。
⑥ 袁喜生:《李濂年谱》,第106页。
⑦ 袁喜生:《李濂年谱》,第13页。
⑧ 袁喜生:《李濂年谱》,第14页。

版的"开宝晨钟"。这两处景观描述的都是盛极一时的北宋皇家寺院内钟楼的钟声,但同样的钟声描写,其场景地却从明初城东北的开宝寺转移到明中期市中心的相国寺了。

由于开封城市格局从北宋至明代无太大改变,因此明相国寺及周边依然商铺林立,车马喧嚣,是城市的商业中心。相国寺对普通民众来说是最为重要的地理坐标之一,人们日常生活和商品交换都在集中在此,因此相国寺这一神圣与凡俗完美融合之所必然成为统治阶层与普通民众共同活动的大舞台。

对文人士大夫而言,在相国寺,他们既可以借助寺院悠扬的钟声涤荡身心,净化灵魂,又可在周边热闹的商业店铺中、在物资交易的讨价还价中寻找作为物质人的快乐。而开宝寺,虽香火依旧,但由于位于城市东北的边缘地带,普通民众各种与生产生活相关的活动一般不集中在此地,且明代的开宝寺是藩王薨逝及各种藩府礼仪祭祀之所,一般民众难以进入。相国寺优越的地理位置使其兼顾了佛教的神圣与民众世俗的生活之功能。在这里,民众既可以近距离感受佛的霈浴,又可以在佛指引下过真实的生活。同一空间,佛教徒们既可以兼顾心灵的神圣又能满足物质的凡俗,所以,作为有别于统治者的、代表开封民众的李濂士大夫阶层,把相国寺收入八景也是明代社会发展,民众社会价值和审美导向需要的景观化表达。

二、又八景

李濂《汴京遗迹志》中提到的"又八景"分别为:艮岳春云、夷山夕照、金梁晓月、资圣薰风、百冈冬雪、吹台秋雨、宴台瑞霭、牧苑新晴。① 这虽是一组完全不同于李版"汴城八景"的版本,但与明初朱版八景所收录景观却有很多相似之处。

李濂"又八景"中的许多景观承袭朱版八景,且排名顺序大体一致。《汴京遗迹志》记载:"资圣阁,即相国寺之后阁,都人夏日于此纳凉,八景中资圣薰风是也。"②从这种描述中可以看出,李濂对朱版八景是肯定的。当然李濂肯定朱版八景不仅是对周王所选景观的认同,而且更是对明初开封城市发展成就的认可。

---

① 李濂:《汴京遗迹志》卷一三《杂志二》,周宝珠、程民生点校,第222页。
② 李濂:《汴京遗迹志》卷八《宫室》,周宝珠、程民生点校,第117页。

从李濂所提两套汴京八景可看出，李濂时代的明代开封城市社会生活已呈现繁荣局面，城市文化景观日益增多。但自宋迪作《潇湘八景图》以来，人们尚未突破用"八"代表区域性景观的限制，开封作为曾经国都所在地，更应恪守固有定式不能僭越。李濂的"又八景"就是这一背景下的产物。

"又八景"中排名第一的是"艮岳春云"。这一景观与朱版中排名第一的"艮岳晴云"仅一字之别。从已知文献记载中可知，朱有燉时代的艮岳是周王府后花园煤山所在地。如果说明初的周王府煤山有"四时不谢之花，八节长春之景"①，但周王府被铲王气后，其盛世相比明初有所下降。李濂十八岁时所作《艮岳赋》就已经见不到艮岳当年盛景："余汴人也，数游其地，周览荒基，追忆其盛，赋以哀之。时正德丙寅（1506）岁也。"②可见，艮岳被收录进李濂"又八景"仅是对北宋皇家园林盛世的追忆，因此景观的描述也就仅用"春云"来客观表述一种自然现象的存在状态而已。

"又八景"中增加的"宴台""牧苑"景观是与祭祀和军事有关的景点。"宴台"是位于开封城外东北的一处高台。它是北宋帝王"春耕籍田，祀先农后，与群臣享胙"③的地方。先农，远古时期称为"帝社""王社"，汉代开始称"先农"，为"国六神"（风伯、雨师、灵星、先农、社、稷为国六神）之一。唐垂拱年间（685—688）祭祀先农正式被确定为封建社会的一种礼制，每年开春，皇帝亲领文武百官行籍田礼于先农坛。作为一种重要礼仪制度，皇帝于开春日必东耕于籍田。帝王亲率文武百官祭祀先农，并于祭祀后共同宴饮庆祝。"宴台"也有"晏台"的说法。"豫省人和门外（即曹门）七里许，逼临大堤，有古迹名晏台，据郡邑志乃宋仁宗游晏而筑之者。"④由此可见，宴台既是一处神圣庄严的祭祀之地，又是帝王笼络官员、与百姓欢游的集会场。因此，不论从历史文化上，还是从游乐功能上，宴台都应作为城市文化的一种，代表城市景观而被收录八景之中。

牧苑是一处位于黄河岸边的牧马之所，"在陈桥之东北，宋牧养马驼牛之所"⑤。冷兵器时代的战争，无论是以骑兵为主，还是以车战为主，战马对

---

① 佚名：《如梦录·周藩纪第三》，孔宪易校注，1984，第11页。
② 袁喜生：《李濂年谱》，第11页。
③ 李濂：《汴京遗迹志》卷八《台、池、园、苑、洞、峡、渚、汧》，周宝珠、程民生点校，第122页；光绪《新修祥符县志》卷一四《古迹志》中有相同记载，只加两字"今圮"。
④ 李树人：《开封名胜古迹散记》，河南人民出版社，1957，第48页。
⑤ 李濂：《汴京遗迹志》卷八《台、池、园、苑、洞、峡、渚、汧》，周宝珠、程民生点校，第126页。

于加强军队作战的机动性来说,都具有不可替代的作用。同时,战马还是军事物资运送的重要工具。开封作为北宋国都所在地,由于地理位置不占优势,保卫皇城的军事防御体系更为重要,喂养精良战马就成保证皇城精良军事装备的重要因素。黄河两岸大多为滩涂之地,是牧马的好地方,于是这里就成宋军牧马的首选之地。作为京师重地,出于保卫京师的需要,数量庞大的马匹是必要的军需储备,故而牧养战马之地也要足够大。文献中虽然没有专门指出牧苑面积多大,但在黄河滩地上开辟出一片喂养战马的地方,面积一定不小,景象也相当壮观。而且,马匹喂养一定也需要相应的水源,据文献记载,牧苑周边还有一处"水波浩淼,野兽出没,飞鸟麇集"[①]的湖泊蓬池。这两处景观相辅相成,自然也是一处不错的游赏之所。北宋中期之后,长期的和平使统治者对战争的警惕逐渐松弛。在此背景下,帝王逐渐放松对驻守京师军队的训练和战事模拟演练,在职军人更多了些娱乐帝王的职责。当年牧马的牧苑在这种背景下逐渐荒废。

元中后期后,政府开始因地制宜在开封恢复和发展农业。元政府分别在至元十八年(1281)、至元二十六年(1289)先后两次下召强制大量回民迁到汴梁屯田,把原来的牧场改回农田,开封地区的农业及城市发展才重新有了起色,原来的牧苑也变为耕地。明代由于朝代更迭和战争等因素,牧苑已不知所用。明代李濂《汴京遗迹志》中记载"金、元兵毁,今失其故处"[②]。

从以上梳理可知,李濂"又八景"中的景观明中期大多已不是实际可见之景,牧苑和宴台这两处新增景观也已失去昔日盛况。因此,相比较明初朱版八景,李版的两套八景中的景观大多都不再能见到实景。李版八景中收录景观总体上呈现虚实结合的变化特点。

第三节 明初至明中期汴京八景的演变及成因

明初和明中期相继出现的3套汴京八景,从所选景观的"近城朝夕可览",到景观的虚实建构;从1套景观到3套景观;从景观继承到景观创新,3套八景表现出明显的变化。

---

① 程遂营:《唐宋开封生态环境研究》,中国社会科学出版社,2002,第34页。
② 李濂:《汴京遗迹志》卷八《台、池、园、苑、洞、峡、渚、泞》,周宝珠、程民生点校,第126页。

一、朱版与李版之比较

明初和明中期前后出现的3套汴京八景，入选景观类别和内容既有一定的继承性，但也有一定的创新和演变。

从表4-3的对比分析中可以看出，这3套不同版本的汴京八景涉及城内外遗迹共9类（按李濂《汴京遗迹志》中的分类统计而成），分别是山岳、河渠、寺观、桥梁、冈、台、池、苑、宫室（阁）。这些遗迹不论在私修还是官修方志中，均有较为全面的记载，只是收录类别各有侧重。

表4-3 明初和明中期的汴京八景①

序号	类别	朱版"汴城八景"②	李版"汴城八景"③	李版"又八景"
1	山岳	夷山夕照（夷山）、艮岳晴云（艮岳）		夷山夕照（夷山）、艮岳春云（艮岳）
2	河渠	大河春浪（黄河）	大河涛声（黄河）、汴水秋风（汴河）、隋堤烟柳（隋堤）	
3	寺观	开宝晨钟（开宝寺）	铁塔行云（上方寺）、相国霜钟（相国寺）	
4	桥梁	金梁晓月（金梁桥）	州桥明月（州桥）	金梁晓月（金梁桥）
5	冈	百冈冬雪（百冈）		百冈冬雪（百冈）
6	台	吹台秋雨（吹台）	繁台春晓（繁台）	吹台秋晓（古吹台）、宴台瑞霭（宴台）
7	池		金池过雨（金明池）	
8	苑			牧苑新晴（牧苑）
9	宫室（阁）	资圣薰风（资圣阁）		资圣薰风（资圣阁）

相对朱版八景，李版"汴城八景"前后出现以下几个方面变化：寺观类景观数量没变，但景观却由原来同一景观地中的2处景观"开宝晨钟"和"资圣薰风"替换成另外2处"铁塔行云"和"相国霜钟"；河渠景观由1个变3个：朱版中的"大河春浪"，到李版中增加了"汴水秋风"和"隋堤烟柳"2处；"桥

---

① 史料来源：朱有燉《诚斋录》、于谦《于忠肃集》、成化《河南总志》、李濂《汴京遗迹志》。

② 朱仰东：《朱有燉〈诚斋录〉笺注》，第377-382页。

③ 李濂：《汴京遗迹志》卷一三《杂志二》，周宝珠、程民生点校，第222页。

梁"和"台"2类景观在内容的变化表现为金梁桥变成州桥,吹台变成繁台。

具体变化是:明初朱版中的"山岳、冈"类景观在李濂"汴城八景"中都消失,但又增加了"池"景观——金明池之"金池过雨"。"河渠"类景观在明初朱版八景之"大河涛声"基础上又增加"汴水秋风""隋堤烟柳"两处。"寺观"景观前后版本都有收录,但侧重点有所调整:原来的"阁"是相国寺中资圣阁之"资圣薰风",被相国寺钟楼之"相国霜钟"所替换;开宝寺中的钟楼之"开宝晨钟"被上方寺的铁塔之"铁塔行云"替代。"桥梁"类景观从金梁桥之"金梁晓月"替换成居于城市南北中轴线上的州桥之"州桥明月"。"台"类景观从吹台之"吹台秋雨"替换成了"繁台春晓"。

从这些变化中可以看出,明中期的"汴城八景"更加重视"水"景观。李版"汴城八景"中不仅保留了自古至明跟开封历史兴衰息息相关的黄河景观,而且还增加了汴河和隋堤2处景观。李版"汴城八景"对多处水景观的收录充分说明在李濂看来"水"对明代开封城市发展之重要。

除朱版八景与李版"汴城八景"景观前后变化外,李濂《汴京遗迹志》中提出的"汴城八景"与"又八景"也几乎完全不同。"又八景"中共出现6种景观,分别是:山岳、桥梁、冈、台、苑、宫室(阁)。"汴城八景"中出现的河渠、寺观、池景观,在"又八景"中一个都没有。且"又八景"中的"台"类景观出现两处:"吹台"和"宴台"。但"又八景"又与朱版八景有着明显的前后继承性。朱版八景中涉及的5类景观:"山岳、桥梁、冈、台、宫室(阁)"之"夷山夕照""艮岳晴云""金梁晓月""资圣薰风""百冈冬雪""吹台秋雨"在李濂的"又八景"中都再次出现,并增加一处"台"景观——"宴台瑞霭",一处"苑"景——"牧苑新晴",共同组成了"又八景"。

从对明初到明中期前后出现的3套汴京八景的分析中可知,朱版八景和李版"汴城八景"分别代表了明初和明中期城市主流文化的发展方向。而朱版八景与李濂"又八景"的诸多相同景观又说明,作为士大夫阶层,周王朱有燉和本土文人李濂在建构文学创作时审美和价值取向的趋同和一致性。

二、明初至明中期汴京八景变化

明初至明中期开封历史上出现前后3套不同的汴京八景,入选景观既有一定继承性,又有所创新,这种变化具体表现以下几个方面。

(一)类别增多,数量增加

从目前可知文献收录的3套"汴京八景"可以看出,这些八景虽代表开封景观,但因历史时段、自然、社会、撰写收录人等的不同,收录景观前后有着不同变化。明代出现的3套八景涉及历史遗迹共9种,分别是:山岳、河渠、寺观、桥梁、冈、台、池、苑、宫室(阁)。其中朱版八景出现7种遗迹,分别是:山岳、河渠、寺观、梁、冈、台、宫室(阁)。李版八景共出现8种,其中"汴城八景"出现5种遗迹,分别是河渠、寺观、桥梁、台、池,"又八景"出现6种遗迹山岳、桥梁、冈、台、苑、宫室(阁)。(见表4-4)

表4-4 明初和明中期朱版、李版汴京八景类别对比①

版本		类别	数量
朱版"汴城八景"②		山岳、河渠、寺观、桥梁、冈、台、宫室(阁)	7
李版八景③	汴城八景	河渠、寺观、桥梁、台、池	5
	又八景	山岳、桥梁、冈、台、苑、宫室(阁)	6

明代前后提出的3套"汴京八景"所呈现出的不同主要有8处,它们分别是:第一,"艮岳"景观从有到无,再到有;第二,河渠景观从1个到3个,再到落选;第三,寺观景观从钟到钟、塔,再到无;第四,山、宫室(阁)、冈则都是从有到无,再到有;第五,"桥梁"景观从金梁桥到州桥,又到金梁桥;第六,"台"景观从吹台景观到繁台,再到吹台和宴台;第七,"池"景观只有李濂的"汴城八景"中有;第八,"苑"景观只在"又八景"中出现。

以上明代3套八景景观内容上的变化,都是景观在不同类别之间的调整、消长。除此之外,李版八景在数量上增加显著。朱版八景首次提出八处景观,到明中期李濂时代,一次性提出两套景名完全不同的八景。

(二) 名称有差,排序有别

明代3套八景不仅内容上前后有变化,而且八景中出现的相同景观,其景名在不同文献的描述中也有差别。这种情况共有两处,一是朱版"艮岳晴云"到李濂的"又八景"中"晴"被"春"所替换,把一年中晴天在艮岳所能见到云彩的情景,缩小到春天里看到与云有关的景观,成了"艮岳春云"。"晴"到"春"的变化,从一个带有正向感情色彩的词汇变成了一种对景物的客观陈述。二是朱版中的"大河春浪"到李版的"汴城八景"中弱化为只闻其声的"大河涛声",由"观浪"变成了"听涛"。滔滔黄河的壮观景象从"浪"

---

① 史料从朱有燉《诚斋录》、李濂《汴京遗迹志》整理所得。
② 朱仰东:《朱有燉〈诚斋录〉笺注》,第377-382页。
③ 李濂:《汴京遗迹志》卷一三《杂志二》,周宝珠、程民生点校,第222页。

到"涛"的变化,是明初到明中期开封人对黄河态度转变的表现。

除以上2处变化外,明代3套八景中景观名称前后还有更替情况。朱版中"吹台秋雨",在李版"又八景"中继承和保留下来,但"汴城八景"却又取消该景,替换成"繁台春晓"。对景观的具体描写也从"秋雨"变成了对繁台春日景色的赞美。同一处景观的两种不同表述和对不同时间和气候下的描写,也体现了明代开封人对该处景观的观认识上的变化和认可程度。

作为礼仪之邦的中国,周代之时礼仪文化就已渐趋完备,长幼尊卑、先后有别的礼仪规则已然形成。这种礼仪观念在几千年的中国历史发展中逐渐渗透到政治、经济、文化等各个方面。明朝之后,中央政府为加强集权统治,更加强化对各级各地的政治、思想、文化的控制。明廷通过制定制度、规则等,进一步明确尊卑长幼的礼仪观,强化和禁锢人们的思想和行为,因此,明朝不同文献中记载的汴京八景其景观先后顺序,在此思想引领下也应该是经过作者严格考虑排列而成。这一先后顺序的排列呈现方式应当是人们对景观自身重要程度认知的一项指标。

明初朱版八景的收录先后顺序依次是:艮岳晴云、大河春浪、开宝晨钟、夷山夕照、金梁晓月、资圣薰风、百冈冬雪、吹台秋雨。[①] 艮岳位列八景第一,其次是自然景观黄河,接着是开宝寺之钟声。艮岳是宋徽宗时期由徽宗皇帝亲自绘图并监建的一处皇家园林。建成的艮岳是宋徽宗所设想理想盛世的一种真实创造和景观化再现,更是北宋繁荣景象的缩影。明初朱版八景把艮岳放在首位,表面上认同了艮岳在中国古代园林史上的地位,实际上也是对封建王权统治的肯定。作为一直相伴开封城市发展的黄河第一次出现在明初朱版八景之中,这是对藩王及开封巡抚于谦主持修筑黄河大堤抵御河患的赞扬,更是宣扬和彰显皇权统治的表现。而"开宝晨钟"中开宝寺更多承担了明藩王府的各种佛事、婚丧礼仪等活动,如"遇王薨逝,撞钟三日三夜"[②]。接下来其他景观才是关乎城市文化的历史人物、事件、相关建筑遗迹等。这种明显的皇权至上思想在朱版八景排序中体现无疑。

明中期李版"汴城八景"相比朱版八景在顺序上有所调整:"铁塔行云""金池过雨""州桥明月""大河涛声""繁台春晓""汴水秋风""隋堤烟柳""相国霜钟"。[③] 该版本中明初排名第一位的艮岳已不在其中,取而代之并位列第一的是开宝寺中的铁塔。换言之,李版"汴城八景"认为开宝寺中的

---

① 朱仰东:《朱有燉〈诚斋录〉笺注》,第377—382页。
② 佚名:《如梦录·街市纪第六》,孔宪易校注,第43页。
③ 李濂:《汴京遗迹志》卷一三《杂志二》,周宝珠、程民生点校,第222页。

铁塔是最重要的、能代表明代开封的标志性景观。它是一处有一定高度的、具有地标作用的城市景观。另铁塔所在的佑国寺也是李濂笔下的"城中佳胜处"①。因此铁塔位列八景之首,一方面因其自身高度的绝对优势,另一方面则是它所独有的优美景致使然。

李濂"又八景"景观顺序为:"艮岳春云""夷山夕照""金梁晓月""资圣薰风""百冈冬雪""吹台秋雨""宴台瑞霭""牧苑新晴"。② 这一套八景的景名和排列顺序与明初朱版差别不大。这显然是李濂作为民众对地方藩王朱有燉为代表的统治权力的尊重和顺从的表现,也说明古已建立起来的秩序和尊卑观对民众的影响。

(三) 水景观、夜景观增长显著

明初至明中期汴京八景变化除以上两点外,两个时期所提八景对水景观和夜景观的收录也明显不同,明中期水景观和夜景观呈现出明显的增长趋势。

从对水的重视上来看,李版更甚于朱版。李版增加了5处与水直接或间接相关的景观:黄河之"大河涛声",汴河之"汴水秋风""隋堤烟柳""州桥明月""金梁晓月"。这一变化足见在明代开封人心中"水"之重要。而且李版"汴城八景"中的8个景观,除"铁塔行云"和"相国霜钟"属于寺院景观与水无关外,其他6景——金池过雨、州桥明月、大河涛声、繁台春晓、汴水秋风、隋堤烟柳都是与水密切相关的景观。可见,在李濂看来,这座城市的兴衰与水息息相关,而且汴河、隋堤、州桥、金梁桥、金明池都是因水而兴的城市人造景观,它们不仅见证了城市的发展和繁荣,而且还美化和丰富了民众生活,是人类所创造的文明成果。

还有一点值得注意,3套八景收录的水景观还多是对夜景的描写。朱版有"金梁晓月",李版在此基础上又加进了"州桥明月"。这些景观都是从不同角度对不同自然环境下夜景的描写。这足以说明,宋代以来,随着城市经济的发展,坊市制度被打破,市民文化逐渐兴起,城市文化表现形式之一的夜生活逐渐融入人们的日常之中,成为一种生活常态。

---

① 袁喜生:《李濂年谱》,第162页。
② 李濂:《汴京遗迹志》卷一三《杂志二》,周宝珠、程民生点校,第222页。

三、演变成因探析

朱版和李版3套版本中入选的八景,从景观名称、景观虚实状况到景观顺序都呈现不同程度的变化,本文试在此节对其成因进行探析。

(一)"水文化"持续的影响

朱版和李版八景中与水相关的景观或多或少都有呈现,如朱版中提到黄河之"大河春浪"、汴河之"金梁晓月";李版提到黄河之"大河涛声",金明池之"金池过雨",汴河之"州桥明月""汴水秋风""金梁晓月""隋堤烟柳",它们均是较为典型的水景观。朱版中收录有2处水景观,而李版在此基础上不仅没有减少水景观在八景中的数量,而且还由原来的2处增加到6处,占八景三分之二还多。可见,"水"对开封城市发展的影响是深入和持续不断的。

明代3套八景中提到的水景观,分别涉及与开封发展休戚相关的黄河、成就北宋盛世繁华的汴河和金水河。其中黄河在明初和明中期的八景中都提到过,朱版和李版中用"大河春浪"和"大河涛声"分别描述,一个用"春浪",一个用"涛声"形容和描绘了人们对黄河的不同认知。汴河和金水河则分别以"金梁晓月""金池过雨""州桥明月""汴水秋风""隋堤烟柳"的形式出现在八景之中。

元代以后"黄河河道便开始在开封境内滚动,并且经常决溢"[①]。进入明代,黄河决溢加剧,包括开封在内的"河南东部和山东西南部成为黄河泛滥的主要区域"[②]。明初时任河南巡抚的于谦因"河水为患,薄近城邑",故"修筑堤岸,劳费财力。建祠妥灵,水患乃息",因此"堤防巩固,河道安流"[③]。于谦和周王朱有燉一起主持修筑大堤抵御黄河,使河道安流,百姓安居。这种全民皆动的行为,不仅体现了一座城市团结一致的精神文化,而且也是为政者彰显政绩的重要内容。明中期,黄河对开封城的侵扰越来越频繁。"自1368年(洪武元年)至1505年(弘治十八年)的138年间,黄河在开

---

① 程子良、李清银:《开封城市史》,第156页。
② 牛建强:《明代黄河下游的河道治理与河神信仰》,《史学月刊》2011年第9期,第53页。
③ 李濂:《汴京遗迹志》卷一八《艺文五》,周宝珠、程民生点校,第348页。

封城市周近有决溢的59年。其间两次水淹开封城区。"①此时明初开封官民修堤治理黄河的豪迈心情已逐渐消退。但于谦主持修筑的黄河大堤对保障明初开封经济发展却是有效的,大堤对百姓的影响是深刻的。"黄河不入汴城,殆百年矣。修堤捍卫之方,诚不可不讲,司其事者,所宜留意也。"②鉴于此,八景中体现并延续了黄河景观。

自古开封就是一座因水而兴的都城,其中汴水对城市发展作用巨大,直到北宋决定建都于此,更是因水之重要。"宋都大梁,诸水莫此为重。"③且汴河作为隋唐大运河通济渠的一段,它联通了江南各水系,"东与淮泗并,宋都最倚重,输挽资神京"④。从而,汴河之上"公家运漕,私行商旅,舳舻相继"⑤。汴河两岸出现了"市货江海集,驿路帆樯争。夹岸兼葭霜,客舟犹夜行"⑥的盛况。一条汴河成就了北宋政治、经济和社会文化的繁荣。

汴河上的州桥作为城中横跨南北交通要道的桥梁,是江南运往京城物资中转的重要码头和商品集散地。这里舟车往来,贸易频繁,是一处重要的城市节点。因汴河而起、演绎和发生故事的州桥也成为记述历史的重要场景地。另外一座汴河上的金梁桥也因明代的开封戏曲文化的兴盛成为南北文艺荟萃之地。李版八景从朱版八景延续下来,把汴河、州桥、金梁桥纳入八景之中,是对汴河贡献的认可,对城市繁华的肯定。

李版八景对汴河的赞美更多是对统治阶层维护汴河的肯定。"(明代)洪武二十四年(1391),黄河改徙,而蔡河亦淤塞矣。今省城延庆观前有小砖桥,汴渠故迹微存,俗名臭河儿。"⑦李濂时代的汴河已经变成一条臭河儿,但汴河对城市经济和文化发展所做出的成就不会随历史而逝。由于开封中轴线自北宋始未发生改变,因此,汴河沿岸依然是城市经济生活中心,随着明中期开封商业和手工业的繁荣,汴河州桥附近的商业再次走向兴盛,故而李濂收录汴河入景是对明中期开封城市经济繁荣的一种景观化写照。

隋堤入选八景不仅是因堤岸所植杨柳之美,更是对其能保障物资进京交通通畅的赞许。且北宋定国后,宋太祖建隆三年(962)十月"诏缘河州县

---

① 程子良、李清银:《开封城市史》,第180页。
② 李濂:《汴京遗迹志》卷五《河渠一》,周宝珠、程民生点校,第71页。
③ 李濂:《汴京遗迹志》卷六《河渠二》,周宝珠、程民生点校,第82页。
④ 康熙《开封府志》,第889页。
⑤ 宋继郊:《东京志略》,王晟、李景文、刘璞玉点校,第649页。
⑥ 康熙《开封府志》,第889页。
⑦ 李濂:《汴京遗迹志》卷六《河渠二》,周宝珠、程民生点校,第83页。

长吏,常以春首课民夹岸植榆柳以固堤防"①,可见隋堤之柳在隋唐之后朝廷因保证汴河通航需要,加固堤岸而不断补种杨柳的结果,这是"隋堤烟柳"景观能得以长存的主要原因。隋堤不断得到加固和美化,从而成为城中一道风景。明代以后,汴河消失,但开封人对依附汴河而存的隋堤和杨柳的印象是深刻的,故而,人们对隋堤的情感转移到对于谦率领民众修筑的黄河大堤的认可,从而继续延续了开封人对辉煌历史的肯定。"隋堤烟柳"入八景一方面是因隋堤岸边的千里烟柳历经金元依然呈现"至今堤上柳,直接雷塘西。烟水杳一碧,草色同萋萋"②的景象,另一方面则是对"弃得江山尽,风流占此堤"③的隋炀帝因此丧国的感怀。

(二)政治生态变动的反映

明中期李版汴京八景提出之时正是嘉靖中兴之际,此时是明代政治环境相对较为良好的一段历史时期。李濂(1489—1566)生活在明孝宗、武宗和世宗在位时期。他"一生经历弘治、正德、嘉靖三朝,正处于明帝国由盛转衰的历史时期"④。明弘治到嘉靖时期的国家政治整体表现为稳定之上的不断上升。这一良好的政治生态为文化发展、城市景观的培育提供了较好的基础。

李濂出生于"弘治中兴"的明孝宗时期,即弘治元年(1488)。明孝宗朱祐樘所开创的"弘治中兴"局面历代史学家对此评价极高。"明有天下,传世十六,太祖、成祖而外,可称者仁宗、宣宗、孝宗而已。仁、宣之际,国势初张,纲纪修立……孝宗独能恭俭有制,勤政爱民,兢兢于保泰持盈之道,用使朝序清宁,民物康阜。易曰:'无平不陂,无往不复,勤贞无咎。'知此道者,其惟孝宗乎。"⑤在明孝宗统治的十八年中,李濂在开封度过了他幸福的童年时代。从小就"性喜书,家人每以书止其啼"⑥的李濂,这期间饱读诗书,并在父辈和祖辈的影响下,逐渐形成自我人生观和世界观。

明武宗继位的正德元年(1506),18岁的李濂寄宿吹台读书。他因作

---

① 李濂:《汴京遗迹志》卷六《河渠二》,周宝珠、程民生点校,第82页。
② 康熙《开封府志》,第889页。
③ 康熙《开封府志》,第889页。
④ 袁喜生:《李濂年谱》,"序"第1页。
⑤ 张廷玉:《明史》卷一五《孝宗本纪》,第196页。
⑥ 袁喜生:《李濂年谱》,第3页。

《理情赋》而结识"前七子"①之一的李梦阳,并与之成为忘年交。"卑视一世"②的李梦阳因《理情赋》而对李濂青眼有加,于是访李濂台读书处,与李濂"忘年缔交,多唱和之篇"③。李梦阳之所以对李濂大加赞赏也与其自身豪放的个性有关,《明史》载曰:"梦阳既家居,益跅弛负气,治园池,招宾客,日纵侠少射猎繁台、晋丘间,字号空同子,名震海内。"④因而年少的李濂有幸结识解甲归家、有尚侠之好的李梦阳。因两人来往颇多,"濂自此声震河、洛间"⑤。且李濂出生于信陵君、侯嬴等英雄人物的故乡,所以,李濂与陈君(后来任丹阳县儒学教谕)一起在吹台读书时,就"仰叹古人风烈,慨然兴怀,相期砥砺志节,不徒为举业之士而已"⑥。一心报效朝廷的心志由此可见一斑。英雄侠义、一腔热血的李濂在明孝宗皇帝恭俭有制、勤政爱民的治国之道以及李梦阳"才思雄鸷,卓然以复古自命"⑦的影响下,正德九年(1514)积极应考,于"三月十七日,新科进士排出名次,濂为二甲第一百一十八名,赐进士出身"⑧,李濂从此开始了仕途生活。他希望可以在此政治环境下,如李梦阳一样用其所学报效朝廷。

明武宗在位的18年正是李濂为官之时,他"历任沔阳(湖北沔阳)知州、宁波(浙江宁波)同知、山西按察司佥事"⑨。为官期间,李濂本着年少时对魏公子无忌与侯生之为人的敬佩而潜移默化形成侠义武人风度,怀揣着对李梦阳等文人侠士的敬仰之情,以匡国济民为己任,励精图治,在各地为官都尽心尽力。但他勤政为民的为官之道"与当时腐败的政治势力不能不发生尖锐的对立"⑩,故他前后做官只有11年时间,在38岁时,嘉靖五年(1526)山西为官期间因"坐忤权贵"⑪被免官。归家后的李濂"杜门谢客,日

---

① 张廷玉:《明史》卷二八六《文苑二》,第7348页。明"前七子"指:李梦阳、何景明、徐祯卿、边贡、康海、王九思和王廷相。
② 张廷玉:《明史》卷二八六《文苑二》,第7348页。
③ 袁喜生:《李濂年谱》,第10页。
④ 张廷玉:《明史》卷二八六《文苑二》,第7347页。
⑤ 张廷玉:《明史》卷二八六《文苑二》,第7360页。
⑥ 袁喜生:《李濂年谱》,第12—13页。
⑦ 张廷玉:《明史》卷二八六《文苑二》,第7348页。
⑧ 袁喜生:《李濂年谱》,第20页。
⑨ 袁喜生:《李濂年谱》,"序"第1页。
⑩ 李濂:《汴京遗迹志》周宝珠、程民生点校,"校点说明"第2页。
⑪ 李濂:《汴京遗迹志》,周宝珠、程民生点校,"校点说明"第1页。

以著述自娱"①,"益肆力于学,遂以古文名于时"②。

李濂于嘉靖五年(1526)退官归隐之时正是明世宗统治时期。李濂年少时形成的侠义性格,以及对信陵君侯嬴等人的仰慕之情、国家政治的关心之切,没有因时间的消磨、境遇的改变而淡化,但罢官归家的他,也只能通过文字表达对政治和百姓生活的关注。

李濂罢免归家即开始收集各种散落手稿,前后历经20年时间完成《汴京遗迹志》,直到嘉靖二十五年(1546)年刻板印刷。李濂著书期间正是明世宗嘉靖帝在位之时。以明武宗堂弟身份登上帝位的明世宗,为显示皇帝权威、巩固皇权,即位之时颁布诏书,宣告革除积弊,剪除内患,诛钱、江、清庄田等各种裁革,这在一定程度上缓和了武宗执政期间造成的社会矛盾。但稳固皇权后的嘉靖帝开始把精力转向关注长生不老上,因此嘉靖中后期,明世宗开始沉迷道教、追求长生不老之法。免官归家的李濂以旁观者的身份,眼见明嘉靖政权的各种作为,相比孝宗开创的"弘治中兴"局面,深虑嘉靖政府的政治黑暗。李濂年轻和中年时期所经历的社会政治的强烈反差,让他更加向往开创盛世清明的北宋政权,因此,他把汴水等相关景观收录八景,通过对汴水的赞许和感慨表达对明嘉靖政权的不满。

李濂"汴城八景"和"又八景"中共有6处景观与水有关。这一现象不仅与李濂的生活经历、文学修养、价值认同等有关,而且也是对当时政治和百姓疾苦忧虑的影射。李濂在沔阳为官时,该地屡次遭水,他带领百姓积极抗灾并多方集资重修儒学、沔阳州城等,受到当地百姓拥戴。正因李濂为官心系百姓,任满3年离开时,才有了"父老荷仗送,奔走村塾童。挥手谢吾民,无劳远相从"③的场景。为官者只有治水安民,赈灾恤民,保一方百姓平安,才能赢得百姓信赖,因此,统治者正确的政令和地方官员的有作为对地方平安和发展至关重要。作为曾经的地方官和地方士大夫阶层代表的李濂,其心声是应该重视的,因此李版八景暗含着对明孝宗、武宗和世宗时代的"政治腐败,宦官弄权,官僚集团之间相互倾轧,农民起义此伏彼起,阶级矛盾亦极其尖锐"④社会现状的不满。

另外,李版两套八景,按古代尊卑有别、长幼有序的礼仪观念来看,"汴城八景"在前这说明它应是李濂认可和首推的,"又八景"紧随其后则是出于

---

① 李濂:《汴京遗迹志》,周宝珠、程民生点校,"校点说明"第1页。
② 张廷玉:《明史》卷二八六《文苑二》,第7360页。
③ 袁喜生:《李濂年谱》,第54页。
④ 李濂:《汴京遗迹志》,周宝珠、程民生点校,"校点说明"第1页。

对周王及周藩政权的尊重和附和。但"又八景"并未完全照搬朱版八景,为何在继承的基础上又有所创新,把朱版中的"大河春浪"和"开宝晨钟"代之以"宴台瑞霭""牧苑新晴"呢?

"宴台瑞霭"之宴台是位于开封城东北部的景观。李濂《汴京遗迹志》中记载,宴台是"宋帝春耕籍田于东郊,祀先农之后宴请百官"①的地方。春耕籍田是中国古代一种重要的皇家祭祀活动。这一活动中的祭祀对象是先农。先农远古时期被称为帝社、王社。籍田是为古代帝王躬耕所特意开设的一块土地。籍田祭先农,祭坛曰籍田坛。每年开春,皇帝亲率文武百官行籍田礼于先农坛,以示对农业的重视。明太祖朱元璋立国后,曾在南京南郊划出一块土地,定为籍田,在籍田北边修筑一先农坛,作为祭祀先农的场所,以示农业为国之根本。明洪武二年(1369),他率领百官举行了隆重的祭祀先农活动。明太祖还规定把这种祭祀活动作为一种制度保留,"定郊社宗庙礼,岁必亲祀以为常"②,从此明朝历史上的籍田活动便开始了。

明孝宗继位后,对洪武以来确立的籍田活动做了一些改动,令后来每年的春季二月举行耕籍田仪式,并为定制。弘治元年(1488)明孝宗率文武百官在北京举行了庄重严肃的籍田活动。仪式开始之时,皇帝先是在具服殿更衣,随后,在籍田中用耒耜三推土地,种下种子,之后各级官员以此五推、九推举行外推耒仪式。仪式毕,宴请百官并赏赐,整个活动结束。这种籍田祭祀活动在明孝宗执政的18年中,只在弘治元年举行过1次。明弘治政府对土地的重视即是对农业和农民的重视,这种行为是封建帝王统治的重要内容,也是百姓判断帝王是否为明君的依据之一。但孝宗到世宗时代,明政府再无类似活动,而把统治重点放在各种权力争斗之中。"又八景"中收录"宴台瑞霭",也是渴望明政府关心农业、重视农业的一种心情表达。

另外一处收录的"牧苑新晴"也有类似的政治背景。从上文对牧苑演变的论述中可知,元朝政府曾下令牧苑用来牧马,之后因土地不适又退牧还耕。元统治者虽认为牧马是国家重要之事,但也知根据情况采取灵活政策实施统治。元政府尚知因地制宜,对开封采取退牧还耕的措施以利于农业发展,因此"又八景"收录此景是希望明政府再现弘治盛况,免官场之争斗,还政治以清明。

---

① 李濂:《汴京遗迹志》卷八《台、池、园、苑、洞、峡、渚、浒》,周宝珠、程民生点校,第122页;光绪《新修祥符县志》卷一四《古迹志》中有相同记载,只加两字"今圮"。

② 张廷玉:《明史》卷二《太祖本纪二》,第19页。

(三) 经济发展文化转型的必然

明代的开封是一座典型的封建消费性城市,城市经济较为繁荣。开封夹于南北京师之间,它作为河南省省会所在地,是全省政治、经济、文化、交通等汇流之地。同时又是朱元璋亲封的周王藩地,受明政府高度重视。城中周王及子孙是经济上的富有者。"周王及其子孙所组成的王公贵戚这一庞大的消费群体,推动了开封商业和手工业的发展。"①另外,随社会发展,明中期后开封出现资本主义萌芽。各种官私机房和小机布作坊开始出现,它们散布在城内和关厢,尤以周王府西华门外的机房规模较大。城内的各个机房、作坊、铸钱局、皮局、刻书局、砖瓦窑等,都雇佣着大批工人开展各种形式的工作,从而出现了手工业繁盛的局面。其中,余家的绸缎店(余太、余济、余鸿等)成为汴市绸缎业的巨擘。"当时鼓楼附近的各街道上住着天下的客商,楼房内堆积着各省的货物。"②正是由于工商业的发达,明代的开封才呈现出"势若两京"③的发展状态。

经济基础决定上层建筑,经济的发展和繁荣必然带来人们对精神生活的追求,因此,明弘正、嘉靖时期,随着开封城市经济的发展,社会文化娱乐开始以更多的形式出现在一般民众的生活之中。"城市面貌和文化生活又注入了新的内容"④,这就极大地促进了城市社会文化的兴盛。许多不同于周王杂剧的民间小调也开始走入市民的文化生活之中。"自宣正至成弘后,中原又行【锁南枝】、【傍妆台】、【山坡羊】之属。李崆峒……闻之以为可继国风之后,何大复继至,亦酷爱之。"⑤与此同时,北宋东京时期形成的市民文化也在这同一片土地上传承,并且以更加热情奔放的形式表现着文化的魅力。

宋元时期形成的市井文化,随着明代城市经济的发展也开始繁荣起来。它们不仅在表现内容更加多元,而且表现形式也更加直白浅俗,更加热情,更具张力。李梦阳,明前七子之一,作为一代颇具影响力的明初文人,他生

---

① 吴朋飞、邓玉娜:《明代开封周王府的建筑布局及其对城市结构的影响》,《城市史研究》2014 年第 1 期,第 186 页。
② 孔宪易:《试谈〈如梦录〉与明代的开封》,载《中国古都研究》(第一辑),中国古都学会第一届年会论文集,1983,第 216 页。
③ 佚名:《如梦录·街市纪第六》,孔宪易校注,第 57 页。
④ 牛建强:《明代的开封城市生活的若干侧面——源自诗意的构拟》,《中州学刊》2004 年第 6 期,第 130 页。
⑤ 沈德符:《万历野获编》卷二五《时尚小令》,中华书局,1959,第 647 页。

活在开封期间,留下了许多有关开封城市生活的诗词,其中有很多描写可以看出正德、嘉靖时期开封文化娱乐的一个侧面。他所创作的《汴中元夕四首》正是对此的生动描写。其一"花烛沉沉动玉楼,月明春女大堤游。空中骑吹名王过,散落天声满汴州",其二"中山孺子倚新妆,郑女燕姬独擅场。齐唱宪王春乐府,金梁桥外月如霜",其三"四海烟花逢上元,中州行乐竞千门。大江不辨鱼龙夜,珊瑚宝玦是王孙",其四"细雨春灯夜色新,酒楼花市不胜春。和风欲动千门月,醉杀东西南北人"。① 从其诗可以看出,元夕之夜,人们除了继续演唱周王的乐府外,更多的娱乐项目已经竞相登场,参与的人群也越发广泛。人们不仅赏灯、闹灯,而且还有各种吹奏和演唱;闹元宵的不仅有市民,而且还有官员、王孙等贵族,以至于满街赏灯人群只有通过佩戴的珊瑚、宝玉才能判断其身份。花烛、月光和烟花交织正一起,难以分辨,此时更有开放的城中女子趁着月光跑到城外到大堤上去赏玩。从这一组描写元夕的诗歌中可以看出,这种光满汴州的灯火布置没有一定的经济基础是无法实现的。只有以此为前提,已有的传统节日习俗,在市民的审美和情感交融中与各种曲艺活动融为一体,才能真正实现城市文化的全面繁荣。

　　城市文化繁荣的表现除了这种集中的文艺和节日表演外,更多表现在市民的日常生活之中。李濂"汴城八景"中的上方寺铁塔所在地是其约三五好友春日郊游之地,也是市民元宵闹灯游乐之所。在这里,不论是文人士大夫,还是一般民众,或禅室里,或树荫下,或户外,或酒馆,人们品茶猜字,顶针续麻,丝竹管弦,走马射箭,各种雅俗娱乐项目同时呈现,在不同的群体中散发着各自的魅力,凸显着属于它们的张力。而且十五当日,铁塔又成了一个巨大的火灯笼,市民捐供香油,在铁塔上遍点灯盏,燃亮每个人心中最质朴的愿望。"至十五日,上元佳节,又名元宵节,……铁塔上遍点灯盏,一次用油五十余斤,远望有如火龙。"② 此刻,犹如火龙的高耸入云的铁塔把整个元宵节推向了高潮,士大夫的雅文化、民众的俗文化都在燃烧的烛火中变成了人们心底最真实的情感宣泄,从而达到满城狂欢的盛况。这种强烈的视觉冲击、全城民众同欢的场景,是明中期城市文化最直接的表达,也是明代开封城市经济发展的必然社会文化反映。此外,"繁台春晓"之繁台作为城东南一处经历史沉淀保留较好的高地,也是明代开封人一处春游踏青的郊游之所,承载着更多

---

① 李濂:《汴京遗迹志》卷二四《艺文十一》,周宝珠、程民生点校,第494页。
② 佚名:《如梦录·节日礼仪纪第十》,孔宪易校注,第87—88页。

一般民众的世俗文化。

此外,明代市井文化的集中展演地依然在城中心的相国寺和州桥一代。明代的开封以周王府为中心,依然保持北宋南北中轴线不变的形制。相国寺和州桥处于南北中轴线与汴河交汇的十字路口,这里既是城中最为繁华的商业地带,也是城中不同阶层民众满足日常生活必到之地。州桥的明月不仅照亮北宋东京的市民,也为明代开封的民众指引着生活的方向。相国寺的钟声不仅涤荡着佛教信徒的心灵,而且也为明代的开封市民指导着日常的作息时间,故而,州桥和相国寺作为城市经济和文化发展繁荣的表征地,也见证了明初至明中期开封城市文化思潮的变迁和走向。

因此,随着城市经济的发展,与之相适应的社会文化更多地被创造出来。明中期的开封城市生活中逐渐出现了雅俗共聚、禅室品茶、放歌游戏的节日场景。由此可见,至明中期,周王为代表的统治阶级所参与的高人雅士之好的杂剧歌舞,逐渐为一般民众所分享并延伸出更多的文化娱乐活动形式,这种城市文化主体和内容的迁移在明中期后逐渐成为常态。这种现象显然是政治生态下社会经济和文化流变的必然。

(四) 八景提出者社会身份的差异

明初和明中期的 3 套汴京八景虽然都是由文人士大夫按照北宋以来所形成的文体格式建构而成的地方胜景,但是,毕竟提出者的身份和所属阶层有别,这也是影响八景选择的因素之一。此处以朱版和李版八景的提出者周王朱有燉和祥符人李濂来分析说明。

1. 宗藩贵族——朱有燉

明初朱版八景的提出者是明初开封第二代周王朱有燉。从前章论述可知,藩王制度是明太祖朱元璋立国之初所定,其目的为"在国家出现危难之际,诸藩能勤王救驾,解围济困"。但朱元璋又怕藩王们拥兵自重,在洪武二年(1369)颁布《昭鉴录》,对他们的行为加以限制,"诸王虽有镇守藩国、拱卫首都之责,却不得干预地方政事"[1],因此以藩王身份就藩各地的朱姓子孙,虽享有朝廷给予的各种藩国特权,但政治上却不能有所作为。身为天潢贵胄的朱有燉,作为周王朱橚的嫡长子自然继承了藩王的身份,获得了藩王拥有的特权,成为明初开封宗藩贵族阶层的代表。政治上的无所为也使得很早就接受宫廷和宗藩良好而严格教育的朱有燉成了一位"在文学史上留

---

[1] 张召鹏:《朱有燉杂剧考》,博士学位论文,河南大学,2014,第 15 页。

下千古不朽之作的'伟大'作家"①。因为宗藩皇族的身份,朱有燉才能守藩余暇遍访遗址而成"汴城八景"。因此,身为文人,又有藩王特权,朱有燉才能"独抒性情"②地用八景诗的方式择选出代表性城市景观"汴城八景",以彰显作为藩王统领明初开封的城市发展成就。

2. 金钟文人——李濂

一般来说,著书撰文是作者思想、观点和立场的反映。作者文章风格和主旨与其性格相关,也是其价值观、人生观、世界观的反映。李濂在著书中所提两套不同于明初朱版的八景,收录的八景与作者本人的性格和成长经历是有一定关系的。

李濂出身于有着两百多年从医史的名医世家,其家族世代均为汴梁人。其先祖因"赵宋时有医皇子脰疡者,予之官不受,赐以金钟悬诸门,故号金钟李氏";李濂先祖李信医病一视同仁,对待病人"无远近风雨瞑晦,皆身亲历之,一视则生死立决",因此到"天顺、成化间,名动诸郡"。③ 金钟世家的家风对李濂影响颇大。作为医生,他的先祖们,对生命的脆弱和瞬息万变比常人有着更深的理解,这对李濂养成珍爱生命的品行有着密切关系。同时,其先祖经常资给有病无钱医的社会中下层民众,这又为他以后勤政为民的从政理念奠定了思想基础。而且这种良好的医家出身,为少年的他能潜心读书提供了一定的物质基础,再加之父亲的严格教育,为其"业儒提供了契机④,才能成就明中期中原一代文人。

除了家风的影响外,影响李濂性格形成的因素还有其二叔李德敏、舅父张鹏。叔李德敏"为人襟怀坦荡,耻谒豪门,萧然自适,与世无争"⑤,他为人处世的原则给李濂极大的心灵触动,为李濂能甘于清贫、读书乐道、著书立说起到一定作用。舅父张鹏则在德操方面给李濂以很大影响。张鹏作为李濂嫡亲的长辈,"他的隐居不仕,他的万事不撄于心,他的豪爽天性"⑥也逐渐影响了李濂的思想和行为。李濂在其叔父、舅父等长辈以及汴梁自古的豪侠之风影响下,逐渐形成了豪爽、侠气的性格特质。

家族和族中亲人对李濂有重要影响,李濂读书的同窗好友对他影响也

---

① 朱仰东:《朱有燉研究》,博士学位论文,山东师范大学,2013,第60页。
② 朱仰东:《朱有燉〈诚斋录〉笺注》,"序"第6页。
③ 袁喜生:《李濂年谱》,第3页。
④ 张卫红:《李濂诗文研究》,硕士学位论文,暨南大学,2010,第8页。
⑤ 张卫红:《李濂诗文研究》,硕士学位论文,暨南大学,2010,第12页。
⑥ 张卫红:《李濂诗文研究》,硕士学位论文,暨南大学,2010,第12页。

很大。17岁的李濂吹台读书之时有幸结识了王教、左国矶、田深甫等人。在同窗之间的相互砥砺中,李濂的古文功底和文学修养不断提高。一群青少年在千年传承下来的豪侠士风中逐渐形成了各自的价值观和人生观。年长李濂10岁的王教,忠厚为人,其旷达的人生态度及以儒者命世的人生追求,以诗文为末技,努力于性命之学的态度,对李濂日后回乡著书的心态有很大影响。与李濂年龄相仿的左国矶,其豪爽性格、万事不挂心的生活态度,则是李濂效仿的对象。而田深甫的不闲拘系、心胸宽广的性格,与李濂洒脱性格的形成不无关系。之后又因一篇《理情赋》经好友左国矶推荐而结识忘年交——清节不渝、胆气过人的明"前七子"之一李梦阳。无论是李濂因读书而结交的同年,还是因诗文而认识的李梦阳,他们在李濂的成长中都扮演了重要角色,对李濂性格的形成产生了重要影响。

  李濂的出身和青少年时期结交友人的影响以及后来入世为官的经历都为其罢官回乡后从事的各种文学活动提供了动因和丰富素材。

  身为开封人,李濂深受千年来汴梁风俗习气的浸染。从战国魏国大梁信陵君窃符救赵的故事,汉梁孝王与枚乘、司马相如共造的梁园风雅,到魏晋文人放浪形骸的行为风尚,再到后来李白、杜甫、高适三人同登吹台的雅会留诗,这些发生在历史上的人文故事,不仅形成了这座城市的气质,造就了它的性格,而且还影响着一代代生活在此的汴梁人,李濂就是其中之一。此外,开封府尹包拯的铁面无私,竹林七贤之一阮籍的放荡不羁,巡抚于谦的勤政为民对李濂也影响颇深。开封既有文人骚客的诗酒风流,也有豪杰侠士的慷慨节烈,更有地方官员的清正为民,这些都对李濂有至关重要的影响。

  正是由于李濂逐渐形成的性格特点,才使罢官归家的他,不甘赋闲而著书立说。他有感于"独吾汴自五代以迄于宋,久为帝都,而记载之书无闻焉"。于是深受古风侠义影响的一代文人李濂,抱着对家乡热爱和负责的态度完成了《汴京遗迹志》。

  《汴京遗迹志》中的八景都是李濂"询宫问沼,蹑荒台,瞯废殿"[①]后选出的景观。八景既有反映李濂侠士古风思想的人物和事件发生地夷山、繁台,又有反映城市繁华的商业贸易地州桥,与开封发展息息相关的黄河、汴水和隋堤,还有佛教寺院之开宝寺和相国寺。它们不仅包含文人的历史责任感,而且也关照了不同阶层的思想认知和审美判断。"又八景"则是对城市代表性景观的进一步补充。

---

① 李濂:《汴京遗迹志》,周宝珠、程民生点校,"序"第1页。

从明初到明中期3个版本"汴京八景"景观选择来看，择定八景的作者是重要影响因素之一。朱有燉站在统治阶层的立场为宣传和弘扬统领下的城市文化而提出八景。李濂出于对家乡的由衷赞叹而提出八景。当然，景观主要是城市自身发展的产物，著书者个人因素虽有影响，但城市文明进程的推进、社会文化价值的导向、城市风尚的引导、景观自身的演变等对八景的选择依然还是最主要、不可替代、不能忽视的重要因素。

第五章
清代汴京八景的定型

1644年,清政权定都北京,开封依然是中原地区的"区域中心城市"①,河南省城。但此时的开封,已经失去了明朝藩封重地的特权,成为一般的地方省会所在地。清政府对开封城市的管理,和其他一般省会城市已无太大差别,对汴京八景的评选也仅依旧制而行。从顺治一直到光绪时期,开封因袭前朝惯例,分别于顺治、康熙、乾隆和光绪时期,编撰《祥符县志》和《开封府志》等。这几套志书收录的汴京八景内容基本一致,只是在景观顺序上有所微调,变化不大。

第一节 清代初期的汴京八景

自明万历年间朝廷诏令各地定八景以降,各府、州、县基本都开始在修订的官方志书中收录八景。明末由于政治经济日渐腐败萧条,地方志书的编撰工作基本停滞,因此,汴京八景也无新版本出现。清朝立国后,开封由于历经明崇祯十五年的河决事件,城市是一片凋敝衰败的景象。清政府采取各种措施,到顺治时期,开封才开始逐步恢复与发展。此后各地编修方志的工作也开始逐步提上日程。但由于清代的开封已失去藩国地位,清廷建立政权之初,对降为一般省会的开封重视程度也大不如前,所以清代开封的修志工作只在清廷的统一政令下展开,文人乡贤对志书的编纂和八景的关注和收集也都不再积极。"清代于顺治、乾隆和光绪三朝凡三修(《祥符县志》),均存。民国后虽有纂辑,但多不成书。"②由史料可知,清代开封曾先后三次大规模编修方志。因循旧制,这三个时期的方志中都收录有汴京八

---

① 武明军:《明清开封城市研究》,博士论文,河南大学,2015,第186页。
② 刘永之、耿瑞玲:《河南地方志提要(上)》,河南大学出版社,1990,第135页。

景,其间,康熙三十四年(1695)刊本的《开封府志》中也收录有汴京八景。①目前所见古籍,除官方志书外,文人笔记小说或私修志书少有对清汴京八景的记载。

一、清代初年重现的汴京八景

经明末战乱和黄河水患后,进入清代的开封已是满目黄沙,衰草遍地,地面几乎没有什么像样的建筑和景观。清顺治《祥符县志》中记载,河决开封后,城内景象是"一望无际,参天宫阙,仅露鸱尾。其故府之藏书遗策,尽扼于河伯者"②。在这种"城为断壁,池为平原"③的状况下,清初开封城是"官无驻节之地,民无栖身之所,则是河南八府之苦,未有苦于我开封者也"④。此种情况下自然谈不上有什么城市景观了。

自秦始皇建立统一的封建制国家以来,一般新政权初立,统治者为维护统一和保持稳定,都会积极采取措施缓和阶级矛盾,恢复经济,发展生产,清政权也不例外。清顺治、康熙、雍正、乾隆朝,各级政府持续不断地对开封采取措施,积极恢复生产和建立制度。同时,由于安土重迁传统观念的影响,明末清初因水患外逃的民众也抱着对家乡的无限热恋不断回迁,各种政治和经济制度在此基础上也逐步恢复与确立。清顺治时期,作为记载当地政治、经济、人文、地理等的百科全书式的地方志书编撰工作也提上日程。在此背景下,延续明代已有传统,汴京八景再次出现在清代的开封地方志书之中。

顺治十六年(1659),由北直元城(河北大名县)人、时任开封巡抚的钱伦主持编修,盛朝祖、冯樾纂写而成《开封府志》。该志书是"奉顺治十五年(1658)巡抚贾汉复修志檄而修"⑤的。由于国家初创,百废待举,这次修志工作并未引起地方政府高度重视而只是草草成书,并未进行认真的实地踏勘。因此,这套府志虽参与者均为祥符人,但"并未发动各属县组班纂修,只是在府城就地取材。……是就万历旧志增订而成。此似与清朝初定、百废

---

① 刘永之、耿瑞玲:《河南地方志提要(上)》,第130-131页。
② 顺治《祥符县志》,"叙"第2页。
③ 顺治《祥符县志》卷二《城池》,第116页。
④ 光绪《新修祥符县志》卷二〇《丽藻志》,第673-674页。
⑤ 刘永之、耿瑞玲:《河南地方志提要(上)》,第130页。

待举的局面有关"①。可知,该府志是明万历旧志的基础上增订而成,体例上并未有太多创新,内容上也未有新史实载入。

由于《开封府志》已修,县志编撰也势在必行。清顺治十八年(1661)由祥符县知县李同亨、张俊哲修,张壮行、马士鹭纂的顺治《祥符县志》成。该志书编撰的社会背景与顺治《开封府志》纂修类似。"河南各州县于清初所修各志,皆奉巡抚贾汉复之修志信牌所为,例行公事,草率成书,以应官差,实多猥滥无似"②,所以顺治《祥符县志》也是"凡属郡县多所修举,而吾邑取旧志而润之,因成书焉尽"③。但清代的开封毕竟还是首府所在地,其志书编撰还是受到一定重视的。由于开封"多次建都,长期为全国政治中心,此其一;开封县于明初省入祥符县,之前,两县并立,长达千年以上,此其二;长期为府治所,此其三"④,在此导向下,该志书循惯例辑八景诗入志。书中收录八景以七言律诗形式罗列在卷六"补遗"部分,并且还作了说明:"各邑列八景如出一辙,余故删去,既而思之,各邑俱列八景,祥邑又不必删也,今为补八景诗。"⑤可见这套志书的编撰虽因以上三个原因较为重视,但编撰者实际并未深入考察、认真整理,也是草率成书。

顺治《祥符县志》中收录八景诗中提到的八景,是否按明代收录标准和条件(是否有美感,是否尚存遗迹),由于志书中并未说明,也就不得而知。顺治《祥符县志》是因政令而撰,清初开封城市面貌和经济都未恢复到明末水平,因此,文人和士大夫们无暇附庸文字,粉饰太平。但政令之下,编纂县志者又必须按旧例记载,所以他们只好因循惯例,按民间流传的八景,在未经考证、踏勘前提下,仅收录了出自无名氏的八首八景诗歌。换言之,这套八景诗中提到的八景,并未经官方考证,或召集当地乡贤集体评定,抑或是有一定身份、文化和地位的文人在遍访遗址基础上在私修文集中辑录的。该志书中的八景只是根据民间流传的八景诗收录而成。这也说明这套八景诗中的八处景观是民间百姓流传和认可的八种景观,因此这八处景观,是否遵循朱版或李版八景的原则已非收录理由,而是以一般民众的审美和情感需求作为入选条件了。

顺治《祥符县志》中收录的"汴京八景"主要有(按书中记载顺序):繁台

---

① 刘永之、耿瑞玲:《河南地方志提要(上)》,第130页。
② 刘永之、耿瑞玲:《河南地方志提要(上)》,第136页。
③ 顺治《祥符县志》,"叙"第5页。
④ 刘永之、耿瑞玲:《河南地方志提要(上)》,第136页。
⑤ 顺治《祥符县志》卷六,第945页。

春色、隋堤烟柳、汴水秋声、相国霜钟、铁塔行云、梁园雪霁、州桥明月、金池夜雨。① 这套八景，与明代的朱版和李版相比，明显继承李版"汴城八景"的成分较多，因此可以判断，顺治《祥符县志》中的汴京八景是在继承明李版"汴城八景"基础上的进一步发展。

从表5-1中可以看出，明清两朝3个不同历史时期出现的4套不同汴京八景中，明中期李濂提出的2套八景，上承明初朱版八景下启清代顺治八景。李版"又八景"是对明初朱版八景的继承，而李版"汴城八景"又为清初汴京八景的进一步确立指明方向。顺治《祥符县志》中收录的八景，除"梁园雪霁"外，与李濂"汴城八景"中的7处景观都一样。李版"汴城八景"中的"大河涛声"不再出现在清顺治版本中，而被"梁园雪霁"所取代。由此可见，清顺治时期的汴京八景基本是在明李版"汴城八景"基础上的进一步发展。与之同期，顺治十六年（1659）由钱伦修，盛朝组、冯樾纂修的顺治《开封府志》刊行。此书流传至今，"已不知其原貌，只有孤本残存一册现藏北京图书馆"②。由于能力所限不能查阅残卷，书中是否收录八景不得而知。因此，从已知文献中来看，直到1840年，开封县志和府志中收录的汴京八景其景名相同，且均以七言或五言诗辑录。

表5-1 明初、明中期和清顺治时期汴京八景③

序号	年代	出处	命名者	名称	内容
1	明初	诚斋录	朱有燉	汴城八景	艮岳晴云、大河春浪、开宝晨钟、夷山夕照、金梁晓月、资圣薰风、百冈冬雪、吹台秋雨
2		于忠肃集	于谦		艮岳晴云、大河春浪、开宝晨钟、夷山夕照、金梁晓月、资圣薰风、百冈冬雪、吹台秋雨
3	明成化	河南总志	胡谧		艮岳晴云、大河春浪、开宝晨钟、夷山夕照、金梁晓月、资圣薰风、吹台秋雨、百冈冬雪
4	明嘉靖	汴京遗迹志	李濂	汴城八景	铁塔行云、金池过雨、州桥明月、大河涛声、繁台春晓、汴水秋风、隋堤烟柳、相国霜钟
5				又八景	艮岳春云、夷山夕照、金梁晓月、资圣薰风、百冈冬雪、吹台秋雨、宴台瑞霭、牧苑新晴
6	清顺治	祥符县志	李同亨	八景	繁台春色、隋堤烟柳、汴水秋声、相国霜钟、铁塔行云、梁园雪霁、州桥明月、金池夜雨

---

① 顺治《祥符县志》卷6，第945-947页。
② 刘永之、耿瑞玲：《河南地方志提要（上）》，第130-131页。
③ 史料来源：明朱有燉的《诚斋录》、明于谦《忠肃集》、明成化《河南总志》、明李濂《汴京遗迹志》、清顺治《祥符县志》。

二、明中期至清初汴京八景之变化

清代汴京八景是在继承明代李版"汴城八景"基础上逐渐演变而来的。在此,我们首先对明清汴京八景作一对比。清版汴京八景,相对于明代李濂的汴京八景,既有继承又有创新,具体演变如下:

(一) 景观类别减少

从明中期李濂《汴京遗迹志》到清顺治、康熙时期的《祥符县志》《开封府志》,一共出现4套不同的汴京八景。从内容上来看,这4套汴京八景共涉及遗迹9种。其中李濂"汴城八景"涉及5种,"又八景"涉及6种,清代的汴京八景景观则只涉及6种遗迹。

从汴京八景的景观类别上看,这4套"汴京八景"有一些变化。明李版"汴城八景"中出现的夷山、艮岳,清代彻底消失;河渠类景观从"大河涛声""汴水秋风""隋堤烟柳"到清代定型为"汴水秋声"和"隋堤烟柳"2处。李版"又八景"中的"资圣薰风""百冈冬雪"在清代八景中都已不见。明李版中的"州桥明月"和"金梁晓月"经过更替反复,到清代固定为"州桥明月"。"台"类景观中的繁台、吹台、宴台在不同版本汴京八景中先后入景,最后到清代固定为"繁台春色"。"园"之"梁园雪霁"是清代首次提出的一种景观类别。

(二) 景观名称丰富

明到清代的汴京八景景观名称的变化主要表现在:李版"汴城八景"中"繁台春晓""汴水秋风""金池过雨",到清初分别变成了"繁台春色""汴水秋声"和"金池夜雨"。景观名称在用词上出现了从"晓"到"色",从"风"到"声",从"过"到"夜"的变化。

繁台因繁塔之故而名。早期使用吹台之名是因春秋师旷在此鼓吹以歌。从历史上该景观名称演变中可以看出,清代的开封人对过往历史的记忆,已随环境和社会发展,从对名人的崇拜,逐渐转向了对民俗文化的认可。兴起的繁台变成了人们的世俗需要,逐渐成为一处大众踏青郊游之所。在景观描写中把形容繁台的"春晓"换成了"春色",把从对春日早晨景色的陈述直接变成了对整个春天景致的赞美。顺治《祥符县志》中有无名氏描写繁台春色的诗云:"梁园百尺彩云连,春色年年锦绣鲜。……千载登临忆枚马,几回沉醉百花前。"①这首诗把人们在锦绣的春色里回忆枚、马饮酒对赋的美好画面展现眼前。而胡介祉进一步升华了繁台的自然风光和人文历史:"留得古时地,依旧春花月。燕子渐归来,桃杏参差发。游人亦三五,繁华殊未歇。宝马竞香车,清尘蔽林樾。凭栏周四望,不觉神超忽。当年胜歌舞,今日残宫阙。杨柳换新条,向人夸绿发。多情独芳草,浅处经罗袜。春色自年年……斯文共高李,声名千载揭。"②从这两首出自不同阶层人士的诗歌中不难看出,繁台已经成为清代各阶层民众春游必到之所,成为人们共同的纪念地、游乐所。

明中期李版中收录的"汴水秋风"到清代变成了"汴水秋声"。"风"到"声"的变化,把对秋天客观景象的描写转换成了听觉器官参与的一种更深层次的对秋天的描绘。从对秋天汴水景观的客观描写到用"声"表现人的主观认知,其中尽显对历史的感慨。无论是无名氏的"霜落秋声起汴河,西风袅袅白蘋波"③,还是胡介祉的"兴替非一姓,春秋亦递更。无端汴河水,多做可怜声"④,这两首诗都借用"声"更深层表达民众对汴河繁华逝去的无奈。

另一处变化是李版"汴城八景"中的"金池过雨"到清代变成了"金池夜雨"。一字之别把对金明池雨声的动态景物描写变成了一种静止状态的陈述。清初无名氏这样描写金明池:"金明池上雨声闻,几阵随风入夜分。萧瑟只疑三岛雾,模糊犹似一江云。荷花暗想披红锦,草色遥知染绿裙。晓起银塘鸥鹭喜,水波新涨碧芸芸。"⑤而胡介祉也没有感慨金明池兴亡,而是浓墨重彩地描绘了金明池"夜雨"的绝妙意境:"……风日良自佳,夜雨亦颇宜。叶响声渐密,花香气暗滋。澹泩觉新涨,沦涟会微飔。此唯寂寞滨,乃许幽人知。何必感秋兴,眼中望旌旗。"⑥由此可见,清代民众已渐渐淡忘了金明池的兴亡,更多是把它作为一种自然景观来欣赏了。

(三)"繁台春色"位列八景之首

除以上两处变化外,清代汴京八景相比明代而言,最突出的变化就是"繁台春色"不仅出现在清代的汴京八景之中,而且位列八景之首。其他景

---

① 顺治《祥符县志》卷六,第 167 页。
② 康熙《开封府志》卷三四,第 889 页。
③ 顺治《祥符县志》卷六,第 167 页。
④ 康熙《开封府志》卷三四,第 889 页。
⑤ 顺治《祥符县志》卷六,第 168 页。
⑥ 康熙《开封府志》卷三四,第 890 页。

观多继承明代李濂"汴城八景",且景观顺序仅有微调。顺治时期汴京八景中的"隋堤烟柳"到康熙《开封府志》中提前到了"汴水秋声"之前,而"金池夜雨"从倒数第一位提前排到了"铁塔行云"之后,随之把"梁园雪霁"和"州桥明月"顺延其后。

"繁台春色"位列清代汴京八景之首与景观自身的客观存在和其地理优势不无关系。从明中期开始,汴京八景出现了虚实相间的建构情况。清承明例,清代的汴京八景也非完全真实建构。康熙《开封府志》收录汴京八景的原则是"或名实之幸存,或名实而想见其实"①,因此清代汴京八景中收录的景观有"名实且幸存的""名实且已不见"两种情况。由此可知,清代汴京八景中排名第一的至少应该是一处"名实之幸存"的景观。从现有史料梳理可知,清代的繁台不仅是一处实际存在的景观,而且还是民众踏青郊游的理想场所。生活在雍正、乾隆时期的李绿园在以开封为背景的小说《歧路灯》中对此有详细描写:"每年三月三日有个大会,饭馆酒棚,何止数百。若逢晴朗天气,这些城里乡间,公子王孙、农父野老,贫的、富的、俊的、丑的,都来赶会。就是妇女,也有几百车儿。"②三月三盛会之时各色人等齐聚于此,大小饭店、城内城外盛况空前。百姓们对参加繁台大会更是乐此不疲:"出南门往东,向繁塔来。早望见黑鸦鸦的,周围有七八里大一片人,好不热闹。"③可见,繁台是清代开封人节日盛会的主要聚会场所之一,因此,"繁台春色"位列八景之首是对民众世俗生活方式的一种认可,对市民城市文化世俗化趋势的一种肯定。

(四)"梁园雪霁"首次出现

清代汴京八景与明代相比最大的变化是"梁园雪霁"第一次出现在八景之中。梁园是汉梁孝王刘武所建的一处园囿。建成后的梁园,从梁孝王时期的枚乘、司马相如等文人士大夫畅游梁园作赋填词,到李、杜、高三人的登高凭吊怀古,再到北宋繁台的郊游踏青和明清时期逐渐形成的"繁台春色"景观,梁园文化经历了一个从雅到俗,再到雅俗同乐的演变过程。汉代的梁园作为梁孝王宴请和接待宾朋好友之所,成就了汉代诸多名人,同时也助推了汉赋的发展,如司马相如在梁园创作而成的《子虚赋》和《上林赋》就是汉赋中最优秀、影响最深远、最具有典范意义的作品。因此,梁园不仅是一处

---

① 康熙《开封府志》卷三四,第889页。
② 李绿园:《歧路灯》,中州古籍出版社,2012,第14页。
③ 李绿园:《歧路灯》,第15页。

风景优美的园林,更是文人自由创作地的代名词。梁园作为历史文明进程的见证者在开封人心中地位较高。

"梁园雪霁"作为景观列入八景,说明清代的开封人对汉代以梁孝王为首的枚乘、邹阳和司马相如等人的历史贡献是充分肯定的。换言之,以梁孝王为首的一大批文人的历史贡献被人们认可并影响了后人。所以胡介祉在诗中也不惜笔墨赞颂之:"……贤主会此意,召客宴高斋。邹枚尽词臣,燕赵多宫娃。……就中惟相如……赋成四座叹……行乐当及时,人生亦有涯。名园竟谁主,六出飘空阶。"①梁孝王、邹阳、枚乘、司马相如等名人在梁园的谈笑风生都已随历史逐渐散去,但他们所创造的灿烂的文化和文学成就却穿越历史并留存至今,影响着人们的认知和思想。

第二节 清代汴京八景的定型

顺治《祥符县志》确定清代汴京八景后,其后的康熙《开封府志》、乾隆《祥符县志》以及光绪《新修祥符县志》中均再次辑录同名八景。书中均以诗歌形式记载汴京八景,无独列和说明。这些志书中的汴京八景,虽历经顺治到光绪的二百多年,但入选八景始终如一,且描述的景物状态也无变化。

一、顺治至光绪时期的汴京八景

随着经济的逐渐恢复,康熙三十四年(1695),知府管竭忠主持重新编修《开封府志》。该志书依然沿用前朝诗歌形式对汴京八景加以记载。但书中对汴京八景的收录方式相比顺治《祥符县志》正式许多。书中卷三十三《艺文三》中,收录了时任河南按察使胡介祉的一组咏唱开封著名遗迹的五言律诗,其中收录的《大梁杂咏八首》诗对汴京八景进行了描绘。他还专门作序说明收录八景之缘由是为"寻'胜迹,访故宫'之时,可以'有一木一石可寄凭吊'"②而已。因此,顺治《祥符县志》中草率收录无名氏的八景诗,在胡介祉笔下,经过正名进一步定型。该书中辑录胡介祉所收录汴京八景(按书中顺序)为:繁台春色、汴水秋声、隋堤烟柳、相国霜钟、铁塔行云、金池夜雨、梁园雪霁、州桥明月。③这套八景,与顺治时期汴京八景,景观名称完全相同,

---

① 康熙《开封府志》卷三四,第 890 页。
② 康熙《开封府志》卷三四,第 889 页。
③ 康熙《开封府志》卷三四,第 889 页。

只是景观顺序略有差异。另外,辑录的八景诗歌是八首五言律诗,诗歌作者是河南按察使胡介祉,这与清初出自无名氏之手的八首七言律诗是不同的。

从顺治时期的《祥符县志》和康熙时期的《开封府志》中收录八景诗的对比中不难看出,这两套八景的景名完全相同,只是辑录方式、顺序略有不同。前者是以七言古诗形式辑录,而后者则是五言古诗的形式入志。另外八景排列顺序上也有调整。顺治《祥符县志》中的"汴水秋声"和"金池夜雨"分别由原来的第三位和第八位,提至康熙《开封府志》中的第二位和第六位。这一变化说明汴水和金明池这两处景观在康熙时期人们认为这两处景观负载的文化信息更为厚重。这从描写的诗歌内容中也可看出来,顺治时无名氏七言律诗中的"汴水秋声"是:"霜落秋声起汴河,西风袅袅白蘋波。几番漾绿螺文皱,千顷浮花镜面磨。木叶流霞随客棹,芦花飞雪点渔蓑。晚来照落天边字(宇),摇曳汀洲寒雁多。"①诗中描绘的完全是一幅汴河、秋波、芦花、渔蓑、日照等要素构成的唯美的自然景观图。而胡介祉的五言诗,对汴河的描写,开篇就是对开通汴河的隋炀帝国的感慨,行文中又将汴河对北宋之重要进行描述,随之人心突变,顷刻炎凉,最终只留下寒流呜咽:"兴亡非一姓,春秋亦递更。无端汴河水,多作可怜声。……昔闻引通渠,东与淮泗并。宋都最倚重,输挽资神京。市货江海集,驿路帆樯争。夹岸蒹葭霜,客舟犹夜行。……乃知人心异,顷刻炎凉生。谁识此颓波,昔曾绕宫城。寒流暮呜咽,将无鸣不平。"②这首诗通篇贯穿作者对汴河的发展及作用等的个人看法。作者对隋炀帝的评价、汴河对北宋东京的重要以及对汴河所造就的盛世繁华一去不返的惋惜,浓浓的历史感怀渗透在字里行间。胡介祉虽赞同清初无名氏所选汴京八景,但他从历史和文化角度,对这八种景观的重要与否却有着自我的判断和认知。可见,地域内不同社会阶层人士对景观的理解各不相同。文人士大夫更能透过景物看到背后承载的历史,对景物、人物和事物理解更为深刻,更能还原城市景观的文化价值。

乾隆时期,清廷统治渐趋稳定,河南也紧跟全国步伐再次重修志书。时任祥符县知县的长安人张淑载,到任不久,即诏鲁曾煜共同重修方志。乾隆《祥符县志》"始于乾隆三年(1738)秋,成于翌年春"③。据杨成化先生所编《汴京八景记》记载,该志书中绘有《汴京八景图》八幅,这种不同于以往的以图画形式记载的汴京八景,更加直观表现出景观之美。这是明清时期唯

---

① 顺治《祥符县志》卷六,第 946 页。
② 康熙《开封府志》卷三四,第 889 页。
③ 刘永之、耿瑞玲:《河南地方志提要(上)》,第 138 页。

一用图画形式辑录的汴京八景,也是截至目前所发现的开封最早的《汴京八景图》。

至光绪时期,"清廷诏修会典,征取各省通志,河南府院檄催各府县修志以进。……祥符县则比较认真,为期三年修成是编"①,于是,光绪二十四年(1898)由浙江会稽人(顺天大兴人)、时任祥符知县的沈传义修,湖南湘潭人、时任河南名道、洛学两书院院长的黄舒昺纂的《新修祥符县志》刊刻成书。沈传义感慨"自乾隆己未,迄今一百六十余年矣,而志书仍旷废未举,何其疏阔也"②,再加之"祥符为附郭首邑"③,所以他响应清廷诏修会典的号召决心修志。因此,沈传义和黄舒昺对照之前志书认真整理,在纲目上有所调整。与之前志书体例相比,书中八景诗出现在《丽藻志》中。④ 该部分把胡介祉七言律诗《大梁杂咏八首》和顺治时期已被收入志书的八首五言律诗都罗列其中。该志书虽没有对之前已有八景进行调整修改,但把2套不同形式的八景诗同时收入其中,也足见官方对收录汴京八景的重视和认可。

从表5-2中可知,光绪《新修祥符县志》出现了2套八景诗。该书把清顺治和康熙时期以无名氏和前人之名书写的八景诗都收录进来,一套与顺治《祥符县志》中的七言律诗相同,另一套则与康熙《开封府志》中的五言律诗一致。该志书中只在八景诗的收录顺序上有所不同,先是康熙《开封府志》胡介祉的五言律诗,之后才是顺治时期无名氏的八首七言律诗。可见,清代3个不同历史时期的方志中出现的4套八景诗,景观名称完全一样,仅是辑录形式和景观排列顺序略有不同。

表5-2 清代方志中的汴京八景⑤

年代	出处	命名者	内容
清顺治	祥符县志	李同亨	无名氏七言律诗 繁台春色、隋堤烟柳、汴水秋声、相国霜钟、铁塔行云、梁园雪霁、州桥明月、金池夜雨

① 刘永之、耿瑞玲:《河南地方志提要(上)》,第140-141页。
② 光绪《新修祥符县志》,"序"第1页。
③ 光绪《新修祥符县志》,"序"第2页。
④ 光绪《新修祥符县志》卷二一《丽藻志》,第700-701,736-737页。
⑤ 史料来源:顺治《祥符县志》、康熙《开封府志》、光绪《新修祥符县志》。

续表

年代	出处	命名者	内容
清康熙	开封府志	管竭忠、张沐	胡介祉五言古诗 繁台春色、汴水秋声、隋堤烟柳、相国霜钟、铁塔行云、金池夜雨、梁园雪霁、州桥明月
清光绪	新修祥符县志	沈传义、黄舒昺	胡介祉(前人)五言古诗 繁台春色、汴水秋声、隋堤烟柳、相国霜钟、铁塔行云、金池夜雨、梁园雪霁、州桥明月
			无名氏七言律诗 繁台春色、隋堤烟柳、汴水秋声、相国霜钟、铁塔行云、梁园雪霁、州桥明月、金池夜雨、

因此,从清朝3本志书收录八景的情况来看,收录的汴京八景基本承袭明代李濂"汴城八景",且在此基础上汴京八景缩小了分布范围。明代汴京八景中出现的城北"百冈冬雪"和黄河沿岸的"大河春浪"都不再列入其中。从图5-1中可以看出,景观大部分集中分布在汴河沿线及其附近。由此可见,地域内民众多推崇的胜景是与当时的社会经济背景和当地人们的日常生活的需求密切相关的。

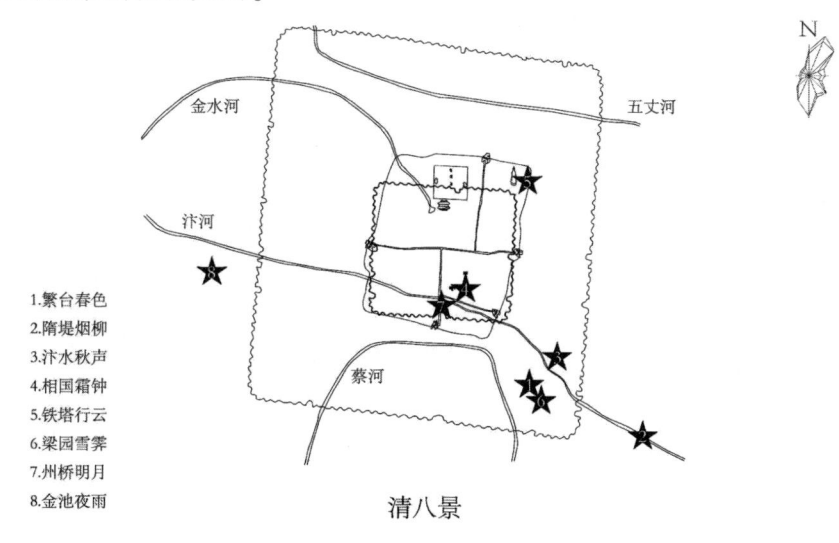

1.繁台春色
2.隋堤烟柳
3.汴水秋声
4.相国霜钟
5.铁塔行云
6.梁园雪霁
7.州桥明月
8.金池夜雨

清八景

图 5-1 清代汴京八景分布示意图①

---

① 史料来源:周宝珠《清明上河图与清明上河学》和刘春迎《揭秘开封城下城》中《内城遗址实测平面图》。按史书记载相对位置标注。

二、清代汴京八景的定型

从前文明清汴京八景的演变中可以看出,清代官方志书中收录的八景,基本承袭明中期李版"汴城八景"。在此基础上结合清代开封的自然地理状况及社会文化发展导向辑录而成。相比明代李濂"汴城八景",清代八景在景观内容上略有增删。

从表5-3中可以看出,从明中期到清光绪时期的相关志书中共收录5套汴京八景。其中,清代3个时期的汴京八景景观名称完全相同。这5套汴京八景共涉及10类遗迹,分别是:山岳、河渠、寺观、梁、冈、台、池、苑、园、宫室(阁)。从数量上看,明代李濂所提2个版本八景的16处景观,共涉及9种遗迹,而清代3个时期的志书中汴京八景则只涉及6种遗迹。从收录汴京八景的增删中还可以看出,明中期的汴京八景到清代汴京八景,由于当地自然和人文等变化的原因,景观自身有一个筛选、提炼和聚焦的过程,其中最明显的是清代第一次出现了"梁园雪霁"景观。

表5-3 明中期与清代汴京八景之比较①

序号	类别	李版汴城八景②	李版又八景③	清顺治版八景④	清康熙版八景⑤	清光绪版八景⑥
1	山岳		艮岳春云 夷山夕照			
2	河渠	大河涛声 隋堤烟柳 汴水秋风		隋堤烟柳 汴水秋声	汴水秋声 隋堤烟柳	汴水秋声 隋堤烟柳
3	寺观	开宝晨钟 相国霜钟		铁塔行云 相国霜钟	铁塔行云 相国霜钟	铁塔行云 相国霜钟
4	梁	州桥明月	金梁晓月	州桥明月	州桥明月	州桥明月

---

① 史料来源:明代李濂《汴京遗迹志》、清顺治《祥符县志》、清康熙《开封府志》、清光绪《新修祥符县志》。
② 李濂:《汴京遗迹志》卷一三《杂志二》,周宝珠、程民生点校,第222页。
③ 李濂:《汴京遗迹志》卷一三《杂志二》,周宝珠、程民生点校,第222页。
④ 顺治《祥符县志》卷六,第167-169页。
⑤ 康熙《开封府志》卷三四,第889-890页。
⑥ 光绪《新修祥符县志》卷二一《丽藻志》,第700-701,736-737页。

续表

序号	类别	李版 汴城八景	李版 又八景	清顺治版 八景	清康熙版 八景	清光绪版 八景
5	冈		百冈冬雪			
6	台	繁台春晓	吹台秋雨 宴台瑞霭	繁台春色	繁台春色	繁台春色
7	池	金池过雨		金池夜雨	金池夜雨	金池夜雨
8	苑		牧苑新晴			
9	园			梁园雪霁	梁园雪霁	梁园雪霁
10	宫室(阁)		资圣薰风			

此外,从表5-3中还可以看到,清代汴京八景更多是在继承明代李版"汴城八景"基础上的进一步发展。清初汴京八景中涉及的景观,承袭了明代李濂"汴城八景"中的河渠、寺观、梁、台、池,并在此基础上增加了园景观。而且,这套汴京八景提出后直到清光绪时期,清代汴京八景再无增删。但需要指出的是,清初汴京八景在继承明代汴京八景的同时是有所摒弃的,清代汴京八景更多吸收的是李版"汴城八景",其"又八景"中提到的山岳、冈、苑景观在清代汴京八景中都已不见。换言之,清初到清光绪时期的汴京八景是在肯定李濂"汴城八景"基础上的进一步继承和创新,八景中去掉了李濂"汴城八景"中的河之"大河涛声",增加了"梁园雪霁"。

总之,汴京八景从明朝初年以来,经过明代中期的多元化发展,到清初重新确定八景,直到光绪时期,其景观类别和名称再无增减,基本定型。

第三节　清代汴京八景定型的原因

与明代相比,整个清代,汴京八景在景观的选择与描述等方面都未有较大变化,而是在继承明代李濂"汴城八景"基础上延续至光绪时期基本定型,只是不同时期的志书中收录的汴京八景在景观顺序和表现方式上略有微调,原因如下:

一、"八景"之风的弱化

从明清汴京八景的变化中可以看出,清代开封人对汴京八景的关注度明显弱于明代。明初周王朱有燉首提汴京八景。明中期,辞官退隐的祥符人李濂在《汴京遗迹志》中再提汴京八景。清代八景仅出现在官修方志之中,且只有一版内容相同的八景。因此,相较明代,清代汴京八景明显呈逐步弱化的趋势。

自宋代"八景"作为一种文化范式开始传播以降,因"'近世'所强调的民众意识、底层意识、商业社会意识"①的觉醒,八景也逐渐成为地方观念形成的文化土壤之一,"为八景的传播、推广创造了良好的思想环境"②,八景迅速成为一种地方览胜的标志性景观,在文献及文人笔下通过诗词、书画等形式蔓延开来。明代以后,随着八景之风的日渐兴盛,各地将八景作为彰显民风、教化子民的一种有效文化手段进行推广。城市八景开始大量出现在地方志及其地方相关文学作品之中,并通过文人墨客的书写和方志、舆志的传播,成为地方重要代表性景观。

明万历之后,在官方倡导下各地文人士大夫,或遍访当地山水名胜,或收集史料,根据宋迪所作"潇湘八景"模式,结合本土实际,积极评定"八景"。随着各府、州、县评选出的"八景"逐步确定,所选八景融合自然、美学、文学等方面的特点更加突出,带有浓郁地方色彩的"八景"及相关作品开始大量涌现。地方志、文集、笔记小说中与"八景"相关的诗词、歌赋、绘画等作品开始大放异彩,不断丰富和完善着地域社会文化的内容。

进入清代康、乾时期,各州府县在政府政令下再次开始评选"八景",并以此作为地方景观的代表,以至于一段历史时期内一度出现"十室之邑,三里之城,五亩之园,以及琳宫梵宇靡不有八景、十景诗"③的现象。政令之下,有些没有评选或者评选不出八景的地区,为附庸形式,凑足八景,也开始从"选八景"到有意识"建八景",因此,在地方志编撰鼎盛的康、乾时期,有学者开始对"八景"之风提出一些负面批评。乾隆时期,著名史学家章学诚在《文史通义》中指出:"旧志之图,不详经制,而绘八景之图……命名庸陋,构意勉强,无所取材,故志中一切削去,不留题咏,所以严史体也。且如风月天所自有,春秋时之必然,而强叶景物,附会支离,何所不至?即如一室之内,晓霞夕照,旭日清风,东西南北,触类可名,亦复何取?而今之好为题咏,喜

---

① 叶晔:《拐点在宋:从地志的文学化到文学的地志化》,《文学遗产》2013年第4期,第100页。
② 毛华松、廖聪全:《城市八景的发展历程及其文化内核》,《风景园林》2015年第5期,第119页。
③ 赵吉士:《寄园寄所寄录》卷四《捻须寄》,大达图书供应社,1935,第121页。

竞时名,日新月异,逐狂罔觉,亦可已矣。"①这种评价明显对八景存在的意义已经开始质疑。他在文中指出,此时各地选出的八景已背离最初评选八景的意义。清代八景,已发展到只注重文学价值,不再考究景观真实存在与否的地步。已经形成的八景编撰文风,虽清代已有批评之声,但八景依然作为体例之一被惯性收录在各地方志之中。因此,康、乾之后,各地方志中虽继续收录八景,但总体上对地域八景的关注和评选热度已明显不如明代。

另外清代八景之风的逐渐弱化,跟清朝少数民族政权的建立也有一定关系。由于八景是铺陈在中州大地上、彰显人类文明和进步的景观,是历史文化表现的一种载体,且宋代宋迪所作《潇湘八景图》是在汉政权统治下的社会文化活动的产物,因此在明政权下,沿袭前代传统,在政府要求呈报八景时,各地文人乡贤都积极配合,拟定选出地域代表性八景。清初直到乾隆时期的帝王们,对外,政治重心都在如何肃清抗清势力、缓和民族矛盾、平定三藩、收复台湾等稳固政权、开疆拓土的事情上;对内,清朝统治者为强化专制权威,对汉族文人士大夫采取拉拢的同时,也坚决对威胁皇权的行为进行镇压。如清朝康、雍、乾时期,清廷大规模的文字狱给清代文人带来极大的心里震慑和戕害。清初的《明史》案和《南山集》案对汉族知识分子的打击比较沉重。之后乾隆为巩固皇权又一次大兴文字狱,孙嘉淦伪奏稿案、胡中藻诗案、彭家屏藏书案再次打击了汉族知识分子。清代知识分子在这种打击下,"如履薄冰,哑然失语,内心凄苦无尽⋯⋯形成了人人自危的恐怖氛围"②。在清代"八景"评选本就开始弱化的趋势下,加上清廷对汉族知识分子的沉重打击,各地文人士大夫对八景评选的热情大大降低,故清代汴京八景在清初草率定型后,仅有少许发展变化。

二、逐渐加剧的黄河水患

元代以来,由于黄河河道逐渐南迁,黄河对开封的破坏性影响越来越大。整个明代的开封更是饱受黄河之苦。尤其是明崇祯十五年(1642)的大水,开封破坏非常严重,不仅城市建筑和房屋几乎没于水中,而且城市人口也大量流失。清代自清顺治四年(1647)至光绪二十七年(1901)之间"黄河

---

① 章学诚:《文史通义》卷七外篇二《永清县志·建置图》,上海古籍出版社,2015,"序例"第275页。
② 张毓洲:《文字狱阴影中的清代文学生态》,《西北师大学报(社会科学版)》2015年第6期,第65页。

在开封所管辖的境内,决口次数累计达78次之多"①,因此,黄河水患成为清代开封城市发展的重要制约因素,这也是影响汴京八景的一个重要原因。

明朝末年,李自成领导的农民起义军曾攻打开封城,明军决河灌贼却致使开封城几乎全城覆灭。李自成在与明军的对抗中,因"开封故宋汴都,金帝南迁所重筑也,厚数丈,内坚致而疏外"②,于是李自成采取"围而不攻,欲坐困之"的策略。穷途末路的明军被"围半年,师老粮匮",经商议,他们作出"请决河以灌贼"的决定。因为他们认为只有河决,才能"贼可尽,城中无虞",于是,明军凿开了朱家寨口。但该想法却被李自成知晓,"而驱掠民夫数万反决马家口以灌城"。双方军队凿开的地方"九月癸未望,夜半,二口并决。天大雨连旬,黄流骤涨……河入自北门,贯东南门以出"③,顷刻之间黄河水淹开封城。白愚《汴围湿襟录》载:"贼恨汴甚。见阴雨连绵,秋水大涨,贼挖掘上流,坚塞东、西、南三面堤口,不令水分四溢,止留北面,使全河入汴。至九月十五日,督贼数万将河决开。"④由于开封城是西北高东南低的地势,城如釜底,如此一来,"北门顷刻冲没,合城男妇哀号,王府士庶,尽升房垣……举目汪洋,抬头触浪。"⑤亲历水灾的李光壂在日志中云:"唯壂所居土街,乃夷山顶,水及门基,门内皆干地,避水者满集。"⑥水患过后城区建筑所剩寥寥无几。"钟鼓二楼、周府紫禁城、郡王假山、延庆观,大城止存半耳。至宫殿、衙门、民舍、高楼略露屋脊。山货店、土街,素称高阜,得免沉溺,全活数千人。"⑦因此清代立国后的十余年间,"开封城内仍然是一片黄沙,苇蒿遍地,狐兔出没,满目荒废"⑧。

这次水患不仅城内建筑破坏严重,而且城市格局也发生了较大改变,"府城者宋之内京城也,外城曰新城,又曰土城,今仅存形迹"⑨。明朝历经数代周王苦心经营建立起来的"势若两京"⑩的藩国领地,也在这一场大水中消失殆尽。

---

① 程子良、李清银主编《开封城市史》,第200页。
② 张廷玉:《明史》卷二六七《高名衡传》,中华书局,1997,第6884页。
③ 张廷玉:《明史》卷二六七《高名衡传》,第6885页。
④ 刘益安:《汴围湿襟录校注》,中州书画社出版,1982,第56页。
⑤ 刘益安:《汴围湿襟录校注》,第57页。
⑥ 李光壂:《守汴日志》,王兴亚点校,中州古籍出版社,1987,第33页。
⑦ 刘益安:《汴围湿襟录校注》,第57页。
⑧ 刘春迎:《揭秘开封城下城》,第168页。
⑨ 光绪《祥符县志》卷九《建置志》,第251页。
⑩ 佚名:《如梦录·街市纪第六》,孔宪易校注,第57页。

正是这次严重水患,清朝立国后,开封城市格局和建筑大都呈现一副破败景象。王胜时在《漫游纪略》中记述:"大梁自河决后,十有四年……见道上有二鸱吻出地,问之,则文庙也。南至相国寺,大殿檐溜,当胸,迦释巨像裁露肩肘。北至虚左台,相传古夷门也。铁塔岿然,傍空而立。黄沙白草,残照颓城。徘徊久之,凄然魂断,若乃周藩故邸,废为棘院。梁苑汴宫,兴哀离黍。"①此时的文庙全被淤没,相国寺巨大的释迦牟尼佛只露出一个肩头,只有位于城北的铁塔还岿然屹立在黄沙白草间。黄河对开封城的直接侵袭和泛水满溢,使得全城几乎垫陷,四处皆水。灾情严重的时候,原住开封的各级政府机关,甚至两度有"迁城以避水患"②的动议。

进入清代,尚未从明末大水中恢复的开封又屡遭黄河水患,城市遭受更大破坏。顺治十八年中,开封市境内有五年决口;康熙元年(1662),黄河在祥符决口2处;雍正年间,开封市境内决溢2次;乾隆年间,黄河在开封境内就有5年决口;嘉靖年间,境内有8年决口;道光年间,黄河在开封境内有2年决口;之后的咸丰五年(1855)、同治二年(1863)、同治七年(1868)、光绪十三年(1887)黄河在开封及其附近都有不同程度的决口。③ 清代历次黄河决口事件中,唯一一次黄河浸淹开封城的事件发生在道光二十一年(1841)。这是开封城市发展史上黄河7次入城当中仅次于崇祯十五年(1642)的重大城灾事件,亦是距今对开封城市影响最为深远的一次,灾后重塑的城市格局至今仍影响着开封的城市风貌。④ 从《汴梁水灾纪略》可知,道光二十一年(1841)的大水,自六月中旬至次年二月,开封城被黄河水围8个月之久,其间开封官民共同抗灾,拯救家园。但在抗灾过程中,为堵御黄水,城中的许多标志性建筑物,如城墙的望楼、城垛、校场、演武厅、孝严寺、西北城庙宇、东棚板街阴沟石块,贡院经房、号房等都被拆除。这是"城市景观和文化事业的一大浩劫"⑤。大水过后"城则断雉颓垣,几同废垒矣"⑥。在这次大灾中著名民族英雄林则徐与民众一起于道光二十二年(1842)二月八日在黄河南岸重筑著名的林工堤。这道大堤横亘在黄河南岸,成为遏制黄河之水的

---

① 王胜时:《漫游纪略》,樊尔勤校,新文化书社,1934,第9页。
② 程子良、李清银主编《开封城市史》,第180页。
③ 程子良、李清银主编《开封城市史》,第200-204页。
④ 吴朋飞、陆静、马建华:《1841年黄河决溢围困开封城的空间再现及原因分析》,《河南大学学报(自然科学版)》2014年第3期,第299页。
⑤ 吴朋飞、陆静、马建华:《1841年黄河决溢围困开封城的空间再现及原因分析》,《河南大学学报(自然科学版)》2014年第3期,第300页。
⑥ 痛定思痛居士:《汴梁水灾纪略》,李景文、王守忠、李湍波点校,第161页。

一道天堑,从此以后"被驯服的滔滔黄水经她脚下乖乖地东流而去"①。

由此可见,明朝末年的黄河水患和清代大小不等的水灾,对城市格局和城市建筑都产生了较为严重的影响,也成为制约清代汴京八景择定的客观因素之一。

三、改观较大的城市面貌

由于明末战乱和不断加剧的黄河水患,清代的开封遭受更为严重的摧残,城中重要建筑、官署、民舍、商铺等受到不同程度的破坏,城市景观大不如前。这也是造成清代汴京八景较之明代少有变化的原因之一。

明末的水患使开封城几乎蛰陷。城内明代留下的各王府大院,因有高大围墙阻挡,大水进城后并未迅速被淹没。随水势逐渐抬升,大水慢慢灌进王府并逐渐形成城区内的一个个深水区。大水退后,进入王府大院的水又因围墙的阻挡难以排出,久而久之,城中的各大王府所在地先后形成大小不等的水坑,如徐府坑、包府坑、马府坑、四方坑以及周王府所在地形成的龙亭湖等等。尽管清代的开封在行政区划上城区面积与明代一样,但实际上城内实用面积要比明代小了很多。② 诸多王府大院已变为水面,清代城内建筑格局和形制与明代相比已面目全非。

明末黄河水患使清初的开封几乎变为废墟,但历史文化的发展并不仅是建筑遗迹等可见要素的简单累积,更是遗留建筑所负载的历史文脉的层层堆叠;因此对开封历史发展有重要影响的汴河和隋堤,承载了不同时期开封人太多的城市记忆。城市经济的繁荣、文化的昌盛,多有汴河和隋堤的功劳。虽然明中期之后,汴河和隋堤逐渐消失,但清代的开封人仍把它们作为一个重要的承载城市集体记忆的容器收录汴京八景之中,成为代表城市文化的一种景观化符号。

四、千年不变的地理标识

通过上文有关清代汴京八景的论述可知,清代汴京八景中的繁台、梁园、开宝寺铁塔和相国寺资圣阁,均是清代开封城内仍可见之遗存或遗迹。

---

① 刘春迎:《揭秘开封城下城》,第170页。
② 邓亦兵:《清前期开封城经济初探》,《史学月刊》1986年第2期,第45页。

这些景观有一个共同特点是：历经历史保留下来、依然可见、具有绝对高度的地理标识点。

繁台就是一处因地理位置和自身高度优势而得以留存千年的景观。该处春秋时期即被师旷选作奏乐之高台。随后在历史变迁、城市更迭中，这里都不是主城区或政治经济中心，所以人们对高台的关注少，破坏也较为有限。清人胡介祉《大梁杂咏八首并序》的《繁台春色》诗云："一台高于城，河水不能没。"①这就明确指出由于该地地势较高，所以黄河水也不能淹没它。正是因为其地理和高度的优势，繁台在经历无数兵燹和水患后依然是一处独立风烟外的景致优美之所。

铁塔是另一处引领城市视觉高度的重要景观地。它是一座北宋时期修筑、建于夷山之上、开宝寺内的佛塔。在清代的开封城遭受严重破坏的时候，铁塔作为为数不多的城内建筑，给困苦的民众寄予了更多希望，逐渐成为著名的佛教建筑之一，佛教徒心中的信仰高地。因为夷山的相对高度和塔自身高度的叠加使其高耸入云，加上铁塔作为佛寺留存的建筑已成为佛教的象征和代表。历经千年而屹立不倒的铁塔，不仅见证着城市历史的发展，也成为清代开封民众触摸历史、遥想未来的景观地。

相国寺是位于市中心的一座佛寺。它经历和见证了不同历史时期城市的荣辱兴替，是北宋之后开封城市发展的一个缩影。北宋时期的相国寺不仅有着跟开宝寺一样的佛教地位，而且也是民众日常民俗生活的舞台。开封自唐汴州城始，城市格局一直保持不变。位于汴河之滨的相国寺是北宋已降的佛教及商业中心。对民众而言，相国寺不仅可以礼佛参禅，还可以关照世俗生活，是日常生活中必不可少的城市地理坐标。历经朝代更迭，清代的相国寺虽破坏严重，但寺院的神圣和世俗生活的繁荣依然是城市生活不可或缺的部分。清代以"相国霜钟"之名把相国寺列入八景，是对城市社会生活的客观记载，更是对千年来形成的相国寺文化的认可。

总之，在自然和人为因素的共同作用下，繁台、铁塔和相国寺成就了清代汴京八景中的繁台春色、铁塔行云和相国霜钟景观。

---

① 康熙《开封府志》卷三四，第889页。

第六章
明清汴京八景的演变特征、趋势及影响

从上文对明至清汴京八景发展演变的梳理中可知,明清时期推出的汴京八景是开封的标志性历史遗迹或遗存,是历史发展进程的见证。明清汴京八景的发展演变是文人士大夫对既有八景文化传统的建构,也是对开封不同历史时期文化的更替和融合中形成的诸多景观的重塑,更是对几千年历史记忆叠加的景观化再现。在这一发展和演变过程中,明清汴京八景呈现出一些明显的特征和变化规律。

第一节 明清汴京八景的演变特征

从前文所考证的明清汴京八景来看,汴京八景基本包含两方面内容:一是自然景观,既包括山岳、河桥、堤池、园苑等自然、物质资源,也包括日月星辰、风霜雨雪等变化不定的自然景象。此外按照"潇湘八景"模式,还考虑春夏秋冬及晨昏光影的更替,如"春色""夜雨""秋雨""晓月""明月""雾霭""冬雪"等,充分展示出大地景观的丰富多样;二是人文胜迹,包括儒、道、佛及地方信仰的建筑遗迹,如"相国霜钟""开宝晨钟""艮岳晴云""吹台秋雨"等。这两方面内容是汴京八景构成的主要要素,也是八景反映地域文化的集中表现。不论自然景观还是人文景观里的汴京八景,从其发展和演变过程中可以看出以下一些明显的特征。

一、以都景为基

明代至清代的开封所评选出的城市八景是对古都城市景观遗迹的一种表达,也是对社会文化发展导向的认同,更是城市文化个性的彰显方式。通过前文对明清汴京八景演变的分析可知,明清时期先后出现的4套不同汴京八景共涉及23处不同景观。这些景观有相当一部分表现的是曾为国都时的城市文化和建设成就,或者说它们是历史上最辉煌时期北宋东京城市文化的景观化再现。

从表6-1中可以明晰地看出明清汴京八景以帝都文明为基的特点。在明清4套汴京八景入选的23处景观中,除明初朱版中出现4处与此相关的景观外,其他3个版本中多达6处景观均表现城市文明,或者说它们是以表现北宋东京的城市文明为主的。如铁塔、相国寺、资圣阁、金明池、汴水、州桥、隋堤等这些景观大都表现了北宋东京时期达到鼎盛或者在该时期最为辉煌的民俗、佛教和水文化。

表6-1 明清汴京八景中与帝都文明相关的景观①

年代	出处	命名者	名称	帝都时期出现或兴盛景观
明初 (1379—1439)	诚斋录	朱有燉	汴城八景	艮岳晴云、开宝晨钟、金梁晓月、资圣薰风
明中期 (1488—1566)	汴京遗迹志	李濂	汴城 八景	铁塔行云、金池过雨、州桥明月、汴水秋风、隋堤烟柳、相国霜钟
			又八景	艮岳春云、资圣薰风、宴台瑞霭、牧苑新晴
清			八景	隋堤烟柳、汴水秋声、相国霜钟、铁塔行云、州桥明月、金池夜雨

从入选八景景观的美学价值上看,这些景观呈现和表达的美大部分定格于北宋东京时期。作为北宋国都所在地,东京是当时世界上一座人口过百万的国际性大都市,其政治、经济、文化和科技均处于世界领先地位。城市文明在生活的各方面都有所表现。皇家寺院的神圣与凡俗在这里充分融合,皇家园林的气派和入世在这里充分彰显,名人典故的传诵和演绎在这里充分张扬,市民文化的繁荣和昌盛在这里充分体现。这些各具特色的文化形态通过相国寺的钟声、金明池的夜雨、汴水上的秋风、艮岳中的晴云、夷山上的夕照,让后人依然得以窥见和遥想昔日的盛况,感受着历史带给人们的人文之美。

这些景观中最具代表性的景点是相国寺、开宝寺、汴水、隋堤、州桥、金梁桥,另外还有2处跟皇家活动相关的牧苑和宴台。其中有2处是完全成于北

---

① 史料来源:明朱有燉《诚斋录》、明于谦《忠肃集》、明成化《河南总志》、明李濂《汴京遗迹志》、清顺治《祥符县志》、清康熙《开封府志》、清光绪《新修祥符县志》。

宋并在该时期达到鼎盛的景观:金明池和艮岳。这些景观代表了东京城不同的文化侧面。明清汴京八景中提到的两座寺院在北宋是以皇家寺院的身份出现的。水景观中的汴河是北宋开国皇帝赵匡胤自称的"玉带"之一。汴河附属建筑的隋堤、州桥和金梁桥都是汴河文化的延伸。而宴台是"宋帝春耕籍田于东郊,祀先农毕"①宴请百官的地方,牧苑则是"宋牧养马驼牛羊之所"②。这两处都是帝王对外保卫国土,对内巩固皇权的重要活动场所。

资圣阁和铁塔除作为城市文化符号计入汴京八景外,更是对历史所创造的人类文明的一种肯定。在当时技术条件下,人们能够设计并建造如此高大、巧夺天工的佛寺建筑足见社会发展程度之高。而且这2处建筑不是仅能仰望其高之地,更重要的是都可攀登且允许民众登临之所。当人们站在铁塔之巅远望滔滔黄河,站在相国寺资圣阁上俯瞰整个京城时,这种因高度而辐射的视野广度,在满足人们视觉享受的同时,更让人心胸顿时开阔无比。登临之人极目远眺之际,享受着人类劳动创造的成果,一种强烈的地域文化归属感和自豪感油然而生。

金明池和艮岳是两处完全成于北宋东京的皇家园林景观,它们更是城市文明成果的代表。金明池本身创造了几个文化史上的第一。这里建造了有史料记载的世界上最早的船坞——澳屋,这里诞生了第一个水上表演项目——水秋千,这里是古代第一处对一般民众开放的皇家园林。而且金明池的开放,还"起到了统治阶级与下层人民接触的公共场所的作用"③。而艮岳也成就了中国古代的几个第一。艮岳是第一个以人工方式引入山水造园手法的实际运用者,是古代第一个按图设计建造而成的园林,是唯一一个由当朝皇帝亲自绘图设计建造的园林。这两处园林景观所创造的诸多"第一",使它们不再仅仅是皇家园林,更重要的是其彰显的人类智慧和反映的盛世文明。这些"第一"所造就的熠熠生辉的人类文明之花,是明、清两代的开封人认可和怀念的重要的城市文明要素。

北宋作为开封历史上建都时间最长的封建政权,其所创造的政治、经济、文化、科技等诸多方面都达到了当时世界的领先水平,因此该时期被历

---

① 李濂:《汴京遗迹志》卷八《台、池、园、苑、洞、峡、渚、泞》,周宝珠、程民生点校,第122页。宋继郊:《东京志略》,王晟、李景文、刘璞玉点校,第475页。

② 李濂:《汴京遗迹志》卷八《台、池、园、苑、洞、峡、渚、泞》,周宝珠、程民生点校,第126页。

③ 刘海永、张辉:《园林文化》,河南人民出版社,2015,第79页。

史学家陈寅恪赞颂为"华夏民族的文化,历数千载之演进,造极于赵宋之世"①。之后著名宋史学家邓广铭对宋文化更是有进一步评价:"两宋期内的物质文明和精神文明所达到的高度,在中国整个封建社会历史时期之内,可以说是空前绝后的。"②进而他又补充"宋代文化的发展,在中国封建社会历史时期之内达于顶峰,不但超越了前代,也为其后的元明之所不能及"③。这一历史辉煌也是明、清两代的开封人引以为豪的历史片段。明清汴京八景收录景观,不仅大部分表现城市文明,而且更是北宋东京城市文明的集中彰显和历史记忆。

二、以水景为根

明清汴京八景演变的第二个较明显特点是入选景观与水的关联性较大。这一特点贯穿明清4个不同版本的汴京八景之中。这些跟水有关的景点,重点聚焦在黄河、汴河以及金明池几处。

从表6-2中可以看出,明清4个版本的汴京八景都涉及跟水有关的景观,尤其是李濂的"汴城八景"与水相关的景观多达5处。这一现象足见"水"对于开封城市历史发展之重要。

表6-2 明清汴京八景中与水相关的景观④

年代	出处	命名者	名称	景观
明初（1379—1439）	诚斋录	朱有燉	汴城八景	大河春浪、金梁晓月
明中期（1488—1566）	汴京遗迹志	李濂	汴城八景	金池过雨、州桥明月、大河涛声、汴水秋风、隋堤烟柳
			又八景	金梁晓月
清			八景	隋堤烟柳、汴水秋声、州桥明月、金池夜雨

---

① 陈寅恪:《〈宋史职官志考证〉序》,载《金明馆丛稿二编》,上海古籍出版社,1980,第1页。
② 邓广铭:《谈谈有关宋史研究的几个问题》,《社会科学战线》1986年第2期,第138页。
③ 邓广铭:《宋代文化的高度发展与宋王朝的文化政策》,《历史研究》1990年第1期,第68页。
④ 史料来源:明朱有燉《诚斋录》、明于谦《忠肃集》、明成化《河南总志》、明李濂《汴京遗迹志》、清顺治《祥符县志》、清康熙《开封府志》、清光绪《新修祥符县志》。

水作为维持人类基本需求的重要物资，万事万物都离不开水。人们把水比作万物之源。在人类文明发展中，人们逐渐延伸出很多跟水有关的文化。老子更是把它上升到文化的高度，总结出"上善若水，水善利万物而不争"的著名哲理名言，以此形容人所具有的最高品德，可见水对人的物质生活和精神生活影响之大。

明清汴京八景中涉及的水景观大多是形成或成熟于北宋时期的。其中"大河春浪""汴水秋声""金池夜雨"中提到的黄河、汴河和金明池，它们对城市发展具有重要的影响，尤其是汴河和金明池。汴河的畅通是城市基本物质供给的重要保障，金明池的开放是实现帝民同乐、民众言欢的前提。汴河的通畅、隋堤的安全才会带来州桥、金梁桥宁静的月光，金明池的池水才能为争镖竞技提供保障。这些水景观，一方面是百姓基本生活需要得以满足的载体，另一方面也是丰富民众精神生活的舞台；所以它们才逐渐成为民众日常生活的一部分，成为社会文化活动的重要内容，进而上升为一代代民众共同的城市文化记忆。

明清以后，开封虽失去了帝都的豪气，汴河也没了昔日的繁忙，金明池也已荒废，但北宋作为开封历史上最耀眼的一段历史时期，并没有从人们的记忆中抹去，历代文人墨客在汴河、金明池上留下了许多情深意厚的诗词歌赋、绘画文集，以此来抒发对过往历史的感怀，纪念已经逝去的历史。从遗留下来的历史文本中，我们透过历史的尘埃感受汴河上舟车往来的繁荣，体验"宋代皇家与市井大众雅逸悠闲的生活情调和浮华丰裕的生活方式"①，而这些辉煌的记忆和文化符号也正是明清开封人内心深处最值得骄傲的历史资本。

三、以夜景为重

夜景景观也是汴京八景中表现的重要内容之一。明清汴京八景是既兼顾宋迪所作潇湘八景的模式，又是根据地域景观特色和人文特点收录的景观。明清汴京八景虽也注意在景观中表现日月晨昏、风霜雪雨、四季变化等自然景色之不同，但也注重文化发展对城市的影响，突出表现北宋以来兴起的城市文化之夜文化。

从表6-3中可见，明至清4个版本的汴京八景都有关于夜景的描写。

---

① 刘海永、张辉：《园林文化》，第84页。

这些夜景集中在汴河上的州桥、金梁桥和新郑门外的金明池3处。这3处景观有2处是对汴河上州桥和金梁桥之月色的描写,1处是对金明池之夜雨的形容。它们都是上文所提跟开封城市发展兴衰密切相关的水景观。这些与水相关的夜景景观是增加北宋东京城市繁华的重要砝码,是构建城市水景观体系的主要要素,更是丰富城市文化必不可少的一部分;因此无怪乎有学者评价开封"是夜生活的发源地,被誉为'不夜水城'"①。

表6-3 明清汴京八景中的夜景景观②

年代	出处	命名者	名称	景观
明初 (1379—1439)	诚斋录	朱有燉	汴城八景	金梁晓月
明中 (1488—1566)	汴京遗迹志	李濂	汴城八景	金池过雨、州桥明月
			又八景	金梁晓月
清			八景	州桥明月、金池夜雨

汴河上的州桥是宋孟元老《东京梦华录》所载汴河13座桥梁中的其中一座。汴河是北宋东京城中4条著名的穿城河道之一,它从城东南入城,直接贯通城市东西,因此汴河成为江南供应京城各种物资的重要水上通道,承担着公私货物供给的重要使命。"凡东南之物,自此入京城。公私仰给焉。"③汴河虽然运来了江南各种供赋,但也隔断了城内交通;因此为保证城市畅通,汴河上修建了13座桥梁。其中州桥是一座从皇宫直通南薰门御路上穿过汴河的桥梁,它"正对于大内御街……盖车驾御路也"④。州桥成为一座位于城市中轴线上、连接南北交通的枢纽,同时也是物资转运的码头和终点站。正因为州桥地位和所处位置的重要性和特殊性,城中市民的日常生活和经济活动几乎都与之有关,州桥可以说是东京繁荣的城市生活和兴盛的市民文化的重要见证者。

北宋时期的州桥是一座平桥。这种设计的目的是为方便城内交通,因此江南运送物资的大型船只无法通过州桥继续西行,宋廷以州桥为界把汴河船只分作东西两类:西河平船、东河大船。州桥成了汴河东、西运输线的分界点。北宋时期的州桥是东京城中3条御路(南北御街、东大街和西大

---

① 程遂营:《程遂营讲六大古都》,河南大学出版社,2015,第91页。
② 史料来源:明朱有燉《诚斋录》、明于谦《忠肃集》、明成化《河南总志》、明李濂《汴京遗迹志》、清顺治《祥符县志》、清康熙《开封府志》、清光绪《新修祥符县志》。
③ 伊永文:《东京梦华录笺注》卷一《河道》,第24页。
④ 伊永文:《东京梦华录笺注》卷一《河道》,第24页。

街)的交会处。由于州桥重要的地理位置成就了它的经济地位,它及其附近辐射区域成为不同阶层民众经济活动和商业交流的中心。以州桥为中心东西南北遍布各种商铺、饭馆、交易中心等,甚至官府衙门也多设置州桥附近。州桥之北集中了宋廷许多重要官署和机构;州桥之东直达新宋门的御路东大街,这里酒楼饭馆林立,商业繁盛,整日车水马龙;州桥之西直达新郑门的御路西大街,这里果子行、珠宝行和纸画交易集中;州桥之南是著名的州桥夜市。作为位于城市南北主干道贯通东西的州桥,其夜市盛况空前也就不足为奇。孟元老《东京梦华录》中,对东京夜市繁华的描写就是以州桥夜市为代表的。书中记载热闹的夜市每天都是"直至三更尽"[1]。总之,州桥商贾云集,人流如织,这里成了繁华东京的一个缩影。

"州桥明月"是李濂"汴城八景"中首次提出的。这一景观用文学上的反衬手法烘托州桥及其汴河上日夜繁忙的景象之盛,进而说明州桥在城市和经济生活中的重要性。明中期的开封在周王统治下依然保持着作为政治性城市的繁荣,州桥地区依然是城市交通节点和重要商业中心。为进一步增加货物通行能力,明代开封城内的州桥还设计成了更为适用的拱桥。这种设计足见明代的开封商贸活动之频繁。"最宜月夜,汴梁八景之一,所谓'州桥明月'"[2]的记载就是用州桥明月的"静"来反衬城市生活的"闹"。可以设想:每天熙熙攘攘的人群在州桥附近翘首期盼通过朱仙镇转运而来的各种日常和生活必需品的到来,热闹的交易市场由此形成。这种因商品交易而形成的场景,每天都在上演,逐渐成为市民生活的一部分,进而上升为一种城市世俗文化景观。

清代汴京八景对已然形成的州桥文化也是给予充分肯定的。进入清代,虽然州桥逐渐失去往日踪影,城中民众站在州桥遗址处,更多只能遥想州桥夜市曾经的繁华,但州桥曾经演绎的城市文化是不可磨灭的。这从河南巡抚胡介祉的《州桥明月》诗可知:"我吟王建诗,汴桥宛如昔。向晚闹茶商,通宵行酒客。想见全盛时,九州来市舶。两岸夹歌楼,一阑围舞席。华灯影交加,明月光相射。缥缈忽闻箫,纵横时乱舄。霞裳色缤纷,水调声呕哑。桥边多少地,一金买一尺。今日占胜场,明日看陈迹。撮土作黄金,不堪此中掷。豪华虽可惩,生聚亦可惜。谁谓月无情,犹漾桥痕碧。"[3]这首诗不惜重墨描绘了州桥全盛之时的景象,茶商、酒客劳累一天后聚会茶楼、酒

---

[1] 伊永文:《东京梦华录笺注》卷三《马行街铺席》,第312—313页。
[2] 佚名:《如梦录·街市纪第六》,孔宪易校注,第32页。
[3] 康熙《开封府志》卷三四,第890页。

楼,品茶喝酒;歌姬、舞女在灯影交加之夜为来自九州的客人歌唱舞蹈。当年寸土寸金的州桥,如今只有无情的夜月荡起桥面的水痕。昔日繁华的州桥已然成为文化的一部分融入人们的记忆之中。

"金梁晓月"描绘的是一幅站在即将迎来黎明的金梁桥上静望夜空明月的场景。与"州桥明月"相比,这里的月亮指向时间更加具体,是拂晓、黎明时分的月亮。换言之,只有在黎明时分人们站在金梁桥上才可见到如此静谧的月光。明代周王朱有燉时代的开封城夜市文化在北宋的基础上继续发展。随着城市社会文化重心的转移,由于明代州桥随汴河湮灭已不复存在,明代以后汴河上的金梁桥及其附近逐渐成为南北戏剧荟萃之地。这里的夜市能持续到拂晓,其繁华和热闹程度更甚于北宋东京直至三更的州桥夜市。与州桥夜市不同的是,金梁桥附近形成的夜市文化与戏曲的流行关系很大。李梦阳的《汴中元夕七绝》:"齐唱宪王新乐府,金梁桥外夜如霜。"[①]就是明代开封城中民众狂热追剧的真实写照。金梁桥上演的周王新乐府终日不绝直至三更,只有曲终人散之时才能看到如水月光之美。

金梁桥地区是明代开封人非常熟悉的城市娱乐场所。它被收入明初汴京八景与热爱戏剧创作的周王朱有燉有关。明初朱版八景收录金梁桥景观是因为这里是明初南北戏曲荟萃中心,是明代开封市民的文化狂欢地。明朱元璋出于政治需要,鼓励分封藩王醉心声乐以使其尽量远离政治。戏曲声乐成为明代开封各大王府的日常娱乐生活之一。周王朱有燉不能在政治上展示才华,于是只能醉心文化娱乐,潜心研习戏曲,从而成为中原小有名气的剧作家。因此为应和和追随周王,人们就把周王编写的新乐府编排成剧目上演。作为一种流行的风尚,城中达官显贵、一般民众无不痴迷于此,于是唱戏、听戏成为明初开封的一种文化潮流逐渐流行起来,开封也逐渐成为南北戏剧荟萃之地,金梁桥逐渐成为戏曲表演中心。"金梁晓月"描写的就是:洒满银辉的金梁桥上,观众们都在如痴如醉地观看周王朱有燉新作乐府的表演,不知不觉中已是月上柳梢的一幅动静相宜的画面。金梁桥已经成为明初开封城市戏曲文化的代名词。

除以上两处桥梁景观外,"金池夜雨"也是一处夜景景观。明中期李濂"汴城八景"和清代版本的汴京八景中都收录了这一景观。一般来说,重要历史事件和历史事件发生地,因其历史意义和文化价值,从而会被后世用不同的方式记载和传诵,由此说明这些事件和发生地对地域文化的影响之深

[①] 宋继郊:《东京志略》,王晟、李景文、刘璞玉点校,第671页。

远。金明池景观的收录就是这一历史规律发生作用的产物。金明池是北宋时期开凿的一处完全由人工营建而成的皇家水上乐园。金明池之美不仅美在池中景色,而且更是美在它所传递的太平盛世的祥乐和平之美。每年三月金明池"供士庶同游,成为皇帝与民同乐,了解百姓疾苦的平台"①。北宋初年开始,金明池不仅是士庶同乐的游览地,更是帝王了解百姓疾苦的一扇窗。如宋太宗在金明池观"水嬉"时,就有"纵京城观者,赐高年白金器皿",又曾"召田妇数十人于殿上,赐席坐,问以民间疾苦,劳之以帛"②。且帝王与百姓共同游园期间"不禁游人,殿上下回廊,皆关扑钱物、饮食、伎艺人作场,勾肆罗列左右"③,这种百姓可以在御殿回廊游览、饮食、赌博的情况是历代都不曾出现的"奇观"。在这样的园林中,民众感到自由惬意,无拘无束。金明池的美景、与帝王共处的荣幸、目不暇接的活动、表达思想的权利,足以让人记忆深刻,流连忘返。

　　进入清代,因"崇祯十五年(1642),李自成攻围五阅月不克,乃决黄河灌城,荡为泥沙矣"④,所以被黄水灌城的开封几乎是在一片废墟上重建起来的城市。作为经历过辉煌历史的清代开封人来说,越是面对艰难的现实,越会怀念历史盛世的自由和美好。金明池是反映北宋东京民众社会文化和精神生活的缩影。清代开封人面对凋敝的城市、困顿的经济,更加想念过往历史曾经的经济繁荣、政治清明、人民愉悦的城市景象,于是追求城市美好生活变成了他们一种强烈的心理暗示,"金梁晓月"成为汴京八景之一,也正是明清代的开封人心理诉求的真是表达。

四、以秋景为主

　　明清汴京八景收录有四季景观,比如"艮岳春云""资圣薰风""百冈冬雪"等,但明清汴京八景收录景观还有一个较为突出的特点:对城市内外秋景的描写着墨较多,并且这类景观出现在明清每个版本的八景之中。这种情况在其他县域的城市八景中是不多见的,且历代文人对此景描写着墨较多,这在历代的文学创作中也是不多见的。

　　从表6-4中可以看出,明清汴京八景中都有对秋景的描写,如吹台秋

---

① 刘海永、张辉:《园林文化》,第78页。
② 脱脱等:《宋史》卷五《太宗本纪》,第89页。
③ 伊永文:《东京梦华录笺注》卷七《三月一日开金明池、琼林苑》,第643页。
④ 周城:《宋东京考》卷一《京城》,第5—6页。

雨、汴水秋风、相国霜钟等。这些秋景景观集中在城东南的吹台、穿城而过贯穿东西的汴水和市中心的相国寺3处。这3处景观集中表现四季中秋天的景色，并且景观通过调用听觉，再现和感知秋天自然界中的雨声、风声和佛教寺院的钟声。

表6-4　明清汴京八景中的"秋"景观①

年代	出处	命名者	名称	内容
明（1379—1439）	诚斋录	朱有燉	汴城八景	吹台秋雨
明（1488—1566）	汴京遗迹志	李濂	汴城八景	汴水秋风、相国霜钟
			又八景	吹台秋雨
清			八景	汴水秋声、相国霜钟

景观是人类情感的一种外显化表达。汴京八景中的秋景自然也是一种人类情感的表达。从语音学的角度来说，"秋"在中国古汉语中有"愁"的意思。"秋"与"愁"在某种意义上有类似的解释。一年四个季节中，春、夏是万物滋育生长的季节，秋、冬是肃杀蛰藏的季节。古人认为这是宇宙的秩序和法则，人类活动也应适应天意，顺乎四时，故自古以来人们就会观象授时，按照天时从事各种农业生产活动。随着对自然认识的逐步加深，人们逐渐学会掌握并利用自然，借用自然中的要素表达和抒发情感，尤其是掌握知识的文人士大夫更善于借此抒情。在四季之中，古人崇尚"悲秋"，尤其是诗人。诗人们认为秋天是沉思的季节，此时自然万物开始凋零，大地一片萧条，他们借用此景表达一种惋惜、愁苦的心情。这种表达情感的方式在很多古人的诗词中都有体现，如唐刘禹锡的《秋词》开篇就说"自古逢秋悲寂寥"。可见古人一说到秋天，都会想到悲、寂、寥等词语。

通过诗词名句网，输入关键词"悲秋"，从先秦一直到清，检索诗句中含有"悲秋"二字的诗歌共有349条，且以唐宋时期的诗歌居多（唐代是56条，宋代高达243条）。② 由此可见，唐宋诗人描写秋天时更喜用"悲秋"形容之。之后古人借用"秋"表达一种心境或情绪的修辞手法越来越多地出现在各种文学创作之中。实际上，借用秋天抒发感情所表现出的情感在于抒发感情的人，所以说，伤感的不是季节，而是人的一种心境。心境是由情而生，

---

① 史料来源：明朱有燉《诚斋录》、明于谦《忠肃集》、明成化《河南总志》、明李濂《汴京遗迹志》、清顺治《祥符县志》、清康熙《开封府志》、清光绪《新修祥符县志》。

② 诗词名句网：http://www.shicimingju.com/chaxun/shici/悲秋。访问日期：2020年12月8日。

伤感是人的一种情绪的自然流露,故而感伤应是一种情结,一种属于秋天的情结。明清汴京八景不约而同提到与秋天有关的景致,用秋天出现的各种自然现象——秋雨、秋风、秋霜等来表达人们对历史、对生活的态度。明、清两代的开封人,由于感怀曾有的辉煌,因此产生一种对现实的"愁"、对过往的"忆",进而通过汴京八景来表达这种情感。

明清两代汴京八景中的"汴水秋风""相国霜钟"和"吹台秋雨"3处秋景,虽都是借用秋天表达情绪,但由于自然物质载体不同,因而所表达情感也有所差异。"汴水秋风"和"汴水秋声"是明清汴京八景中对汴河秋景的描写。它们分别出现在李濂"汴城八景"和清代汴京八景之中。"汴水"(汴河)是影响开封历史发展的一条重要河流,它的兴衰对开封历史发展至关重要。北宋东京的经济繁荣得益于一条贯通城市东西的汴河。但随着金军入侵,昔日的汴河逐渐淤塞废弃。明代以后,对汴河及其河道虽也有一定治理,但遭受重创的汴河,终究没有摆脱逐渐消失的命运。北宋东京作为当时世界上人口过百万的大都市所创造的繁华与明代的开封产生了强烈对比,让人不由感怀曾经的辉煌,于是就有了"汴水秋风"和"汴水秋声"入汴京八景,借此感怀历史变迁、朝代更替。康熙《开封府志》中胡介祉的《汴水秋风》诗:"兴亡非一姓,春秋亦递更。无端汴河水,多作可怜声。高柳宛然碧,斜阳时复明。凉风一从起,过客不胜情。昔闻引通渠,东与淮泗并。宋都最倚重,输挽资神京。市货江海集,驿路帆樯争。夹岸蒹葭霜,客舟犹夜行。但趁烟月好,景色忘凄清。乃知人心异,顷刻炎凉生。谁识此颓波,昔曾绕宫城。寒流暮呜咽,将无鸣不平。"[①]这首以汴河秋风为题的抒情诗,通篇都是作者对繁华流逝的无奈和叹息。

汴京八景中除对汴水的秋景描写外,再就是李濂"汴城八景"中的"相国霜钟"对相国寺寺院中钟楼之霜天之钟声的记载。作为一座皇家的佛教寺院相国寺,不断扩大的寺院规模和日渐增加的庞大信众让它作为皇家寺院的地位越发显赫。明代的开封相国寺不仅是中原地区重要的佛教传播地,更是城市生活的商业交流中心,它早已成为人们拜佛和满足日常生活所需的重要场所,已深入到人们每天的物质和精神生活之中,故而,在公众视野中高频率出现的相国寺能入八景是必然之事。

"钟"是寺院报时、集众之时所敲打的法器,在佛教中的作用非常大。佛教寺院早晚课都有《鸣钟偈》,念偈时要一句一敲钟,一共108下,早晚都敲。

---

① 康熙《开封府志》卷三四,第889页。

佛教用这种方式来提醒修行之人要一心修佛，破除贪、瞋、痴等烦恼，同时也通过沉稳悠扬的钟声与愿力，使天堂和地府中的无边众生都能得到心灵的安定、启发自性的智能光明。所谓"当一天和尚撞一天钟"就是让修佛之人通过每天的敲钟诵经逐渐领悟佛的智慧。古代不掌握知识的一般民众就是通过佛教寺院的钟声感悟和聆听佛的教诲的。古人一般爱在"钟"字前加上修饰词，如"夜""晚""晨""远""霜""清"等，从而从不同角度赋予"钟"以情感，人们可以根据这些特性探索寺庙钟声独特的佛教魅力。

明清汴京八景中的"相国霜钟"之"霜钟"是指深秋霜降之时的钟声。按照中国古代对音乐的理解，钟声对应寒霜，而霜给人一种清远高寒之感，让人能神清骨寒，净化心灵，因此"霜钟"给人的是一种高冷孤寂之感。相国寺位于市中心，秋天霜降之时，钟声在寂静的寺院上空响起，又消失在遥远的虚空之中，亦实亦虚的钟声很容易让人引发寂寥虚空的宗教联想。钟声从寂静中响起，又在寂静中消失，意味着一种永恒的静、本来的静，把人的心灵与宇宙融为一体，带入一种空灵的精神世界，所以从这个意义上来说，钟声是一种更能象征禅之本意的佛教形式。因此，描写霜钟的目的是想通过钟声带给人的空灵之感以此教育和警醒世人。

"钟"除佛教的功能外，日常生活中还有报时作用。在没有计时器的古代，人们一般根据天时安排一年四季和一天的生产和生活。自佛教引入中国后，寺院的早晚钟声逐渐承担起为人们报时的功能。明代的开封人，沿袭古人习惯，借助相国寺的钟声指导和安排一天的生活。所以，"相国霜钟"入汴京八景，不仅是佛教教义传递和渗透的表现，而且更是对钟声在人们生活中作用的认可。

明初朱版八景中的吹台用"秋雨"形容，使得本就伤感的季节，再加上秋雨，让人更添一份忧愁，"秋风秋雨愁煞人"更是尽显满眼悲愁。从上文对吹台历史演变的梳理中可知，吹台之名是因春秋师旷和汉代梁孝王之始，繁台之说是因这里曾是北宋皇家寺院天清寺所在地。明初朱有燉，不仅是主政开封的藩王，而且也是著名的文人和戏剧家。吹台作为一处历经朝代更迭依然留存、见证变迁的遗迹，空有高台在此，名人和音乐却再也不见，这种悲伤的情绪难免让作为文人和戏剧家的朱有燉睹物思情，因此才借景抒情，有了"吹台秋雨"景观。

五、以名人为魂

自古以来人们都相信"既有其境,必有其人"①。从景观学的角度说,各地评选的八景不仅是当地自然景观的代表,而且也是地域内共同社会文化取向的表示,是地域文化价值认同的景观化表征。从明清汴京八景入选的景观中可以清晰地看到,历史上重要人物对景观选择影响的深远。战国时期信陵君无忌和汉代梁孝王刘武是两位典型代表。

在明清汴京八景中,都收录了夷山、繁台、吹台、梁园等景观。不难发现,这些景观都与影响开封历史发展进程的举足轻重的人物有关,其中重要的两个人物是战国魏公子信陵君无忌和汉代梁孝王刘武。可以说这些景观被收录汴京八景是明、清两代开封人用固化的景观符号表达对历史事件和人物的肯定和认同的一种方式。

杜玉俭在《试论唐代作家的梁孝王情结》中指出:"作家们喜欢以发生在此地的历史事件和人物观照现实,经常自比或把他人比作历史人物,这种做法整个唐代都很普遍。"②这对于明、清两代的开封文人们来说更是文学创作中的常用写作手法。文人们对魏公子信陵君的窃符救赵和汉梁孝王建梁园揽客故事的大肆宣扬就是明证。这两位历史人物招贤纳士、礼遇宾客的行为对后世尤其是具有爱国情怀的文人学士具有极大的表率作用。明清汴京八景通过景观记述这两位历史人物,一方面是对他们行为的肯定、欣赏和认同,另一方面也是文人学士们自己渴望能遇伯乐的一种委婉表达。

从表6-5、表6-6、表6-7中可以看出,明到清不同版本汴京八景中都涉及与信陵君和汉梁孝王有关的景观,且景观出现频次多达4处。另外,从这几处景观分别出现的频率上看,"吹台(繁台、梁园)"入景频率最高。可见,越是年代久远的景观对人们的影响越大,记忆也越深刻。

---

① 法广:《重建延洪碑记》,中原村志家谱宋元明的博客。访问日期:2016年6月1日。
② 杜玉俭:《试论唐代作家的梁孝王情绪》,《中国典籍与文化》2004年第3期,第25页。

表 6-5　明清汴京八景中与信陵君有关景观①

年代	出处	命名者	名称	内容
明初（1379—1439）	诚斋录	朱有燉	汴城八景	开宝晨钟、夷山夕照、资圣薰风
明中期（1488—1566）	汴京遗迹志	李濂	汴城八景	铁塔行云、相国霜钟
			又八景	夷山夕照、资圣薰风、
清			八景	相国霜钟、铁塔行云

表 6-6　明清汴京八景中汉梁孝王有关景观②

年代	出处	命名者	名称	内容
明初（1379—1439）	诚斋录	朱有燉	汴城八景	吹台秋雨
明期（1488—1566）	汴京遗迹志	李濂	汴城八景	繁台春晓
			又八景	吹台秋雨
清			八景	繁台春色、梁园雪霁

表 6-7　明清汴京八景中与信陵君、梁孝王有关的景观地及出现频次③

版本	与信陵君相关景点	与梁孝王相关景点	出现景观个数
明朱版	开宝晨钟、夷山夕照、资圣薰风	吹台秋雨	4
明代李濂一	铁塔行云、相国霜钟	繁台春晓	3
明代李濂二	夷山夕照、资圣薰风	吹台秋雨	3
清	相国霜钟、铁塔行云	繁台春色、梁园雪霁	4

战国魏公子信陵君无忌和汉梁孝王刘武被史书记载并传诵是有一些共同原因的。首先从两人出身看，他们均为当时执政帝王的兄弟。信陵君与魏安釐王是同父异母的兄弟，"魏公子无忌者，魏昭王少子，而魏安釐王异母弟也"④。而梁孝王刘武与汉景帝更是同父同母亲兄弟，"梁孝王武者，孝文

---

① 史料来源：明朱有燉《诚斋录》、明于谦《忠肃集》、明成化《河南总志》、明李濂《汴京遗迹志》、清顺治《祥符县志》、清康熙《开封府志》、清光绪《新修祥符县志》。
② 史料来源：明朱有燉《诚斋录》、明于谦《忠肃集》、明成化《河南总志》、明李濂《汴京遗迹志》、清顺治《祥符县志》、清康熙《开封府志》、清光绪《新修祥符县志》。
③ 史料来源：明朱有燉《诚斋录》、明于谦《忠肃集》、明成化《河南总志》、明李濂《汴京遗迹志》、清顺治《祥符县志》、清康熙《开封府志》、清光绪《新修祥符县志》。
④ 司马迁：《史记》卷七七《魏公子列传》，第 2377 页。

皇帝子也,而与孝景帝同母。母,窦太后也"①。而且,作为皇族之人,信陵君和梁孝王都有较高的政治和社会地位。"(魏)安釐王继位,封公子为信陵君。"②"孝文帝继位二年,以武为代王……徙代王为淮阳王……其明年,徙淮阳王武为梁孝王。"③但作为皇室子孙,他们一方面要为维护国家王权、捍卫统一不遗余力,但同时又由于个人能力和贡献突出而陷入王权的猜忌和争斗之中,最终导致两人都受到不同程度的政治排挤,甚至因此而丧命。

其次,两人都提倡风雅,招贤纳士。由于他们出身帝王之家,从小就受到良好的教育,从而造就两人宽和性格和良好品行,个人文化素养较高。在养士之风盛行的年代,他们招贤纳士,广揽天下有识之士。"公子为人仁而下士,士无贤不肖皆谦而礼交之,不敢以其富贵骄士。士以此方数千里争往归之,致食客三千人",于是夷门监者侯嬴、隐于屠间的朱亥都被信陵君收在麾下。正因为信陵君门客众多,"当是时,诸侯以公子贤,多客,不敢加兵谋魏十余年"④。贤明的信陵君和众多门客对觊觎魏国的诸侯国起到了较强的震慑作用。梁孝王刘武也继承了战国养士之风,吸引天下名士集聚于梁,形成一个凝聚力很强的政治文化团体。他善于"知士""礼士""友士",成为梁国文化群体内聚力的关键人物。《史记·梁孝王世家》也记载曰:"招延四方豪杰,自山以东游说之士,莫不毕至,齐人羊胜、公孙诡、邹阳之属。"⑤可见,这两位人物的个人魅力是得到后世普遍认可的。

再次,两人都为解国家之难起到关键作用。信陵君与其门客侯嬴共同谋划窃符救赵,不仅解了赵国之危,而且也为魏国在诸侯国中树立威信起到重要作用。梁孝王刘武,作为汉孝文帝的亲弟弟,在平定七国之乱中,有效阻挡东部叛军对国都的威胁,从而稳固了汉政权;梁孝王及军队为维护汉朝天下,捍卫国家统一,做出巨大贡献。他们这种行为在皇权专制下是一种有效的榜样,为宣扬忠君为国思想的统治阶层所认可。

所以,时代造就了两位英雄人物,他们豪爽侠义、礼贤下士、为国效力的行为,在皇权至上和忠义思想大行其道的封建王权时代是有相当影响力的。明清汴京八景收录与这两人物有关的景观,充分彰显和肯定了封建统治阶层专政的社会文化价值取向。这种价值始终不脱离忠义仁勇的文化传统。

---

① 司马迁:《史记》卷五八《梁孝王世家》,第2081页。
② 司马迁:《史记》卷七七《魏公子列传》,第2377页。
③ 司马迁:《史记》卷五八《梁孝王世家》,第2081-2082页。
④ 司马迁:《史记》卷七七《魏公子列传》,第2377页。
⑤ 司马迁:《史记》卷五八《梁孝王世家》,第2083页。

同时也说明，直到明清，这一文化传统依然是社会主流的价值观。

六、以嬗变为线

明清汴京八景入选的景观所表现的是不同历史时期城市社会、经济发展的主流文化。从前文中对"八"文化意义的解读可知，对于表现和反映历史文明的城市八景应该一定是以城市为中心分布至四面八方之景观。但从所梳理的明清汴京八景景观的分布上来看，入选的景观却并非完全是按照这种逻辑展开的。明清汴京八景的景观分布具有一个明显的特点，即每一套汴京八景中收录的景观多集中在城中心、东南、东北、西南和穿城而过汴河沿线上。而以上这些地方正是影响明清城市发展的主要区域。府城西北区域由于城市功能分布的缘故，城市社会、经济和文化活动中心都没在这里。

隋唐时期形成的城市格局是铺陈开封城市景观的基础，这一格局决定了城市景观的分布区域。北宋东京城是在唐汴州城的基础上营建的。经北宋几代帝王的不断经营，逐步形成了以皇城为中心、南北御街为中轴线、东西对称的皇城、里城、外城层层相套的城市格局。城市按统治需要分成不同功能区。皇城是帝王办公和居住的地方，里城是各官署衙门和达官贵人的住宅，而大多数百姓只能居住在里城之外的外城区域。北宋东京城区的人口住宅分布基本上呈东南向西北递减的趋势。具体来说，当时"南部的住宅数量最多，北部其次，东部和西部的数量相当，均比较少……东南部的住宅比较密集，西北部比较荒僻。……外城靠近内城城门的区位也聚集有不少住宅"①。之所以会出现这种住宅的分布状况，是因开封自古以来湖泊就相当多。史念海先生认为，远古时期"由太行山东到淮河以北，到处都有湖泊。大小相杂，数以百计"②。12世纪以前，开封周围湖泊中西北部的圃田泽"是黄河下游屈指可数的大湖"③。北宋东京分布在西北和北部的金水河和五丈河水源均来自于此。大面积的水域再加上"宫城在里城的中央稍偏西北"④，且作为封建统治的政治中心是具有严格私密性的，一般功能性建筑不允许出现在此处，因此该区域公共性活动是杜绝的，当然也就不会出现城市

---

① 梁建国：《北宋东京的住宅位置考论》，《南都学坛》2013年第3期，第34-35页。
② 史念海：《河山集》（二集），人民出版社，1981，第358页。
③ 程遂营：《唐宋开封生态环境研究》，中国社会科学出版社，2002，第33页。
④ 吴涛：《北宋都城东京》，河南人民出版社，1984，第10页。

景观。

金元以后,开封城市地位下降,但北宋形成的城市格局明清依然沿袭。明代开封的王府、官署所在地、商铺、寺院等基本在东京旧址上而建。"周府本宋时建都宫阙旧基。"①"各官衙署,俱在周府西南。布政使署,在钟楼西路北。本宋建都时旧基,街南即宋南衙开封府可证。……开封府署,在延庆观迤西。……祥符县署,在相国寺迤西。"②街市、店铺、庙宇道观和各王府交错分布在周王府以南、以东及官署衙门的周围。另外,从有关记载中还可看出:周王府萧墙南墙以外的东西大街为标志,将城区分为南、北两大部分,以南为居民区和商业区,以北主要是王府宫殿区。王府南门通向城南的大道则是城市中轴线,大道两旁街巷,形成城内的商业中心,它们"多为专供王公贵族消费的作坊、店铺所占据"③。清代以后,由于黄河水患对开封造成的毁灭性打击,周王府及其附近区域逐渐成为一片汪洋。水患过后返城的开封人重建家园时,经常在这些地势低洼处取土,久而久之这些地方就变成了城中湖泊。因此,明、清两代的开封城西北部区域一直都没有什么典型性或代表性的景观。景观则大多集中在以城市东、南、北以及汴河沿线的地区,这些地方才是北宋以来城市经济发展的重心所在地、文化思潮碰撞交流的汇集所、民众常态生活表现的大舞台。

第二节 明清汴京八景的演变趋势

从明初朱有燉本着"近城朝夕可览"提出汴京八景,到明中期本土知识分子李濂在其私修方志中又提出2套汴京八景,再到清代官志中收录的汴京八景,前后共有4套不同版本的汴京八景出现。这4套汴京八景在发展过程中表现出一定的演变趋势。

一、景观距离城市由远及近

从上文提到的汴京八景分布图中可以看出,明清各版本景观基本呈现以市中心为圆心,以近郊50公里为半径分布的格局。从明到清入选汴京八

---

① 佚名:《如梦录·周藩纪第三》,孔宪易校注,第6页。
② 佚名:《如梦录·官署纪第五》,孔宪易校注,第21-26页。
③ 吴朋飞、邓玉娜:《明代的开封周王府的建筑布局及其对城市结构的影响》,《城市史研究》2014年第1期,第187页。

景的景观分布来看,所选景观整体呈现从明到清距离城区由远及近的变化趋势。

明代3个不同版本的汴京八景提到的景观中,从城外22.5公里之远的"牧苑新晴",一直到皇城大内的"艮岳晴云",景观辐射范围达25公里。而清代的汴京八景中最远的是"城东南三里许"的繁台(吹台)和城西南的金明池①。从明代到清代,八景入选景观中的最远景观总体是从原来城外黄河边上22.5公里处的"牧苑"缩小到清代离城1.5公里左右的"繁台",景观分布范围整体上呈现出逐渐缩小的趋势。

这种变化趋势与明到清黄河水患对城市的影响有很大关系。明中期以后一直到清光绪时期,开封地区发生的几次较大黄河水患对城市具有较大破坏作用。宋代以降,黄河距离开封越来越近,金元时期的开封就已经不断受到黄河的侵扰,明初,由于水患,城区已缩小到里城和皇城两重相套的城市格局。整个明代,开封城市发展基本是在此基础上展开。清朝的开封虽依然保留明代的城市格局,但城中大面积因水患留存的水面和低洼之地对城市整体发展的影响客观存在,因此,清代汴京八景在保留已有传统和地域文化认同的基础上,必须正视现实状况,结合对文化的认知和景观本身的历史影响力进行选择,入选八景范围也随着城区实际面积收缩而逐渐缩小。

二、景观涉及类别越来越少

按李濂《汴京遗迹志》中对明代及之前遗迹记载汇总可知,书中共收录汴京遗迹30种:宋京城、宋大内宫室、宋内诸司、宋外诸司、宋明堂、官署、山岳、河渠(沟洫暨堤、闸、渡、口、潭、泊)、宫室(宫、楼、阁、亭门、堂、馆)、台、池、园、苑、洞、峡、渚、汧、冈、堆、坡、陂、关、梁、井、墓、寺观、祠、庙、庵、院。② 明代3个版本的汴京八景共涉及9类遗迹,分别是山岳、河渠、梁、池、台、苑、冈、苑、宫室(阁)。它们占《汴京遗迹志》中所收录遗总数量的三分之一不到。清代汴京八景只涉及园、池、台、梁、寺观、河渠这6类景观。从明到清入选八景的景观类别明显呈现逐渐减少的趋势。从清代不同时期对汴京八景的记载来看,涉及景观只有金明池、汴水、隋堤、州桥,当然也保留了皇家

---

① 金明池:此时的金明池仍旧在原址,它是北宋时期外城城门新政门外的一处皇家水上园林,清代由于黄河水患,城区范围只包括皇城和里城的范围,这里已经不属于清代的开封城内的景点。

② 李濂:《汴京遗迹志》,周宝珠、程民生点校,"目录"第1—2页。

寺院的钟和塔,而百冈、牧苑、宴台等清代方志之中已无踪迹。

从表6-8中明显看到,明代3个版本的汴京八景中景观涉及9种,而清代的汴京八景只有6种。总体而言,明代3个版本的汴京八景共涉及9类景观,到清代只剩园、池、台、梁、寺观、河渠这6类景观。从明到清汴京八景中收录的景观其类别明显呈现由多到少的趋势。

表6-8 明清汴京八景涉及景观类别①

序号	类别	朱版②	李版"汴城八景"③和"又八景"	清版
1	山岳		艮岳春云、夷山夕照	
2	河渠		大河春浪(黄河)、隋堤烟柳、汴水秋风	汴水秋声、隋堤烟柳
3	寺观		开宝晨钟、铁塔行云、相国霜钟	铁塔行云、相国霜钟
4	桥梁		金梁晓月、州桥明月	州桥明月
5	宫室(阁)		资圣薰风	
6	冈		百冈冬雪	
7	台		繁台春晓、吹台秋雨、宴台瑞霭	繁台春色
8	池		金池过雨	金池夜雨
9	苑		牧苑新晴	
10	园			梁园雪霁

三、景观辐射区域越来越小

纵观明清4套汴京八景可以看出,入选的景观辐射区域呈现越来越小的趋势。明代3套汴京八景,在地理分布上辐射城市内外的东、西、南、东南、东北5个方位,且城内外都有景观入选。清代汴京八景景观涉及范围与明代相比则大大缩小,大部分景观在城内,城外只有东南的繁台,其余7处景观分布开封城内的东、西、南、西南4个方位。

从图6-1明清4个不同版本的汴京八景分布示意图中可以看出,明朝3个版本汴京八景基本都有城外黄河及其附近景观入选:大河涛声、牧苑新晴、宴台瑞霭。清代汴京八景中,除城内东北的开宝寺内的铁塔之"铁塔行

---

① 史料来源:明朱有燉《诚斋录》、明于谦《忠肃集》、明成化《河南总志》、明李濂《汴京遗迹志》、清顺治《祥符县志》、清康熙《开封府志》、清光绪《新修祥符县志》。
② 朱仰东:《朱有燉〈诚斋录〉笺注》,第377—382页。
③ 李濂:《汴京遗迹志》卷一三《杂志二》,周宝珠、程民生点校,第222页。

云"外,其他 7 景基本集中在汴河沿线,只有"金池夜雨"之金明池位于城西新郑门之外。明代汴京八景中提到的黄河及其附近的宴台、百冈、牧苑等景观在清代汴京八景中都不再出现。

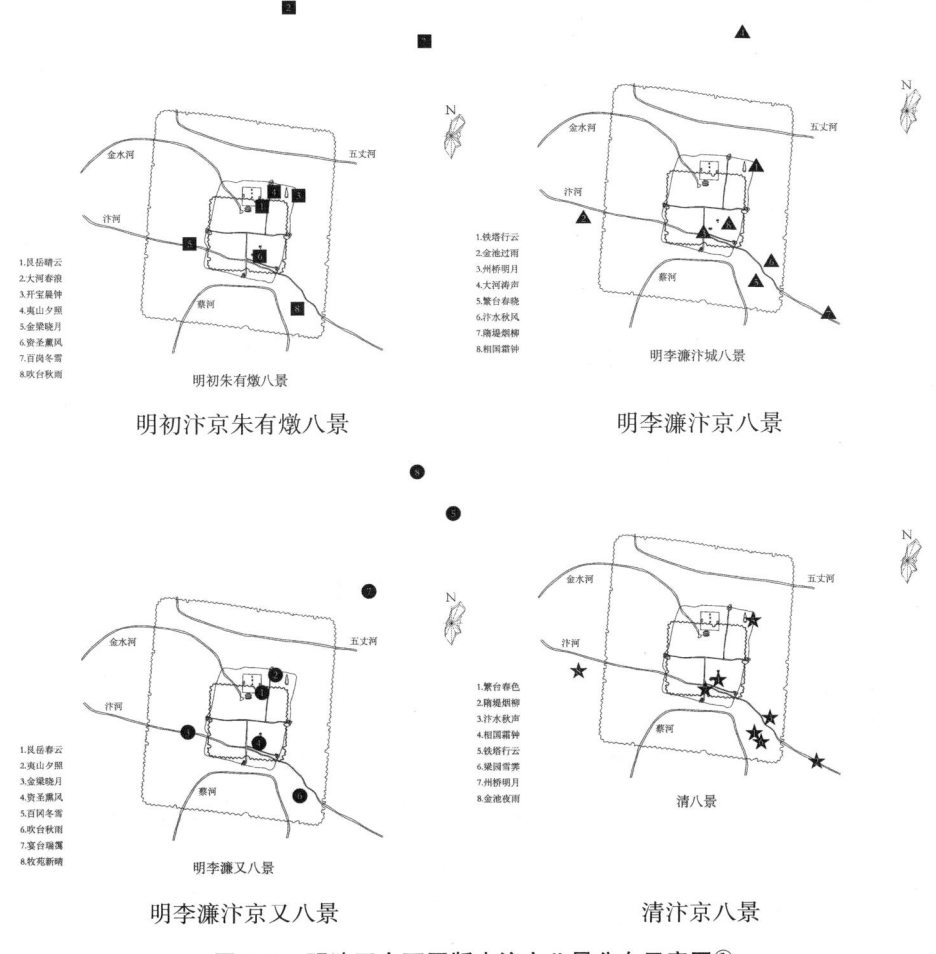

图 6-1 明清四个不同版本汴京八景分布示意图①

另外,从图 6-2 对明清汴京八景的地理分布汇总图中还可发现,明至清入选汴京八景的景观分布还有另一明显趋势:东南、东北和汴河沿线是明清汴京八景分布的几个集中区域。吹台之吹台秋雨(繁台春色、繁台春晓)、开宝寺之开宝晨钟、铁塔行云、夷山之夷山夕照等相关景观先后出现在不同版本之中。与汴河相关的汴水秋风、隋堤烟柳、州桥明月在明清汴京八景中出

---

① 史料来源:周宝珠《清明上河图与清明上河学》和刘春迎《揭秘开封城下城》中《内城遗址实测平面图》。按史书记载相对位置标注。

现频率也极高。而金梁晓月之金梁桥和金池夜雨之金明池这两处与汴河有关系的景观在八景中也有一席之地。

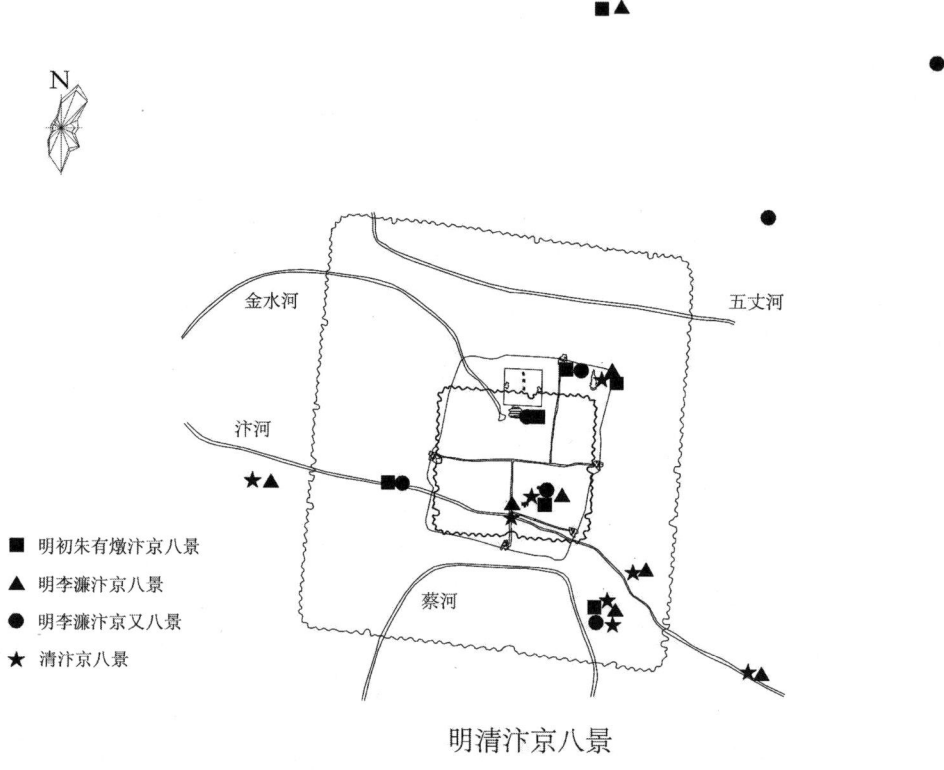

明清汴京八景

图 6-2　明清汴京八景四版本景观分布汇总示意图①

总体来看,明至清的开封虽城市格局、政治、经济、社会文化等都随朝代更迭不断发生变化,但明清汴京八景的发展演变总体上在距离、类别、辐射范围上都呈现逐渐缩小的趋势。

四、景观由写实到虚实结合

就已知明清汴京八景中的 23 处不同景观所在地而言,汴京八景中收录景观从明代到清代,还有一个明显变化:入选景观从明初可见之景逐渐到明中期、清代的写实与虚构相结合的景观变化趋势。

---

① 史料来源:周宝珠《清明上河图与清明上河学》和刘春迎《揭秘开封城下城》中《内城遗址实测平面图》。按史书记载相对位置标注。

明初朱有燉本着"近城朝夕可览"的标准提出汴城八景后,得到了同期以河南巡抚于谦为代表的官方认可并广为流传。随着历史发展,因自然和人为因素,城市景观逐渐发生变化。明中期李濂在朱版八景基础上重提汴京八景。此时收录景观的目的为"蹑荒台,瞩废殿……感时怀古之情"①而辑录之。明中期李版八景的收录标准从"可览"转向"怀古"。明初八景的"近城""朝夕"不再是重要选择标准。清代立国后,官方辑录民间汴京八景,是为方便四方人士"寻胜迹,访故宫"之时,能"徘徊荒烟蔓草间,有一木一石可寄凭吊"的目的。② 因此,从明代到清代收录汴京八景的辑录标准上可知,明清汴京八景所收录景观呈现出从明初的写实到明中期之后的虚实结合的变化趋势。

明清汴京八景呈现这种变化趋势的原因主要有两个方面,一方面是与明清时期城市自然地理变化有关,另一方面是不同时期的开封人社会文化风尚及对过往历史认知的不同所致。明初朱有燉时代,开封城市格局因金元战乱和黄河之故城区面积缩小为两层城垣相套的格局。周王在自定八景标准的前提下,只能在所辖领地内以可见之景作为基本对象来择选。另外,作为主理藩国事务的周王也要兼顾明初表现开封发展的城市景观,故而他才会遍访藩地而成明初汴京八景。明中期后,随着黄河对开封威胁的加剧,水患对城市破坏更加严重,致使许多历史遗留建筑和遗迹消失,因此明中期李濂所提汴京八景显然不能继续按照朱版八景的标准来进行,入选景观在结合区域文化和城市实际情况的基础上出现了虚实结合的倾向。清代,黄河水患的进一步加剧使城内可见景观进一步缩小,同时清廷对地方文化的重视也已不如前朝,因此,清代汴京八景景观的收录依旧呈现出虚实结合的状况。

五、景观收录从私撰到官修

从明清汴京八景的发展中还可以看出另一变化趋势:辑录景观由明代的私修记载为主到清代仅官修方志呈现。明代3套汴京八景以收录在明初周王朱有燉《诚斋录》和明中期李濂《汴京遗迹志》中的汴京八景为代表。清代以后,从顺治《祥符县志》,到康熙《开封府志》,再到光绪《新修祥符县

---

① 李濂:《汴京遗迹志》,周宝珠、程民生点校,"序"第1页。
② 康熙《开封府志》卷三四,第889页。

志》中记载的汴京八景都是在官修志书中出现，已少有文人士大夫在私人志书中专门对此进行记载和收录的情况。

从表6-9中可以看出，明代4种不同文献收录的汴京八景中，朱有燉《诚斋录》、于谦《于忠肃集》和李濂《汴京遗迹志》都是私人所撰的其作，只有明成化《河南总志》是成化十五年(1479)，任河南按察副使的浙江会稽(今绍兴)人胡谧主持编纂的河南省第一部官方省志，而且该书中辑录的汴京八景与明初朱版汴京八景内容一样。可见，明代3套"汴京八景"都是以私人著作为主先提出的。清初，因水患开封经济几乎处于停滞状态，因而城市社会文化活动也毫无起色，再加之清廷对汉族知识分子的限制和打压，文人士大夫们文化传承的责任和使命感在这种双重打压下消失殆尽。跟明代朱有燉和李濂相比，文人们失去了编修志书、弘扬本土文化的热情。官方仅按照志书编纂体例要求，把民间相传的汴京八景直接辑录。所以，从收录文献上看，明清出现的汴京八景，明显是明代私人著作记载多，而清代只官修方志收录了。

表6-9　明清汴京八景收录文献汇总①

序号	年代	出处	命名者	名称
1	明初成化时期	诚斋录	朱有燉	汴城八景
2		于忠肃集	于谦	
3		河南总志	胡谧	
4	明中期	汴京遗迹志	李濂	汴城八景
5				又八景
6	清顺治	祥符县志	李同亨、马士骦	八景
7	清康熙	开封府志	管竭忠、张沐	八景
8	清光绪	祥符县志	沈传义、黄舒昺	八景

第三节　明清汴京八景的影响

从明初到清光绪时期，先后出现在私人著作或官修方志中的汴京八景，极大地提升了人们对开封及其文化的关注程度，因此，为了较直观地说明汴京八景的影响，本研究选取明清文献中不同版本所收录与八景相关的诗词，通过对诗词作者、描写景观数量、朝代、内容的分析，阐释八景在明、清两代

---

① 史料来源：明朱有燉《诚斋录》、明于谦《忠肃集》、明成化《河南总志》、明李濂《汴京遗迹志》、清顺治《祥符县志》、清康熙《开封府志》、清光绪《新修祥符县志》。

开封城市发展中的重要影响。已故历史地理学家谭其骧先生曾说:"方志中的《艺文》一类,辑录了许多前人的诗文,这些文字一般没有经过修志者的改动,反映了各个时代各方面的情况,是最可贵的第一手材料。"①不过,在具体分析中,本研究剔除了八景内容和景观顺序相同的文献,仅保留能反映八景前后变化的、既兼顾官修文献又有私修文集中的相关诗词进行研究。

一、对明代开封的影响

明代3套汴京八景,集中在明初朱有燉《诚斋录》和明中期李濂《汴京遗迹志》中。由于《诚斋录》是明初周王朱有燉自创的诗歌文集,文中收录诗歌多为本人创作,无涉前朝,因此本研究仅选取李濂《汴京遗迹志》加以研究。从李濂《汴京遗迹志》卷二十一到卷二十四的五言古诗、七言古诗、律诗、排律、绝句和六言四句以及长短句的收录来看,对汴京八景中涉及的具体景观、具体场景下的描写以及收录诗词的数量较多。②

这些诗词是《汴京遗迹志》中收录的自唐代以来各地曾经到访、为官或流寓于此的诗人以及本土文人所创作的。李濂从众多描写开封的诗歌中有选择地辑录它们入书,直接表明了作者对所认可的代表性景观的态度。而且创作诗歌的这些作者,不论他们出身何处,为何到此,能对这些景观所在地给予关注并作诗以表达自我观点,这也说明诗者主观上是认可景价值的,从而进一步强化了明代提出的汴京八景在当时对居于城中的不同阶层和类别的人们已经产生的影响。另外,李濂书中收录的是从唐至明的诗歌,这又进一步说明,八景作为一种城市景观,在从一般景观上升到八景体系的过程中,城市、景观和人之间的互动所产生的深刻影响在诗歌中的反映。

(一)八景相关诗词的收录情况

李濂《汴京遗迹志》中收录的与八景及其具体景观相关的诗词及作者、年代和籍贯分布情况汇总如下(表6-10)。

---

① 谭其骧:《地方史志不可偏废,旧志资料不可轻信》,载中国地方史志协会编《中国地方史志论丛》(上编),中华书局,1984,第19页。

② 李濂:《汴京遗迹志》卷二一至二四,周宝珠、程民生点校,第408-502页。

表 6-10　明代李濂《汴京遗迹志》中与八景相关的诗词及作者①

景观名称	朝代	作者	籍贯	诗词名称	数量
汴城八景	明	于谦	浙江承宣布政使司杭州钱塘县（今浙江钱塘）	题汴城八景总图	1
黄河	唐	罗隐	新城（今浙江富阳新登镇）	黄河	6
	宋	梅尧臣	宣城（今安徽宣城）	黄河	
		邵雍	林县（今河南林州市）一说生于范阳（今河北涿州）	黄河	
	元	陈孚	浙江临海	黄河	
	明	陆深	南直隶松江府（今上海）	泛黄河	
		于谦	浙江承宣布政使司杭州钱塘县（今浙江钱塘）	黄河舟中	
汴河、汴水	唐	崔颢	祥符（今河南开封）	晚入汴水	20
		罗隐	新城（今浙江富阳新登镇）	汴河；秋日汴河客舍酬友人	
		王建	颍川（今河南许昌）	汴路即事；汴路水驿	
		许棠	宣州泾县（今安徽宣州）	汴上暮秋	
		白居易	山西太原	汴河路有感	
		许浑	润州（今江苏镇江）	汴河亭	
		胡曾	湖南邵阳	汴河	
		罗邺	余杭（今浙江杭州）	汴河	
		皮日休	竟陵（今湖北襄阳）	汴河（又两首）	
		李益	陕西姑臧（今甘肃武威）	汴河曲	
	宋	梅尧臣	宣城（今安徽宣城）	汴渠；舟中夜听汴河水声；汴河雨后呈同行马秘书；汴水斗减舟不能进因寄彦国舍人	
		黄庭坚	洪州分宁（今江西修水县）	晓放汴舟	
	明	汪广洋	江苏高邮（今安徽当涂）	落日汴隄上	
		黄庶	洪州分宁（今江西修水）	汴河	

① 史料来源：明李濂《汴京遗迹志》。

续表

景观名称	朝代	作者	籍贯	诗词名称	数量
艮岳	元	李孝光	温州乐清(今浙江温州)	艮岳	20
	明	李梦阳	河南扶沟	艮岳十六韵	
		李濂	祥符(今河南开封)	艮岳怀古两首；沁园春·艮岳吊古	
隋堤	唐	李山甫	不详	隋堤柳	6
		秦韬玉	京兆(今陕西西安)	隋堤柳	
	宋	梅尧臣	宣城(今安徽宣城)	汴堤鴉	
	金	王良臣	潞州(今山西长治)	汴堤怀古	
	明	释宗泐	浙江黄岩	隋堤	
		陆深	南直隶松江府(今上海)	行经隋堤有感	
吹台、繁台、梁园(苑)	唐	李白	陇西成纪(今甘肃天水)	梁园吟	41
		岑参	荆州江陵(今湖北江陵)	梁园歌送河南王说判官	
		李贺	河南福昌(今河南洛阳宜阳县)	梁台古愁	
	宋	梅尧臣	宣城(今安徽宣城)	同江邻防龚辅之登吹台有感；闻子美次道师厚登天清寺塔	
	金	元好问	山西秀容(今山西忻州)	梁园春三首	
	金	完颜璹	北京	梁台	
	元	王恽	卫州路汲县(今河南卫辉)	梁园对月	
	明	李梦阳	河南扶沟	梁园歌；繁台春望；繁台归集；吹台访川父读书处；元日繁寺集；繁台书院；登台	
		于谦	浙江承宣布政使司杭州钱塘县(今浙江钱塘)	梁园	
		李濂	祥符(今河南开封)	吹台酬空同子见访之作；秋日吹台读书酬客过访；古台秋望；春游繁塔寺两首；繁台春望；梁台怀古五首；吹台春日古怀；吹台怀古；秋日游吹台；梁孝王台；登吹台有感二首；柳稍青·梁苑怀古；忆王孙·秋日登吹台二首	
		王廷相	开封府仪封县(今河南省兰考县仪封乡)	梁苑歌三首	

续表

景观名称	朝代	作者	籍贯	诗词名称	数量
夷山	唐	王维	河东蒲州(今山西运城)	夷门	10
		胡曾	湖南邵阳	夷门	
		薛能	山西汾阳	下第后夷门乘舟至永城驿题	
	明	李濂	祥符(今河南开封)	夷门歌;夷门;夷门即事答童太史;临江仙·夷门怀古	
		王廷相	开封府仪封县(今河南省兰考县仪封乡)	夷门怀古二首	
		李梦阳	河南扶沟	夷门十月歌	
铁塔、上方寺	明	李梦阳	河南扶沟	正德四年七夕上方寺作;上方寺;戊寅早春上方寺;雪后上方寺集	10
		李濂	祥符(今河南开封)	登上方寺塔两首;春日上方寺集两首;夏游上方寺作	
		刘醇	祥符(今河南开封)	游上方寺	
金明池	宋	司马光	陕州夏县(今山西夏县)	会饮金明池书事	9
		梅尧臣	宣城(今安徽宣城)	金明池游;和江邻防送客回同过金明池二首	
		王安石	江西抚州	金明池	
		王安国	江西抚州	金明池	
		王立之	不详	金明池	
		李昭玘	济州巨野(今山东巨野)	春日游金明池	
		韩琦	相州安阳(今河南安阳)	从驾过金明池	
相国寺、资圣阁	唐	刘商	徐州彭城县(今江苏徐州市铜山区)	登相国寺阁	5
	金	李献甫	河中(今山西永济)	资圣阁登眺	
	元	陈孚	浙江临海	登相国寺资圣阁	
		许有壬	彰德汤阴(今河南汤阴)	登相国寺资圣阁	
	明	释宗泐	浙江黄岩	登相国寺楼	
牧苑	元	赵子昂	浙江吴兴(今浙江湖州)	过废牧苑	1
总数					129

从表 6-10 可以看出,李濂《汴京遗迹志》中涉及汴京八景景观的诗歌共 129 篇,其中明确提到的景观共 14 处,分别是:黄河、汴河、艮岳、隋堤、吹台、繁台、梁园(梁苑)、夷山、铁塔、上方寺、金明池、相国寺、资圣阁、牧苑。描写吹台、繁台和梁园的诗歌最多,为 41 篇。从朝代上看,明代最多,共 74 篇;其次是唐、宋,分别为 23 篇和 19 篇。汴京八景中的"州桥明月""相国霜钟"、"宴台瑞霭"和"百冈冬雪"景观在诗歌中没有表现。

(二)诗歌反映出的汴京八景影响

1. 从诗歌数量看

从表 6-11 中所列景观入选的诗歌数量上可以看出,明代汴京八景在明初到明中期的发展过程中,入选的景观在成景和传承的过程中都已对不同的历史时期产生了深刻影响。唐代就已经有以汴水为代表的 13 处八景中的景观入诗。其中"吹台""汴水"两类景观的入诗率极高,甚至"吹台"景观从唐至明各代均有数量不一的诗歌收录,明代甚至多达 31 篇。但明代八景中提到的"宴台雾霭""百冈冬雪"中的宴台、百冈却无诗作入选。总体而言,开始提出汴京八景的明代,其辑录诗歌数量是最多的,共 74 篇;其次是唐代,23 篇。可见,不论是当地文人、官员或到访的外地人对开封城有一定文化辐射和影响力的景观都给予了一定的关注。这些不同历史时期出现的城市景观随着城市文明进程的推进,不断叠加累积直至成为成组的八景体系。而且成型后的汴京八景无形中又影响了明代开封的城市文化生活和经济发展方向,同时不断发展的城市文化又逐渐聚焦成更能表现明代开封人文化风尚和生活的八景景观。明代之前已有的城市景观影响了明代汴京八景的形成,而形成的汴京八景又改变着民众对城市文化和生活的认识,这种个体景观和八景系统之间相互影响、相互促进的态势在发展中表现较为明显。

表 6-11 入选诗歌数量分布①

景观名称	唐	宋	金	元	明	总数
黄河(大河)	1	2		1	2	6
汴水	13	5			2	20
艮岳				1	19	21

---

① 数据来源:据明李濂《汴京遗迹志》诗词整理。

续表

景观名称	唐	宋	金	元	明	总数
隋堤	2	1	1		2	6
吹台、繁台、梁园	3	2	4	1	31	41
夷山	3				7	10
开宝寺					10	10
金明池		9				9
相国寺			1		1	1
资圣阁	1			2		4
牧苑				1		1
总数	23	19	6	6	74	129

从图6-3中不同景观诗歌的数量分布来看,李濂所提"汴城八景"和"又八景"中的16处景观,以诗歌形式表现的共有13处,其中吹台和繁台是唐至明诗歌中最多的,共41篇,占31%;其次是艮岳和汴水,分别占16%和15%。由此可以看出,春秋师旷所筑的吹台、北宋徽宗按图而建的艮岳、被宋太祖赵匡胤称为"生命之河"的汴河,这3处是李版汴京八景中历代诗歌作者们较为关注的景观,也是最具代表性的城市景观。这3处景观代表了社会文化发展的方向,对开封人的思想文化认同、城市景观建设等都有重要影响,因此它们也成为文人争相歌颂的对象。虽这3处以诗歌形式被歌颂的景观中只有吹台和繁台依然是可登之地,艮岳和汴河都已是消失的景观,但这些地方曾发生的影响开封历史发展进程的历史事件和历史人物依然熠熠生辉,逐渐影响并渗透到开封人的骨子里。

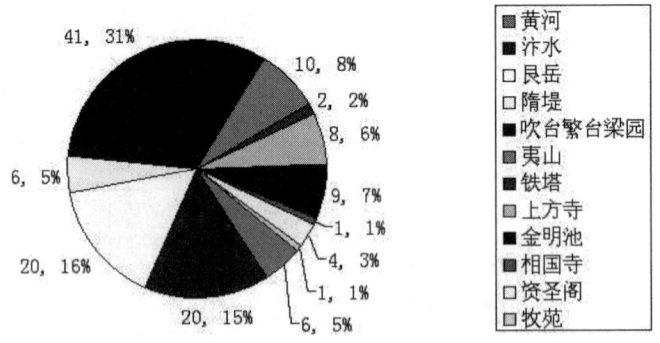

图6-3 李濂《汴京遗迹志》中入选诗歌八景数量分布饼图

从图6-4中可以看到,明代诗人对汴京八景的诗词描写多达74首,其中歌颂吹台的居多。吹台(繁台、梁园)是春秋时期形成的景观,唐到明代的诗人对此都有歌颂,前后5个朝代共41篇。文中收录以明代诗人创作的诗歌居多,收录多的达31篇。吹台从春秋师旷作为吹奏乐曲的高台开始,到后世逐渐成为一处可登可眺的郊游之所,在朝代更迭、自然地理等的变迁中,依然能独立于风烟之外,成为明代的开封民众重要的郊游地之一,足见吹台对开封历史发展影响之大、之深。

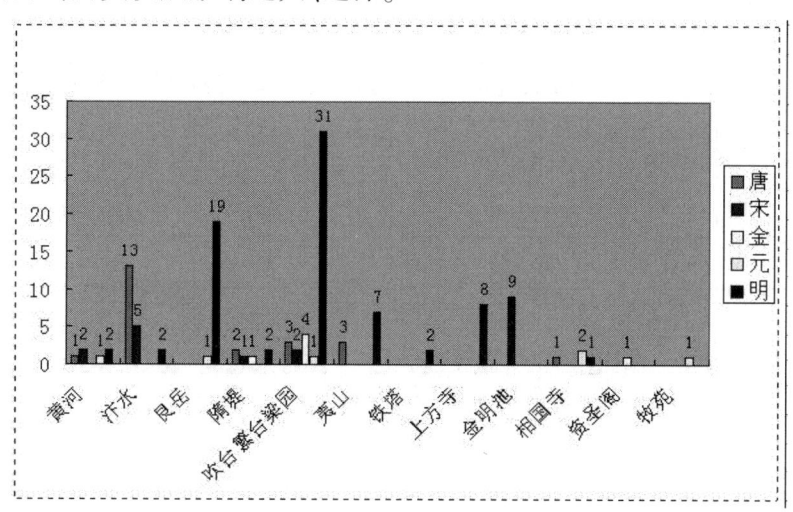

图6-4　李濂《汴京遗迹志》中各朝入选诗歌景观数量分布柱状图

从明代的开封诗人和到访的外地诗人整体记述情况来看,记载吹台的不仅诗词较多,而且其诗词内容也非常丰富:有与友人同登高台、在此送别的,如唐岑参的《梁园歌送河南王说判官》①,明李梦阳和李濂互作的《吹台访川父读书处》《吹台酬空同子见访之作》《秋日吹台读书酬客过访》②;有描写不同季节之自然景观的,如明李梦阳的《繁台春望》③,李濂的《古台秋望》《春游繁塔寺二首》④;有突出节日聚会的,如明李梦阳的《元日繁台寺集》⑤;更多则是登台怀古的,如唐李白的《梁园吟》⑥、李贺的《梁台古愁》⑦,明李濂

---

① 李濂:《汴京遗迹志》卷二二《艺文九》,周宝珠、程民生点校,第426页。
② 李濂:《汴京遗迹志》卷二二《艺文九》,周宝珠、程民生点校,第439页。
③ 李濂:《汴京遗迹志》卷二二《艺文九》,周宝珠、程民生点校,第438页。
④ 李濂:《汴京遗迹志》卷二二《艺文九》,周宝珠、程民生点校,第440页。
⑤ 李濂:《汴京遗迹志》卷二三《艺文十》,周宝珠、程民生点校,第465页。
⑥ 李濂:《汴京遗迹志》卷二二《艺文九》,周宝珠、程民生点校,第424页。
⑦ 李濂:《汴京遗迹志》卷二二《艺文九》,周宝珠、程民生点校,第426页。

的《梁台怀古五首》①、李梦阳的《梁园歌》②、王廷相的《梁苑歌三首》③、于谦的《梁园》④;等等。这些诗歌从不同角度对吹台的描写,更能说明吹台在开封人心中的重要分量,以及对普通民众生活的影响。

这些影响城市发展的景观借助历代文人诗歌的记述和传播,知名度逐渐提高。到明初正式收入汴京八景后,人们对城市景观和汴京八景认识的广度和深度也越来越大,其影响也随诗歌的传播越来越远。

2. 从作者朝代看

从表6-12中可以看出,中国古代诗歌创作高峰期的唐代以及宋、明二代诗人对影响开封城市发展的景观较为关注,其包括著名诗人如唐代李白、白居易、王维、岑参;宋代司马光、王安石、黄庭坚、邵雍;明代于谦、李濂、李梦阳等。他们对八景的关注足见这些景观其对城市发展影响之广。

表6-12 入选诗歌作者朝代⑤

朝代	作者	数量(人)
唐	崔颢、秦韬玉、胡曾、皮日休、薛能、李白、许棠、白居易、许浑、李山甫、罗隐、罗邺、李益、刘商、王建、岑参、李贺、王维	18
宋	司马光、王安石、王立之、韩琦、黄庭坚、梅尧臣、王安国、李昭玘、邵雍	9
金	王良臣、元好问、完颜璹、李献甫	4
元	陈孚、李孝光、许有壬、王恽、赵子昂	5
明	于谦、陆深、黄庶、李濂、刘醇、释宗泐、汪广洋、李梦阳、王廷相	9

3. 从作者籍贯看

除各代收录八景的作者数量不同外,我们从这些作者的地域分布上也能看出汴京八景中的景观在不同历史时期的知名度和远播度。李濂《汴京遗迹志》收录的诗歌作者,从籍贯上看,本土文人和流寓文人兼而有之。(见表6-13)

---

① 李濂:《汴京遗迹志》卷二一《艺文八》,周宝珠、程民生点校,第421页。
② 李濂:《汴京遗迹志》卷二二《艺文九》,周宝珠、程民生点校,第430页。
③ 李濂:《汴京遗迹志》卷二二《艺文九》,周宝珠、程民生点校,第432页。
④ 李濂:《汴京遗迹志》卷二三《艺文十》,周宝珠、程民生点校,第464页。
⑤ 数据来源:据明李濂《汴京遗迹志》诗词作者整理。

表 6-13　入选诗歌作者籍贯①

朝代	作者	籍贯	朝代	作者	籍贯
唐	崔颢	祥符(河南开封)	唐	李山甫	不详
唐	秦韬玉	京兆(陕西西安)	唐	罗隐	新城(浙江富阳新登镇)
唐	胡曾	湖南邵阳	唐	罗邺	余杭(浙江杭州)
唐	皮日休	竟陵(湖北襄阳)	唐	李益	陕西姑臧(甘肃武威)
唐	薛能	山西汾州(汾阳)	唐	刘商	徐州彭城县(江苏徐州市铜山区)
唐	李白	陇西成纪(甘肃天水秦安县)	唐	王建	颍川(河南许昌)
唐	许棠	宣州泾县(安徽宣州)	唐	岑参	荆州江陵(湖北江陵)
唐	白居易	山西太原	唐	李贺	河南福昌(河南洛阳宜阳县)
唐	许浑	润州(江苏镇江)	唐	王维	河东蒲州(山西运城)
宋	司马光	陕州夏县(山西夏县)	宋	梅尧臣	宣城(安徽宣城)
宋	王安石	江西抚州	宋	王安国	江西抚州
宋	王立之	不详	宋	李昭玘	济州巨野(山东巨野)
宋	韩琦	相州安阳(河南安阳)	宋	邵雍	林县(河南安阳) 范阳(河北涿州)
宋	黄庭坚	洪州分宁(江西修水县)	金	完颜璹	北京
金	王良臣	潞州(山西长治)	金	李献甫	河中(山西永济)
金	元好问	山西秀容(山西忻州)	元	许有壬	彰德汤阴(河南安阳汤阴)
元	陈孚	浙江临海	元	王恽	卫州路汲县(河南卫辉)
元	李孝光	温州乐清(浙江温州)	元	赵子昂	浙江吴兴(浙江湖州)
明	于谦	浙江杭州钱塘县(浙江杭州市上城区)	明	释宗泐	浙江黄岩
明	陆深	南直隶松江府(上海)	明	汪广洋	江苏高邮(安徽当涂)
明	黄庶	洪州分宁(江西修水)	明	李梦阳	河南扶沟
明	李濂	祥符(河南开封)	明	王廷相	仪封县(兰考县仪封乡)
明	刘醇	祥符(河南开封)			

① 资料来源:据明李濂《汴京遗迹志》诗词作者整理。

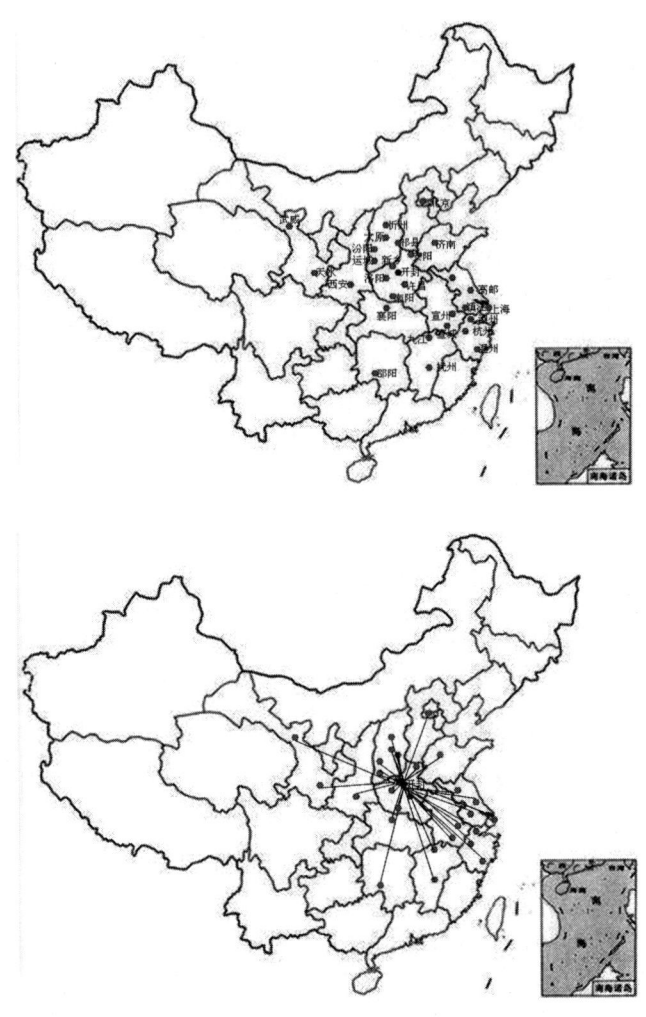

图 6-5 入选诗歌作者籍贯图

从表 6-13、图 6-5 中可以看到，45 位作者，除 2 人籍贯不详外，他们分别来自以开封为中心的 11 个省份或地区：山东、山西、陕西、湖南、湖北、安徽、江苏、江西、浙江以及上海、南京。而且不同历史时期都有诗人对汴京八景中的景观进行描写和歌颂。按照明代的行政区划，"明代正式的高层政区在洪武初年经历了行省、分省—行省—承宣布政使司（即布政使司）的变化过程"①。明世宗时，其疆域"东起辽海，西至嘉峪，南至琼、崖，北抵云、朔，东西万余里，南北万里"②。在明代广大的版图上划分过 15 个布政使司。到

---

① 郭红、靳润成：《中国行政区划通史：明代卷》，复旦大学出版社，2007，第 9 页。
② 张廷玉等：《明史》卷四〇《地理志一》，中华书局，1974，第 882 页。

明朝末年其行政建制是两京十三省。"两京"是京师、南京,"十三省"是指浙江、云南、四川、陕西、山西、山东、江西、湖广、河南、贵州、广西、广东、福建。① 明中期,从李濂书中收录作者情况看,除南京、云南、广东、广西外,其他地域都有诗人到访开封并关注过八景景观。

由以上诗歌作者数量、朝代以及籍贯分布上来看,明代的开封著名景观多为影响历史发展进程、代表城市文化发展方向的景观,是地域文化的象征物,因此它们作为组景呈现时,进一步扩大了城市的影响,促进了明代开封与其他城市的交流。

二、对清代开封的影响

通过上文对明清汴京八景收录情况、景观及其景观演变的分析可知,清代文献收录的汴京八景不仅版本不及明代多,且收录景观数量也少于明代,借助诗歌表现的景观影响力与明代也不同。本节以康熙《开封府志》和光绪《新修祥符县志》中记载与景观有关的诗歌为研究对象,探究汴京八景对清代开封的影响。这两种文献中记载八景相关的诗歌集中在康熙《开封府志》卷三十三和卷三十四的艺文三和四和光绪《新修祥符县志》卷二十到卷二十一的赋、五言、七言诗之中。这些诗歌在数量、内容、朝代等方面与明代相比还是有不同之处的。

(一) 八景相关诗词的收录情况

清代汴京八景记载在不同时期的官修方志之中,顺治《祥符县志》、康熙《开封府志》《河南总志》和光绪《新修祥符县志》这几种县志、府志和省志中都收录有汴京八景的相关内容。我们选取康熙《开封府志》和光绪《新修祥符县志》中收录的与八景相关的八景诗,并对这些诗歌的相关情况进行分析,以此了解汴京八景对清代开封的影响。由于清代对明代方志有一定的继承性,因此我们编制表格也收录明代李濂《汴京遗迹志》中的诗歌及其作者,以便更进一步了解汴京八景的历史延续性和地域辐射性。(见表6-14)

---

① 根据郭红、靳润成《中国行政区划通史:明代卷》第11—12页中《明末各布政司府州县数目》表整理。

表 6-14　清代方志中与汴京八景有关的诗词及作者①

景观名称	朝代	作者	籍贯	诗词名称	诗词数量(首)
	明	1、3 于谦	浙江杭州钱塘县(浙江钱塘)	题汴城八景总图	
黄河	唐	1、3 罗隐	新城(浙江富阳市新登镇)	黄河	12
	元	3 萨天锡	雁门(山西代县)	早发黄河即事	
	宋	1、3 邵雍	林县(河南林州市)一说范阳(河北涿州)	黄河	
		3 魏宪	福建福清	大河秋雨	
	明	3 陈子龙	松江华亭(上海松江)	秋归涉黄河(二首)	
		3 张佳胤	重庆府铜梁县(重庆市铜梁)	渡河	
	明	2、3 谢榛	山东临清	渡黄河	
	清	3 彭而述	河南邓州	大梁大水行	
		3 盛朝组	松江华庭(上海松江)	黄河	
		3 前人	不详	陈桥驿观黄河;黄河	
汴河	唐	2 毛文锡	高阳(河北)一作南阳(河南南阳)	汴河春	14
	唐	1、3 崔颢	祥符(河南开封)	晚入汴水	
		1、3 王建	颍川(河南许昌)	汴路即事	
		1、2、3 许棠	宣州泾县(安徽宣州)	汴上暮秋	
		1、2 白居易	山西太原	汴河路有感	
		1、3 皮日休	竟陵(湖北襄阳)	汴河(又两首)	
		1、3 李益	陕西姑臧(甘肃武威)	汴河曲	
		2 罗隐	新城(浙江富阳新登镇)	汴河	
	清	2 钱纶	河北大名	秋日汴水	
		2、3 胡介祉	山阴(浙江绍兴)	汴水秋声	
		3 蒋湘南	河南固始	汴河柳枝词	
		3 李根茂	不详	隋河	
		3 前人	不详	汴河	

① 数据来源:明代李濂《汴京遗迹志》、清康熙《开封府志》、清光绪《新修祥符县志》。表格中"1"表示出自《汴京遗迹志》,"2"表示出自康熙《开封府志》,"3"表示出自光绪《新修祥符县志》。

续表

景观名称	朝代	作者	籍贯	诗词名称	诗词数量(首)
州桥	清	2 钱纶	河北大名	州桥夜月	2
		2、3 胡介祉	山阴(浙江绍兴)	州桥明月	
艮岳	宋	3 孙觉	江苏高邮	艮岳	9
	明	3 李梦阳	河南扶沟	艮岳	
	清	2 刘朝宗	安徽太和	艮岳	
		2 胡介祉	山阴(浙江绍兴)	艮岳	
		2、3 翁天游	不详	九日登艮岳	
		2 李根茂	不详	艮岳	
		3 洪符孙	江苏阳湖	艮岳遗石歌	
		3 王世禛	山东新城(淄博桓台县)	艮岳遗址	
		3 前人	不详	艮岳	
隋堤	唐	1、3 李山甫	不详	隋堤柳	15
		1、3 秦韬玉	京兆(今陕西西安)	隋堤柳	
	宋	3 孔平仲	新喻(江西新余)	汴堤行	
		3 陆游	越州山阴(绍兴)	隋堤	
	明	1、3 释宗泐	浙江黄岩	隋堤	
		1、3 陆深	南直隶松江府(上海)	行经隋堤有感	
		3 侯方域	明归德府(河南商丘)	隋堤	
	清	3 杜诏	江苏无锡	隋堤曲	
		2、3 彭舜龄	河南夏邑	隋堤烟柳	
		2、3 胡介祉	山阴(浙江绍兴)	隋堤;隋堤烟柳	
		2 李根茂	不详	隋河	
		3 无名氏	不详	隋堤烟柳	
		3 吴淇	江南长洲(江苏苏州)	隋堤	
		3 前人	不详	隋堤	

续表

景观名称	朝代	作者	籍贯	诗词名称	诗词数量(首)
吹台、繁台、梁园、梁台、梁苑	唐	2、3 王昌龄	河东晋阳(山西太原)	梁苑	63
		1、2 李白	陇西成纪(甘肃天水秦安县)	梁园吟	
		1、2 岑参	荆州江陵(湖北江陵)	梁园歌送河南王说判官	
		1、2 李贺	河南福昌(洛阳宜阳县)	梁台古愁	
		2 钱起	吴兴(浙江湖州市)	送兴平王少府游梁	
		3 杜甫	河南巩县(郑州巩义市)	吹台	
		3 韩愈	河南河阳(孟州市)	暮行河堤	
		3 王仁裕	秦州上邽(天水秦州区)	与诸门生春日会饮繁台	
	金	1、2 完颜璹	北京	梁台	
		1、2 元好问	山西秀容(山西忻州)	梁园春三首；3 梁苑杂咏三首	
	元	3 曹伯启	安徽砀山	陪诸公登梁孝王吹台	
		3 赵一德	龙兴新建(江西南昌)	吹台感旧	
	明	李梦阳	河南扶沟	1、3 梁园歌；1、2 繁台寺夏日；3 吹台春日古怀；3 繁台饯客	
		1、3 于谦	杭州钱塘县(浙江钱塘)	梁园	
		3 沈荃	慈溪(浙江杭州)	繁台怀古	
		李濂	祥符(河南开封)	1、3 春游繁塔寺两首；2 梁孝王台；3 梁孝王台	
		1、3 王廷相	仪封县(兰考县仪封乡)	梁苑歌三首	
		2 李士允	祥符(河南开封)	秋日梁园与施生言别	
		2 周仪宾	不详	读李子艮岳诗有感	
		2、3 李于鳞	历城(山东济南)	和春日梁园即事	
		2 朱睦㰙	安徽休宁	吹台送李柬还关东并寄李二素甫；立春日纪山西石二阃使君陈程二帅邀游吹台同张职方赋	
		3 金山	不详	平台夜月	

续表

景观名称	朝代	作者	籍贯	诗词名称	诗词数量（首）
吹台、繁台、梁园、梁台、梁苑	清	2 闵派鲁	祥符（河南开封）	吹台二首	63
		2、3 胡介祉	山阴（浙江绍兴）	繁台春色	
		2 姜垚	浙江绍兴	吹台	
		3 马士骐	祥符（河南开封）	登吹台	
		2、3 胡介祉	山阴（浙江绍兴）	梁园雪霁	
		3 周茂源	甘肃华亭	梁园怀古	
		3 蒋湘南	河南固始	梁园吟和李白韵	
		2、3 张养蒙	泽州（山西晋城）	2、3 秋登禹王台；3 登繁台	
		2 张琦	不详	1、3 吹台	
		2 沈绍姬	浙江钱塘	自汴上来大梁以不与繁台之游为恨补和前韵	
		2 千兆	不详	梁园；吹台	
		3 施闰章	江南宣城（安徽）	九日重登吹台	
		3 苏加玉	江苏苏州	初春偕友人游大梁上方寺遂出郭登吹台	
		3 刘青藜	山西大同	吹台怀古	
		3 无名氏	不详	繁台春色；梁园雪霁	
		3 阮元	江苏仪征	大风霾登吹台	
		3 前人	不详	繁台；繁台春集；晚过禹王之台；吹台怀古；秋日游吹台；秋日吹台；1、3 繁台寺夏日	
夷门	明	3 王廷相	仪封县（兰考县仪封乡）	夷门怀古	4
		3 刘基	处州青田县南田乡（浙江温州文成县）	夷门歌	
	清	3 施闰章	江南宣城（属安徽）	夷门	
		2、3 梅启元	不详	夷山寄慨	

续表

景观名称	朝代	作者	籍贯	诗词名称	诗词数量（首）
铁塔、上方寺	元	3 冯子振	湖南攸县（湖南双峰县）	铁塔燃灯	13
	明	1、3 李梦阳	河南扶沟	上方寺	
		1、3 刘醇	祥符（河南开封）	游上方寺	
	清	2 钱纶	河北大名	铁塔	
		2、3 胡介祉	山阴（浙江绍兴）	铁塔行云	
		3 苏加玉	太仓（江苏苏州）	初春偕友人游大梁上方寺遂出郭登吹台	
		3 前人	不详	雪后上方寺集；春日上方寺集二首；夏游上方寺作；乙酉上方寺；登上方寺塔	
		3 无名氏	不详	铁塔行云	
金明池	宋	1、3 司马光	陕州夏县（山西夏县）	会饮金明池书事	11
		1、3 王安石	临川（江西抚州临川区）	金明池	
		1、3 王安国	临川（江西抚州临川区）	金明池	
		1、3 王立之	不详	金明池	
		1、3 韩琦	相州安阳（河南安阳）	从驾过金明池；驾幸金明池	
	清	2 钱纶	河北大名	金明池	
		2 胡介祉	山阴（浙江绍兴）	金明池	
		2、3 胡介祉	山阴（浙江绍兴）	金池夜雨	
		3 张开第	不详	金明池怀古	
		3 无名氏	不详	金池夜雨	
资圣阁	唐	1、2、3 刘商	徐州彭城（徐州市铜山区）	登相国寺阁	4
	金	1、3 李献甫	河中（山西永济）	资圣阁登眺	
	元	1、3 陈孚	浙江临海	登相国寺资圣阁	
	明	1、3 释宗泐	浙江黄岩	登相国寺楼	
相国寺	清	2、3 钱纶	河北大名	游相国寺有感	3
		2、3 胡介祉	山阴（浙江绍兴）	相国霜钟	
		3 无名氏	不详	相国霜钟	
共计					150

从表 6-14 可以看出,清代收录与汴京八景景观相关的诗歌共 150 篇,其中明确提到的景观有 13 处,分别是:黄河、汴河、州桥、艮岳、隋堤、吹台(繁台、梁台)、梁园(梁苑)、夷门、铁塔、上方寺、金明池、相国寺、资圣阁。清代方志收录诗歌中有 29 篇是从《汴京遗迹志》中直接辑录而来。可见,清人对李濂收录景观和诗歌是有一定认可度的。"州桥"和"夷门"在明代李濂的《汴京遗迹志》中没有相关诗歌描写。清代人对州桥、相国寺和夷山的记忆却是深刻的。梅启元的《夷山寄慨》云:"夷山古迹已成空,汴水平沙何处通。艮岳云来迷道上,平台客去冷天中。……今古无穷皆欲此,兴怀何必叹飞蓬?"①诗中提到的夷山、汴水、艮岳、吹台这些成就辉煌过往的古迹都已消失在历史长河之中。钱伦《游相国寺有感》也尽显对过往繁华的无奈和对现实残破的感慨:"古寺虽经废,残基历历明。沙痕侵梵座,苔色接孤城。……偶来凭眺者,惆怅不胜情。"②作者偶尔到访已经荒废的寺院,看着仅存基址的佛殿,淹没梵座的黄沙,长满青苔的寺院,怎能不让人惆怅?这种历史与现实的对比,更凸显了人们对这些景观共同的文化记忆,当然也是人们地域文化认同感的表现。

(二) 诗歌反映出的汴京八景影响

1. 从诗歌数量看

从表 6-15 诗歌数量的统计可以看出,文献中收录的清代诗人描写八景景观的诗歌较多,共 73 篇。而且吹台(繁台、梁园、梁苑)依然是清代诗人歌颂八景的重点。唐代到清代共 63 篇描写吹台的诗歌入选,比李濂《汴京遗迹志》中收录的多 22 篇。这 63 篇诗歌中明清两代对吹台的描写较多,各有 19 和 27 篇。在开封几千年的历史发展中,吹台由于其地理位置的特殊性和不同历史时期文化的不断叠加,沉淀成了代表开封城市发展文脉的一种象征物,成为明清两代开封人共同认可的景观地,并持续影响着人们的价值观和社会文化的发展方向。

表 6-15 清代文献中入选诗歌景观各代分布③

景观名称	唐	宋	金	元	明	清	总数
黄河	1	2		1	4	4	12

---

① 康熙《开封府志》卷三四,第 897 页。
② 康熙《开封府志》卷三四,第 878 页。
③ 数据来源:根据康熙《开封府志》和光绪《新修祥符县志》诗歌辑录整理。

续表

景观名称	唐	宋	金	元	明	清	总数
汴水	9					5	14
州桥						2	2
艮岳			2			7	9
隋堤	2	2			3	8	15
吹台、繁台、梁园	8		7	2	19	27	63
夷山					2	2	4
铁塔				1	2	9	12
金明池	6					5	11
相国寺						4	4
资圣阁	1		1		1		3
总数	27	4	10	4	31	73	149

我们从 6-6 中可以更加直观地看到，汴京八景景观在诗歌中的占比情况。清代文献中描写吹台(繁台或梁园)的诗歌最多，共 63 篇，占总数的 43%，其次是隋堤，共 15 篇，占 10%；汴水是 14 篇，占 9%。春秋已有的吹台经历史沉淀成为开封人认知和建构本土文化个性的一个窗口。而汴水和隋堤因与人们生活息息相关而备受关注，它们也逐渐刻画在人们的记忆深处，成为开封的城市名片。这些因发展和社会需要而逐渐生成的建筑和设施，在后世的发展中又反过来变成一种城市文化的代表，进而成为宣传地域文化的符号，通过对它们不同形式的宣传逐步扩大了城市对外的影响力。

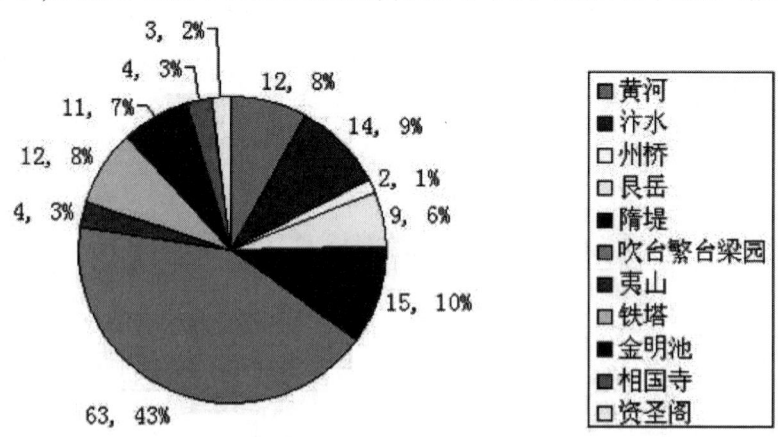

图 6-6 清代文献入选诗歌景观分布饼图

从图 6-7 诗歌数量分布柱状图中进一步看到，康熙《开封府志》和光绪

《祥符县志》中收录清代诗歌数量是最多的,其中描写吹台、繁台和梁园的最为集中、数量也最多。

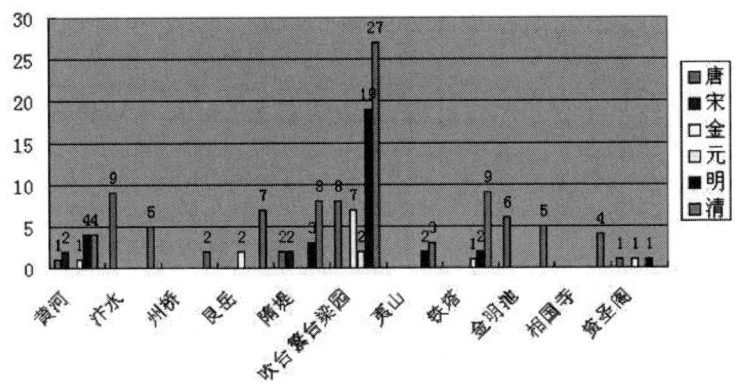

图6-7 清代文献中入选诗歌景观各代数量分布柱状图

2. 从作者朝代看

表6-16中可以看出,描写汴京八景景观的诗歌作者中清代人数最多,共28人;其次是诗歌创作高峰期的唐代,共20人,其中包括共登高台的李白和杜甫。明代收录的诗歌作者有17位,宋代10位,元代5位,金代只有3位。整体而言,清代人对开封景观的关注明显多于前朝。可见,清代无名氏最先传诵的汴京八景是被当时的文人广泛认可和接受的。

表6-16 作者的朝代分布①

朝代	作者	数量(人)
唐	罗隐、毛文锡、崔颢、王建、许棠、白居易、皮日休、李益、罗隐、李山甫、秦韬玉、王昌龄、李白、岑参、李贺、钱起、杜甫、韩愈、王仁裕、刘商	20
宋	邵雍、魏宪、孙觉、孔平仲、陆游、司马光、王安石、王安国、王立之、韩琦	10
金	完颜璹、元好问、李献甫	3
元	萨天锡、曹伯启、赵一德、冯子振、陈孚	5
明	陈子龙、张佳胤、谢榛、李梦阳、释宗泐、陆深、侯方域、沈荃、李濂、王廷相、李士允、周仪宾、李于鳞、朱睦楔、金山、刘基、刘醇	17
清	彭而述、蒋湘南、马士骥、闵派鲁、彭舜龄、周茂源、刘青藜、姜垚、沈绍姬、施闰章、刘朝宗、苏加玉、阮元、洪符孙、杜诏、梅启元、盛朝组、李根茂、钱纶、翁天游、张琦、千兆、张开第、张养蒙、王世祯、吴淇、胡介祉、无名氏、	28

① 资料来源:根据康熙《开封府志》、光绪《新修祥符县志》诗歌辑录整理。

3. 从作者籍贯看

从表6-17、图6-8来看,诗歌作者大多来自开封及周边地区。唐代至清代收录诗歌的作者籍贯范围东达上海,东南到福建,西南至四川重庆,西到天水、武威,西北到雁门,北及北京等地。相比明代,清代时重庆、山西大同和福建福清也曾有诗人到访或寓居并关注过开封及开封城市景观。这也说明清代的开封与更远城市之间的交往比前代更为频繁。汴京八景随着经济的交流互动逐渐为越来越多的人所了解,自然也成为指引到访者了解开封文化的窗口,进而通过文人墨客诗词歌赋的颂扬又影响和吸引了更多人前来探古访幽。

表6-17 作者的籍贯分布①

朝代	作者	籍贯	作者	籍贯	作者	籍贯
唐(19人)	杜甫	河南巩县(郑州巩义市)	李益	陕西姑臧(甘肃武威)	罗隐	新城(浙江富阳新登镇)
	李贺	河南福昌(河南洛阳宜阳县)	李白	陇西成纪(甘肃天水秦安县)	钱起	吴兴(浙江湖州市)
	崔颢	祥符(河南开封)	王仁裕	秦州上邽(天水市秦州区)	皮日休	竟陵(湖北襄阳)
	王建	颍川(河南许昌)	刘商	徐州彭城县(江苏徐州市铜山区)	王昌龄	河东晋阳(山西太原)
	毛文锡	高阳(河北),一作南阳(河南南阳)	许棠	宣州泾县(安徽宣州)	白居易	山西太原
	岑参	荆州江陵(湖北江陵)	秦韬玉	京兆(陕西西安市)	李山甫	不详
	韩愈	河南河阳(河南孟州市)				
金(3人)	完颜璹	北京	元好问	山西秀容(山西忻州)	李献甫	河中(山西永济)
元(5人)	萨天锡	雁门(山西代县)	赵一德	龙兴新建(江西南昌)	曹伯启	安徽砀山
	冯子振	湖南攸县(湖南双峰县)	陈孚	浙江临海		

① 资料来源:根据康熙《开封府志》、光绪《新修祥符县志》诗歌辑录整理。

续表

朝代	作者	籍贯	作者	籍贯	作者	籍贯
宋 (10人)	邵雍	林县(河南林州市) 一说范阳 (河北涿州)	孙觉	江苏高邮	陆游	越州山阴 (浙江绍兴)
	孔平仲	新喻 (江西新余)	司马光	陕州夏县 (山西夏县)	王安石	江西抚州
	王安国	江西抚州	韩琦	相州安阳 (河南安阳)	王立之	不详
	魏宪	福建福清				
明 (17人)	陈子龙	松江华亭 (上海松江)	谢榛	山东临清	侯方域	明归德府 (河南商丘)
	陆深	南直隶松江府 (上海)	李于鳞	历城 (山东济南)	李濂	祥符 (河南开封)
	沈荃	慈溪 (浙江杭州)	释宗泐	浙江黄岩	李士允	祥符 (河南开封)
	朱睦㮮	安徽休宁	王廷相	仪封县 (河南兰考县仪封)	周仪宾	不详
	张佳胤	重庆府铜梁县 (重庆市铜梁县)	刘醇	祥符 (河南开封)	金山	不详
	刘基	处州青田县 南田乡(浙江 温州市文成县)	李梦阳	河南扶沟		
清 (28人)	彭而述	河南邓州	姜垚	浙江绍兴	钱纶	河北大名
	蒋湘南	河南固始	沈绍姬	浙江钱塘	盛朝组	松江华庭 (上海松江)
	马士鹭	祥符 (河南开封)	施闰章	江南宣城 (安徽)	张开第	祥符 (河南开封)
	闵派鲁	祥符 (河南开封)	刘朝宗	安徽省太和	梅启元	不详
	彭舜龄	河南夏邑	苏加玉	江苏苏州	翁天游	不详
	周茂源	甘肃华亭	阮元	江苏仪征	张琦	不详
	刘青藜	山西大同	洪符孙	江苏阳湖	千兆	不详
	张养蒙	泽州 (山西晋城)	杜诏	江南长洲 (江苏苏州)	李根茂	不详

续表

朝代	作者	籍贯	作者	籍贯	作者	籍贯
清(28人)	王世祯	山东新城（淄博桓台县）	吴淇	江苏吴县（吴县1995年撤销）	无名氏	不详
	胡介祉	山阴（浙江绍兴）				

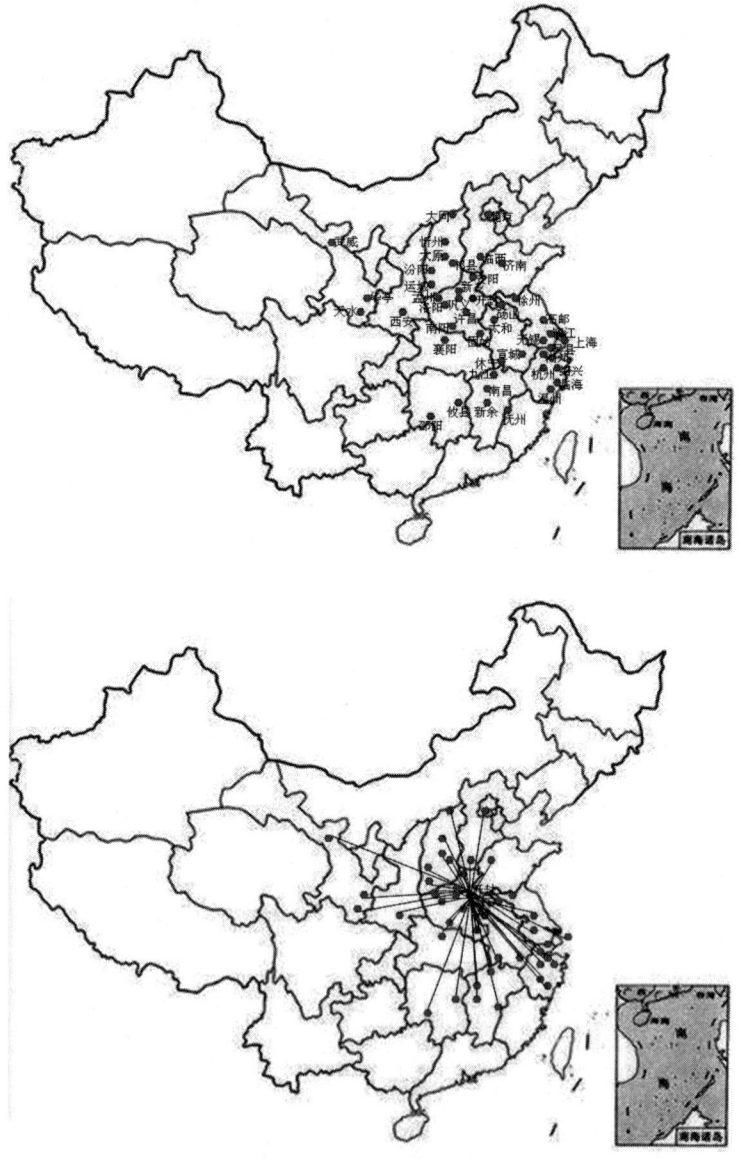

图 6-8　清代入选诗歌作者籍贯分布示意图

三、对当代开封的影响

明清汴京八景随朝代发展不断发展变化。但1840年鸦片战争以后,中国社会开始由封建社会逐渐进入到半封建半殖民地性质的社会。地处中原的开封,与直接遭受资本主义经济掠夺的沿海城市相比,近代城市文明的进程较为缓慢。而且,在近代的一百多年间,尤其是1911年辛亥革命到1949年中华人民共和国成立的30多年中,开封一直处于连绵不断的政治事变和规模不等的战乱之中,因此,开封城市经济萧条,管理混乱,城市面貌破败不堪。城市本身已经毫无景观可言,人们更不会有心关注或建设城市景观,汴京八景也就无从谈起。但庆幸的是1949年以后,有志于弘扬地方文化的开封知识分子又先后进行了5次汴京八景的评选活动。

(一)1949年后汴京八景发展概况

1949年后,有志于方志研究的地方史学专家和当地文人们,本着保护和传承地方文化的使命,结合时代发展,继续评选和认定新的汴京八景,为地域文化的传承和发展积极努力着。这种评选新汴京八景的活动,到目前为止,前后一共有5次。

1963年前后,开封博物馆李村人先生有感于城市发展所呈现的新面貌,结合开封已有传统拟定了一套汴京八景。它们分别是"禹王台公园、繁台及繁塔、相国寺展览馆、龙亭公园、铁塔公园、通明阁、鼓楼、汴京公园"①。从入选景观看,这次评选较为草率。八景只陈述景观点,并未用描述性词汇形容景观之美。入选的景观也未经打磨、润色,未考虑修辞方式。其用词多寡不一,有三字、四字、五字,甚至还用两字记录景观的情况。我们仅从八景字面上看不到景观之美,更不能感受景观所传达的意境以及想表达的思想内涵。

1994年,王宏晓又提出了一套新的汴京八景。他在《汴京八景今昔谈》中,对比古时汴京八景,剔除明崇祯十五年(1642)因洪水而无存的景观,并结合当时城市发展现状,新增三景,从而形成一套新的汴京八景。它们分别是铁塔行云、繁台春色、相国霜钟、梁园雪霁、龙亭晨光、包府湖月、樊楼灯火、大河涛声。② 这套八景对明清八景在景观名称、美感描述等方面都有较

---

① 杨庆化:《汴京八景记》,第169页。
② 王宏晓:《"汴京八景"今昔谈》,《中州统战》1994年第9期,第34—35页。

好的传承和表现。而且新增景观中的龙亭、包府坑均为明、清两代开封城市发展中形成的新景致，这不能不说是一种历史文脉的传承。樊楼则是在1984年"六大古都会议"开封召开之际提出的建设项目之一。"樊楼灯火"景观就是把北宋市民的休闲文化重新纳入开封历史文脉之中，从而使明清汴京八景的传承和文化内涵更加完整、全面。因此这套汴京八景应该可以说是把开封几千年积淀的文化又重新进行了一次较为完整的诠释。

1999年，另一位热心开封文化事业的文史专家孔岩先生在当年的市政协八届一次会议上提出了《关于开封新八景命名的建议》提案。他在提案中提出了又一套汴京八景："汴京公园、龙亭公园、清明上河园、翰园碑林、包公祠、山陕甘会馆、黄河风雕塑、延庆观。"①这次所选八个景点不仅保留了已有历史文脉，而且也体现了近年来开封新的建设成就，如"黄河风雕塑"入选八景就是对修建黄河大桥的一种肯定。这次重提的汴京八景与1963年所提八景有个相同点：仅客观罗列景点名称，收录八景不考虑对仗、美感、意境等，景观的文化内涵不能通过景名表现。

2000年，沙旭升发表《汴京"八景"与开封新"十景"》一文。他在文章中厘定了开封新"十景"："清园百戏、翰园墨精、包祠正气、杨府精忠、梁门晓月、御街风情、大桥飞架、黄河雄风、视塔行云、西区新容。"②这次评选一改往日八景评选模式，入选景观由8个扩大到10个，这在开封历史上是绝无仅有的。这次评选出的八景与前两次评选相比多了些文学和文化气息。景观不仅用4字描述，而且更关注其意境、美感和表现内容。这次景观再次收录了黄河以及黄河大桥。飞架黄河之上的大桥使得天堑变通途，开封自古以来的"水文化"传统在建成的黄河大桥中得以延续。

2004年，杨庆化先生在梳理明清及新中国成立后所评选汴京八景的基础上，遵循古八景评定原则，按照明清汴京八景的入景模式，提出了又一套版本的汴京八景。它们分别是清园早春、视塔白云、名观新晴、南衙秋容、会馆瑞雪、龙亭夜色、翰园烟雨、古城暮霭。③ 这次选出的景点既保留了历史人文胜迹，又凸显了社会进步、城市建设的成果。它们不仅充分吸收了前几套八景中包含的体现城市发展和进步成就的景观，而且又保留了明清古八景的部分内容。比较而言，这一版本在对明清汴京八景的延续性和继承性上体现更为明显。

---

① 杨庆化:《汴京八景记》，第172页。
② 杨庆化:《汴京八景记》，第172页。
③ 杨庆化:《汴京八景记》，第175页。

(二) 明清汴京八景对当代的影响

从表6-18中可以看出,明清4套汴京八景与1949年后所提的5套新汴京八景相比,除1963和1999年版外,其他八景中出现的景观名称均为4字,且对仗工整。而且许多景观如黄河、相国寺、铁塔、繁台等在新八景中都有体现。可见,明清汴京八景与1949年后出现的汴京八景之间是既有一定继承又有所创新。

表 5-18 明清至今汴京八景①

1.朱有燉版	2.明代李濂一	3.明代李濂二	4.清版	5.1963年版	6.1994年版	7.1999年版	8.2000版	9.2004年版
艮岳晴云	铁塔行云	艮岳春云	繁台春色	禹王台公园	铁塔行云	汴京公园	清园百戏	清园早春
大河春浪	金池过雨	夷山夕照	隋堤烟柳	繁台及繁塔	繁台春色	龙亭公园	翰园墨精	视塔白云
开宝晨钟	州桥明月	金梁晓月	汴水秋声	相国寺展览馆	相国霜钟	清明上河园	包祠正气	名观新晴
夷山夕照	大河涛声	资圣薰风	相国霜钟	龙亭公园	梁园雪霁	翰园碑林	杨府精忠	南衙秋容
金梁晓月	繁台春晓	百冈冬雪	铁塔行云	铁塔公园	龙亭晨光	包公祠	梁门晓月	会馆瑞雪
资圣薰风	汴水秋风	吹台秋雨	梁园雪霁	通明阁	包府湖月	山陕甘会馆	御街风情	龙亭夜色
百冈冬雪	隋堤烟柳	宴台瑞霭	州桥明月	鼓楼	樊楼灯火	黄河风雕塑	大桥飞架	翰园烟雨
吹台秋雨	相国霜钟	牧苑新晴	金池夜雨	汴京公园	大河涛声	延庆观	黄河雄风	古城暮霭
						视塔行云		
						西区新容		

① 史料来源:明朱有燉《诚斋录》;明李濂《汴京遗迹志》;康熙《开封府志》、光绪《新修祥符县志》;王宏晓《汴京八景今昔谈》;杨庆化《汴京八景记》。

1. 现代汴京八景延续明清汴京八景的收录模式

自北宋宋迪提出"潇湘八景"以来,各地均有模仿,尤其是明代以后官方诏令定八景,八景之风日盛。但这种以八种景观代表地域文化的方式却并非一概而论,有许多县域在八景基础上,提出"十景""十二景""十六景"甚至是"四十八景",以此表明地域代表性景观之多。但明清汴京八景,不论官修抑或私人方志之中所载,则都是严格按照"潇湘八景"模式评选出来的。1949年后,开封出现的新汴京八景,除2000年版是"十景"外,其他4个版本也都沿袭明清汴京八景形式。可见,从明初提出汴京八景以来,开封八景基本是一套固定的模式。不同时期的汴京八景,在景观名称、成景方式、表现意境等方面均体现出明显的前后继承性。有所不同的是,整体而言当代汴京八景在景观的文学意境、文化内涵的表现上是不能与明清汴京八景同日而语的。

1949年后开封先后出现的5套新汴京八景,其八景的命名方式与明清汴京八景相去甚远。1963年和1999年所提出的新汴京八景基本是对当时城市发展中出现的代表性景观的客观表述和简单罗列,并未对景观在不同时节、不同气候等状态下所呈现的意境美作进一步描述。这2套汴京八景中出现了14处景观,分别是:禹王台公园、繁台及繁塔、相国寺展览馆、龙亭公园、铁塔公园、通明阁、鼓楼、汴京公园、清明上河园、翰园碑林、包公祠、山陕甘会馆、黄河风雕塑、延庆观。人们仅能从罗列景观名称上知道它们是城市重要景观,却不能想象出景观美在何处。但2000、2004年版的新汴京八景重新关注了明清汴京八景的成景方式,景观注重对其文化和意境美加以描述,能使人们通过景观陈述感受景观内在之美。如"梁门晓月""古城暮霭",它们是借用明清八景的表现手法来突出景观特定场景下的美,使人们能更直观地感受景物独特的文化魅力。

由此可见,明清汴京八景历经朝代更迭,1949年后,尤其是进入21世纪,开封人在追寻传统文化的思想引领下,重拾八景传统,延续八景成景的文化模式,结合城市发展,关注景观自身的历史性,在传承其文化内涵的基础上,开启了汴京八景的新时代。

2. 现代汴京八景继承明清八景所聚焦的文化并有所发展

从1963年到2004年提出的新汴京八景来看,入选新八景的景观也是以几千年历史积淀文化为主要依据的。明清汴京八景中集中表现的宋文化,在现代不同时期版本的汴京八景中依然占主要份额,如相国寺、鼓楼、清明上河园(按照宋人张择端《清明上河图》所建的主题公园)、龙亭公园(宋金皇宫所在地)、包公祠(宋代包拯的纪念祠堂)和开封府(北宋东京府衙)等等,这些地方基本是聚焦和再次彰显北宋文化的景观地。除此之外,对自古形成的高台文化也继承并发扬,1963年和1994年版的汴京八景中都提到了繁台、相国寺,而且1994年版本的汴京八景甚至直接把明清汴京八景的"繁台春色""相国霜钟"纳入其中。

新汴京八景除继承明清汴京八景的部分景观外,也有结合现代城市发展而提出的新景观,这也是对明清汴京八景的一种延续和传承。如1963年版本中提到的龙亭公园、通明阁、鼓楼、汴京公园即是如此。龙亭是清代时期在原明周王府遗址上所修建的一处龙亭山;通明阁是道教教主王阳明在开封所建道观——延庆观中的一栋重要建筑;鼓楼是1949年后复原的明清时期的城市古楼;汴京公园也是依托开封古文化新建的城市市民公园。1994年版中提到的"包府湖月"景观是明清时期因黄河水患而留下的城中数处水面之一的包府坑所在地。以上2个版本的新汴京八景具有明显的继承明清开封古文化的痕迹。1999年之后的新汴京八景则更多入选的是结合城市新发展的景观。1999年版中的清明上河园、翰园碑林、包公祠、山陕甘会馆、黄河风雕塑、延庆观,2000年版中增加的杨府精忠、梁门晓月、御街风情、大桥飞架、黄河雄风、视塔行云、西区新容,这些入选景观大多是对现代城市发展成就的认可。2004年版的汴京八景则在2000年版基础上又对景观进一步润色。春寒料峭的清明上河园,白云环绕的电视塔,烟雨朦胧中的翰园碑林,以及被暮色笼罩的开封城都被收录进新八景之中。这些进入新世纪后突出开封城市建设成就的新景观逐渐成为市民津津乐道之所。杨庆化先生用"清园早春""视塔白云""翰园烟雨""古城暮霭"方式把它们收录进八景,也暗含了开封八景文化的传承。

1949年后开封出现的5套汴京八景既继承了明清之前的历史文化,又体现了明清时期开封创造的城市文明,另外还有对现代开封城市发展成就的彰显。所以,开封先后提出的5套新汴京八景是对明清汴京八景继承基础上的进一步发展。

3. 明清汴京八景元素渗透到民俗及市民日常生活之中

明清汴京八景除影响现代开封评选八景的模式,还表现在对各种民俗生活及旅游文化创意产品的浸染上。以开封汴绣为例,不仅有我们熟知的以《清明上河图》为题材创作的长卷,也有以汴京八景为主要内容的、表现开封历史文化发展的精品。开封旅游文创产品中的文房四宝、扇子、书签等更有以汴京八景中的景观为创作元素进行的绘画装饰。人们日常生活中,还有以汴京八景做广告宣传的各种小日用品,如开封生产的火柴盒盒身、邮票票面都有以图画形式表现的汴京八景的身影。在开封特色名吃中,更有以各种食材创作而成的"汴京八景宴",开封还出现了以"汴梁八景"命名的饭店,2018年建成的开封规划馆甚至以汴京八景图作为其中庭的装饰墙,等等。这些都是结合现代发展,以明清汴京八景为题材进行的各种文化及延伸产品的创作、开发和展示。

在明清汴京八景的影响之下,开封结合城市发展继续延续着新"汴京八景",见证着新时代的发展。2018年7月,在改革开放40周年和开封解放70周年之际,开封日报社组织文化、旅游等部门以及开封有志于文化事业的文人学者,发挥主流媒体的主导作用,以全民参与的方式,积极推选"汴京新八景"活动,力图重新塑造开封城市形象,进一步树立文化自信。先后经过推选动员座谈会、专家访谈、征求意见,同时借助电子邮箱、推选热线、微信留言、信件推荐以及来访等方式调动各方人士积极参与推选,2019年8月,经过综合评定,最终确定"汴京新八景"为:东京梦华(清明上河园)、南衙清风(开封府)、龙亭菊影(龙亭公园)、西湖烟雨(开封西湖)、学府书香(河南大学明伦校区)、城楼映月(开封城墙)、包祠秋霜(包公祠)和汴京晨韵(汴京公园)。这一套版本汴京八景中的清明上河园、开封府、龙亭公园、城墙、包公祠依然是历史传承的城市景观文化符号,都是在明清汴京八景基础上的继承和创新。

不论是现代提出的开封新八景,还是在此基础上以"汴京八景"为题材所进行的各种文化加工和艺术再创作,它们都从不同侧面反映出明清汴京八景对现代开封持续而又深沉的影响,而且这种影响在未来还将继续下去。

结　　语

明清汴京八景既是反映明清时期开封城市发展变迁的重要景观系统，又是其标志性的文化符号。汴京八景的提出、发展和演变不仅再现了开封民众的集体记忆，而且也折射出开封城市地位、市民情感、城市文化和社会思潮的变迁，对城市文明的发展具有重要的标志性意义。本研究通过对明清汴京八景历史演变过程、演变特征、趋势及影响的梳理，得到以下几点认识。

第一，汴京八景中北宋及之前形成的景观居多。开封曾是战国时期的魏，五代时期的梁、晋、汉、周，北宋和金后期的都城，古都文化的烙印很深。从魏大梁城到北宋东京城的城市格局奠定了明清汴京八景的景观系统基础。战国四公子之一的魏信陵君为人谦和，礼贤下士，吸引了当时诸多有识之士投入其门下。信陵君与夷门守门人侯嬴、屠户朱亥共同上演的窃符救赵事件对后世影响深远，"夷山夕照"正是对这段历史的记忆。梁孝王所筑梁园见证了司马相如、枚乘等一批汉赋大家的风采，"梁园雪霁"道出了后世开封人对吟诗作赋、吹弹歌舞生活的向往。南北朝时期建成的建国寺（相国寺前身）和独居寺（开宝寺前身）为北宋佛教文化的勃兴提供了主要活动场所。"相国霜钟""铁塔行云""开宝晨钟"和"资圣薰风"再现了北宋开封佛教文化及相关寺院在文人士大夫和普通市民心目中的重要地位和影响。隋炀帝时期大运河的开通为北宋东京的繁华奠定了交通基础，北宋东京成为一座经济繁荣、富甲天下、人口百万、气势恢宏的国际性大都市。那时候的州桥、金梁桥、艮岳、金明池等景观都已成为繁华都市的知名文化符号，几乎妇孺皆知。明清时期，开封失去了原有的优越政治地位，而"州桥明月""金梁晓月""艮岳晴云""金池夜雨"等入选八景则是开封人对逝去的往日繁华最美好的回忆。

第二，汴京八景景观分布受城市格局影响显著。从战国时期的大梁城、唐代的汴州城，再到北宋的东京城、明清时期的开封城，不论是作为国都还是地方性城市,开封城市的经济、社会、文化等活动都因城市格局被限制在相对固定的范围内。因此,明清汴京八景中最远景观距离开封不过25公里,最近景观就在市中心的皇城脚下。同时,由于黄河水患的侵扰,明、清两代的开封城区面积由原来北宋东京城的三重城墙逐渐缩小为两重城墙,城中许多景观也因此逐渐湮灭。有幸留存下来的景观大多是历经风雨、经受时间考验的遗迹、遗存或对城市发展产生重要影响的历史事件发生地等。

第三,汴京八景中的水景观占比较大。老子说"上善若水",水是生命之源,是维持人类生存的最基本要素。从孕育中华民族的母亲河——黄河,到隋炀帝时期开通的大运河,再到北宋太祖赵匡胤称为"玉带"的汴河,"水"一直都深刻影响着开封城市的历史发展。鸿沟成就了战国大梁城;汴河催生了唐汴州城,成就了国际性大都市北宋东京城。但开封兴亦水,衰亦水。北宋末年,金军进犯,宋朝徙都杭州,汴河逐渐淤塞而失去航运功能。金元时期黄河泛滥加剧,频繁改道,明清时期河道南移逼近开封并在开封附近频繁决溢,数次给开封城带来灭顶之灾。因此,开封人对"水"的感情是复杂的。一方面,对成就城市辉煌的黄河、汴水无限眷恋和敬仰;另一方面,又不得不面对黄河泛滥所带来的巨大灾难。所以,明清汴京八景中就出现了"大河春浪""大河涛声""汴水秋声""隋堤烟柳"等与黄河、汴河直接或间接相关的景观。

第四,明清时期开封城市地位的变迁促成了汴京八景的出现和演变。明清时期,开封的城市地位虽然有所下降,但作为明代的周王藩邸、清代的河南省会,其经济和文化发展仍保持了较高的水平。在周藩治下的明代开封依然表现出政治性消费城市的特性,在此条件下,熟悉开封历史并具有较高文化修养的周王朱有燉便首倡"汴城八景",为汴京八景的形成打下基础。而后,明清开封各种志书的呼应、各地文人士大夫诗作中的唱和则加快了汴京八景在民间的传播,使八景观念逐渐得到人们的认同,积淀为开封城市文化不可分割的重要组成部分。

明清汴京八景是一种历史的存在,是开封城市的知名文化符号。梳理明清汴京八景演变的过程不仅深化了开封城市史、旅游文化史的研究,也在一定程度上拓宽了明清史、景观史研究的视野,更为现代开封城市经济社会发展提供了重要的理论参考。

参考文献

白愚.汴围湿襟录[M].刘益安,校注.郑州:中州书画出版社,1982.
蔡绦.铁围山丛谈[M].冯惠民,沈锡麟,点校.北京:中华书局,1983.
曹金.开封府志[M].刻本.1585(明万历十三年).
陈宝良.明代士大夫的精神世界[M].北京:北京师范大学出版社,2017.
程民生.开封旅游文化丛书[M].开封:河南大学出版社,2003.
程民生.宋代地域文化[M].开封:河南大学出版社,1997.
程遂营,金聚泰,桓战伟,等.开封[M].北京:中华地图学社,2005.
程遂营.程遂营讲六大古都[M].郑州:河南大学出版社,2015.
程遂营.河南旅游历史文化[M].北京:中国旅游出版社,2007.
程遂营.唐宋开封生态环境研究[M].北京:中国社会科学出版社,2002.
程子良,李清银.开封城市史[M].北京:社会科学文献出版社,2008.
崔文印.大金国志校证[M].北京:中华书局,1986.
段玉明.相国寺,在唐宋帝国的神圣与凡俗之间[M].成都:巴蜀书社,2004.
范成大.揽辔录[M].北京:中华书局,1985.
费孝通.中国文化的重建[M].上海:华东师范大学出版社,2014.
傅寿彤.汴城筹防备览[M].[出版地不详]:[出版者不详],[1983].
高承,李果.事物纪原[M].北京:中华书局,1985.
高树田.文化开封[M].郑州:河南人民出版社,2015.
高巍,孙建华,等.燕京八景[M].北京:学苑出版社,2008.
高小康.狂欢世纪:娱乐文化与现代生活方式[M].郑州:人民出版社,1998.
格拉夫梅耶尔.城市社会学[M].徐伟民,译.天津:天津人民出版社,2005.
葛剑雄,胡云生.黄河与河流文明的历史观察[M].郑州:黄河水利出版社,2007.

葛兆光.中国古代文化讲义[M].上海:复旦大学出版社,2014.

葛兆光.中国思想史[M].上海:复旦大学出版社,2013.

谷应泰.明史纪事本末[M].北京:中华书局,1977.

顾炎武.历代帝王宅京记[M].于杰,点校.北京:中华书局,1984.

顾祖禹.读史方舆纪要[M].贺次君,施和金,点校.北京:中华书局,2005.

管竭忠,张沐.开封府志[M].孙富山,郭书学,校注.北京:燕山出版社,2009.

郭若虚.图画见闻志[M].北京:人民美术出版社,2003.

韩愈.韩愈全集[M].钱仲联,马茂元,校点.上海:上海古籍出版社,1997.

洪丕谟,姜玉珍.中国人命运的信息,推演出的古代文化[M].西安:陕西人民出版社,2014.

胡道静.道藏要集选刊[M].上海:上海古籍出版社,1998.

胡谧,等.河南总志[M].刻本.1484(明成化二十年).

黄舒昺.新修祥符县志[M].刻本.1898(清光绪二十四年).

黄以周.续资治通鉴长编拾补[M].北京:文物出版社,1987.

姜锡东,李华瑞.宋史研究论丛:第6辑[M].石家庄:河北大学出版社,2005.

久保田和男.宋代开封研究[M].上海:上海古籍出版社,2010.

乐史.太平寰宇记[M].王文楚,等点校.北京:中华书局,2007.

李春棠.坊墙倒塌以后:宋代城市生活长卷[M].长沙:湖南出版社,1993.

李村人.开封名胜古迹散记[M].郑州:河南人民出版社,1957.

李焘.续资治通鉴长编[M].北京:中华书局,1992.

李光壂.守汴日志[M].王兴亚,点校.郑州:中州古籍出版社,1987.

李濂.汴京勼异记[M].北京:中华书局,1985.

李濂.汴京遗迹志[M].周宝珠,程民生,点校.北京:中华书局,1999.

李绿园.歧路灯[M].栾星,整理.郑州:中州古籍出版社,2012.

李延.歧路灯研究[M].郑州:中州古籍出版社,2002.

李泽厚.美的历程[M].桂林:广西师范大学出版社,2001.

李真瑜.城市文化与戏剧[M].西安:陕西人民教育出版社,2005.

刘畅.歧路灯与中原民俗文化研究[M].济南:齐鲁书社,2009.

刘春迎.北宋东京城研究[M].北京:科学出版社,2004.

刘春迎.揭秘开封城下城[M].北京:科学出版社,2010.

刘春迎.考古开封[M].开封:河南大学出版社,2006.

刘会敏.厚重开封[M].开封:河南大学出版社,2007.

刘顺安.古都开封[M].杭州:杭州出版社,2011.

楼钥.北行日录[M].丛书集成初编本,北京:中华书局,1991.

吕思勉.中国文化史[M].北京:北京大学出版社,2010.

马端临.文献通考[M].上海师范大学古籍研究所,华东师范大学古籍研究所,点校.北京:中华书局,2011.

芒福德.城市发展史:起源、演变和前景[M].倪文彦,宋俊岭,译.北京:中国建筑工业出版社,1989.

彭定求,等.全唐诗[M].北京:中华书局,1960.

平田茂树,远藤隆俊,冈元司.宋代社会的空间与交流[M].开封:河南大学出版社,2008.

屈春山,张鸿声.老开封:汴梁旧事[M].郑州:河南人民出版社,2005.

尚世英.河南旅游地理[M].开封:河南大学出版社,1987.

邵伯温.邵氏见闻录[M].刘德权,李建雄,点校.北京:中华书局,1983.

沈德符.万历野获编[M].北京:中华书局,1955.

沈括.梦溪笔谈[M].侯真平,点校.长沙:岳麓书社,1998.

史念海.河山集:二集[M].北京:人民出版社,1981.

史念海.中国古都与文化[M].北京:中华书局,1998.

司马迁.史记[M].北京:中华书局,1959.

宋继郊.东京志略[M].王晟,李景文,刘璞玉,点校.开封:河南大学出版社,1999.

宋濂.元史[M].北京:中华书局,1976.

宋敏求.春明退朝录[M].诚刚,点校.北京:中华书局,2006.

孙富山,郭书学,牛跃达.开封年鉴[M].北京:方志出版社,2006.

孙富山,木鱼.皇家佛刹:开封相国寺[M].开封:河南大学出版社,2003.

孙隆基.中国文化的深层结构[M].北京:中信出版集团,2015.

田锡.咸平集[M].罗国威,校点.成都:巴蜀书社,2008.

痛定思痛居士.汴梁水灾纪略[M].李景文,王守忠,李湍波,点校.开封:河南大学出版社,2006.

脱脱.金史[M].北京:中华书局,1975.

脱脱.宋史[M].北京:中华书局,1977.

王辟之.渑水燕谈录[M].北京:中华书局,1985.

王恩涌.人文地理学[M].北京:高等教育出版社,2004.

王福鑫.宋代旅游研究[M].保定:河北大学出版社,2007.

王瓘.北道刊误志(及其他三种)[M].北京:中华书局,1991.

王国维.人间词话[M].滕咸惠,译评.长春:吉林文史出版社,2004.

王胜时.漫游纪略[M].樊尔勤,校.北京:新文化书社,1934.

王应麟.玉海[M].扬州:广陵书社,2003.

王志勇.靖康要录笺注[M].成都:四川大学出版社,2008.

魏泰.东轩笔录[M].李裕民,点校.北京:中华书局,1983.

魏向东,宋言奇.城市景观[M].北京:中国林业出版社,2005.

吴处厚.青箱杂记[M].李裕民,点校.北京:中华书局,1985.

吴聪娣.从歧路灯看清代社会[M].长春:春艺图书贸易公司,1998.

吴国清.旅游地理学[M].福州:福建人民出版社,2007.

吴慧颖.中国数文化[M].长沙:岳麓书社,2013

吴晟.瓦舍文化与宋元戏剧[M].北京:中国社会科学出版社,2001.

吴涛.北宋都城东京[M].郑州:河南人民出版社,1984.

吴晓亮,林文勋.宋代经济史研究[M].昆明:云南大学出版社,1994.

吴曾.能改斋漫录[M].上海:上海古籍出版社,1960.

谢贵安.明清文化史探研[M].北京:商务印书馆,2010.

熊伯履.相国寺考[M].郑州:河南人民出版社,1963.

熊克.中兴小纪[M].顾吉辰,郭群一,点校.福州:福建人民出版社,1985.

徐世昌.大清畿辅先哲传[M].北京:古籍出版社,1983.

徐松.宋会要辑稿[M].刘琳,等校点,上海:上海古籍出版社,2014.

杨宽.中国古代都城制度史研究[M].上海:上海古籍出版社,1993.

杨庆化.汴京八景记[M].北京:中国和平出版社,2012.

叶梦得.石林燕语[M].侯忠义,点校.北京:中华书局,1984.

伊永文.东京梦华录笺注[M].北京:中华书局,2009.

伊永文.宋代市民生活[M].北京:中国社会出版社,1999.

伊永文.行走在宋代的城市:宋代城市风情图记[M].北京:中华书局,2004.

佚名.如梦录[M].孔宪易,校注.郑州:中州古籍出版社,1984.

佚名.宣和遗事[M].北京:中华书局,1985.

佚名.炀帝开河记[M].北京:中华书局,1991.

袁喜生.李濂年谱[M].开封:河南大学出版社,2001.

岳柯.桯史[M].吴企明,点校.北京:中华书局,1981.

赞宁.宋高僧传[M].北京:中华书局,1987.

张鸿雁.城市定位论:城市社会与理论视野下的可持续发展战略[M].南京:东南大学出版社,2008.

张劲.两宋开封临安皇城宫苑研究[M].济南:齐鲁书社,2008.

张其凡,陆勇强.宋代历史文化研究[M]北京:人民出版社,2001.

张淑载.祥符县志[M].刻本.1739(清乾隆四年).

张廷玉.明史[M].北京:中华书局,1974.

张壮行,马士鹭.祥符县志[M].刻本.1662(清康熙元年).

章学诚.文史通义[M].上海:上海书店,1988.

赵吉士.寄园寄所寄录[M].上海:大达图书供应社,1935.

赵汝愚.宋名臣奏议[M].上海:上海古籍出版社,1999.

赵世瑜,周尚意.中国文化地理概说[M].太原:山西教育出版社,1991.

赵世瑜.腐朽与神奇:清代城市生活长卷[M].长沙:湖南人民出版社,2006.

钟林斌.元曲三百首译注评[M].沈阳:辽海出版社,2001.

周宝珠.宋代东京研究[M].开封:河南大学出版社,1992.

周城.宋东京考[M].单远慕,点校.北京:中华书局,1988.

周辉.北辕录[M].北京:中华书局,1991.

周密.癸辛杂识[M].吴企明,点校.北京:中华书局,1988.

周振鹤.中国行政区划通史:明代卷[M].上海:复旦大学出版社,2007.

朱绍侯.中国古代史[M].福州:福建人民出版社,1985.

朱士光.中国八大古都[M].北京:人民出版社,2007.

朱仰东.朱有燉《诚斋录》笺注[M].北京:中国文联出版社,2016.

宗白华.美学散步[M].上海:上海人民出版社,1981.

邹守愚.河南通志[M].刻本.1556(明嘉靖三十五年).

* * *

鲍沁星.两宋园林中方池现象研究[J].中国园林,2012(4):73-76.

本田知生,锋佐哲.关于宋代城市研究诸问题,以国都开封为中心[J].河南师大学报,1980(2):42-48.

车林.开封大相国寺[J].佛学研究,1997(6):132-133.

陈昌远.魏国徙都大梁时间及其经济发展[J].中国历史地理论丛,1997,12(4):63-73.

陈燕妮.吹台:被嫁接城市景观与宋诗书写[J].湖北社会科学,2015(2):122-127.

程民生.北宋相国寺的商业盛况[J].复印报刊资料:经济史,1986(2):61-63.

程民生.略论宋代市民文艺的特点[J].史学月刊,1998(6):107-111.

邓广铭.谈谈有关宋史研究的几个问题[J].社会科学战线,1986(2):137-144.

邓颖贤,刘业."八景"文化起源与发展研究[J].广东园林,2012(2):11-19.

董鉴泓.宋东京(开封)的改建扩建规划[J].城市规划,1982(1):57-61.

杜玉俭.李白、杜甫和高适为何并未共登开封吹台[J].中州学刊,2005(3):115-119.

段玉明.从空间到寺院:以开封相国寺的兴建为例[J].世界宗教研究,2004(3):28-37.

帆声.繁塔音义考略:兼论"Buddha"一词的汉译[J].史学月刊,1987(2):99-102,118.

范沛潍,李润田.黄河与开封[J].开封文博,2010.

范沛潍.明、清时期开封的交通[J].开封教育学院学报,1997(3):1-5.

范沛潍.周王与明代的开封[J].史学月刊,1994(4):111-118.

高云龙.日本葛饰北斋风景版画与中国潇湘"八景"画题[J].艺术百家,2009(2):85-92.

何晓静.北宋园林中的"江南"观念[J].新美术,2016(7):76-83.

何卓.开封相国寺今昔[J].开封师院学报,1978(2):56-61.

贾文毓.旅游地理学视域中的中国名胜组景分析[J].地理学报,2009(6):745-752.

贾玉英.北宋开封府管理制度研究[J].史学月刊,2001(6):128-134.

贾玉英.略论北宋开封府[J].宋史研究论文集,2000:395-413.

姜庆湘,萧国亮.从《清明上河图》和《东京梦华录》看北宋汴京的城市经济[J].中国社会科学,1981(4):185-207.

久保田和男.宋都开封城内的东部与西部[J].郭万平,译.中国历史地理论丛,2006(2):14-22.

孔宪易.试探《如梦录》与明代的开封[J].中国古都研究,1985(1):213-217.

李德华.北宋东京大相国寺三门阁和资圣阁复原探讨[J].中国建筑史论,2017(9):171-196

李德楠.从地方志"八景"看区域水环境变迁:以康熙、乾隆、光绪鱼台县志为中心[J].中国地方志,2014(7):59-64.

李凡,朱竑,黄维.从地理学视角看城市历史文化景观集体记忆的研究[J].人文地理,2010(4):60-66.

李舜华.从四方新声到弦索官腔,《中原音韵》与元季明初南北曲的消长[J].文艺理论研究,2014(2):140-150.

李玉洁.艮岳与北宋的灭亡[J].开封大学学报,2005(2):13-14.

李玉洁.夏人十迁及夏都老丘考释[J].中州学刊,2013(2):112-117.

梁建国.北宋东京的住宅位置考论[J].南都学坛,2013(3):24-38.

刘春迎.北宋东京三大节日及其习俗[J].中国古都研究,1995(13):254-264.

刘春迎.汴河兴废史略:兼探宋城遗址内汴河故道的初步勘探[J].中国古都研究,1998(15):233-248.

刘春迎.论北宋东京城对金上京、燕京、汴京城的影响[J].河南大学学报(社会科学版),2005(5):108-112.

刘春迎.明代分封制与黄河水患影响下的开封城[J].河南大学学报(社会科学版),2016(5):76-85.

毛华松,廖聪全.城市八景的发展历程及其文化内核[J].风景园林,2015(5):118-122.

牛建强.明代的开封城市生活的若干侧面[J].中州学刊,2004(6):129-131.

牛建强.明代黄河下游的河道治理与河神信仰[J].史学月刊,2011(9):52-68.

牛建强.于谦与明宣德、正统间的河南地方社会[J].黄河文明与可持续发展,2018:91-113.

丘刚,李合群.北宋东京金明池的营建布局与初步勘探[J].河南大学学报(社会科学版),1998(1):12-14.

权宇,李美花.试论八景诗日本化的形成模式与形态流变[J].东疆学刊,2015(3):45-51.

冉毅.日本"潇湘八景"研究综述[J].湖南科技学院学报,2017(2):15-25.

冉毅.中日禅宗文化交流史中牧溪八景图东渐及评价正声[J].湖南师范大学社会科学学报,2014(5):136-143.

任唤麟.八景文化的旅游学分析[J].旅游学刊,2012(7):35-40.

单远慕.北宋时期的东京[J].史学月刊,1980(3):16-24.

单远慕.明代的开封[J].史学月刊,1980(6):23-49.

苏醒,张捷.历史文化汴水略考名城名胜组景的时空演变特征研究:以金陵四十八景为例[J].地域研究与开发,2014(5):171-176.

孙改芳.八景诗对旅游文化创意的启示:以山西太原古代州县八景诗为例[J].中北大学学报(社会科学版),2014(3):88-91.

王长燕,赵景波,郁耀闯.明代的开封地区洪水灾害规律研究[J].华中师范大学学报(自然科学版),2008(3):462-466.

王德庆.论传统地方志中"八景"资料的史料价值:以山西地方志为例[J].中国地方志,2007(10):47-52.

王贵祥.北宋汴京大相国寺空间研究及其明代大殿的可能原状初探[J].中国建筑史汇刊,2014(1):131-170.

王晟.明代的开封周王府[J].河南大学学报(社会科学版),1986(1):48-52.

王增文.关于西汉梁孝王刘武历史地位的评价[J].商丘师范学院学报,2010(8):22-25.

魏千志.铁塔四题[J].河南师大学报(社会科学版),1982(4):47-56.

吴朋飞,邓玉娜.黄河变迁对元代开封的影响[J].城市史研究,2016(1):1-15.

吴朋飞,邓玉娜.明代周王府的建筑布局及其对城市结构的影响[J].城市史研究,2014:174-187.

吴朋飞,李娟,费杰.明代河南大水灾城洪涝灾害时空特征分析[J].干旱区资源与环境,2012(5):13-17.

吴朋飞,陆静,马建华.1841年黄河决溢围困开封城的空间再现及原因分析[J].河南大学学报(自然科学版),2014(3):299-304.

吴朋飞,徐纪安,马建华."引河沟灌大梁"初探[J].中原文物,2016(1):54-61.

吴朋飞.黄河变迁对金代开封的影响[J].井冈山大学学报(社会科学版),2015(4):122-129.

吴朋飞.开封城市生命周期探析[J].江汉论坛,2013(1):121-128.

吴朋飞.清代的开封城市湖泊的形成与演变[J].历史地理,2014(2):30-38.

吴水田,游细斌.地域文化景观的起源、传播与演变研究:以赣南八景为例[J].热带地理,2009(1):188-193.

吴涛.北宋东京城的营建与布局[J].郑州大学学报,1982(3):24-32.

吴小伦.黄河水患与清代的开封的衰落[J].兰台世界,2011(16):16-17.

武强.环境变迁与城市空间的生产:以汴京八景为中心的分析[J].中国社会历史评论,2016(17):166-186.

谢柳青.来自古潇湘的文化冲击:中、日"潇湘八景"浅谈[J].求索,1988(4):93-97.

徐赣丽,朱国佳.八景文化与八景诗画的文化遗产价值[J].广西师范大学学报(哲学社会科学版),2012(5):74-80.

许檀.明清时期的开封商业[J].中国史研究,2006(1):161-176.

杨国荣,王艳丽.河北地域传统八景诗的文化价值分析[J].统计与管理,2014(4):86-87.

杨军.汴京大相国寺:北宋的书画交易市场[J].中国社会科学报,2014(B01):1-2.

叶晔.拐点在宋:从地志的文学化到文学的地志化[J].文学遗产,2013(4):96-106.

喻学才.八景与休闲[J].建筑与文化,2011(12):86-89.

运迎霞,王林申,王艳玲."八景"的传统美学思想体现及对当代城市规划的启示[J].规划师,2014(3):107-111.

展龙.明初江南遗民的政治生态与命运沉浮[J].首都师范大学学报,2015(5):23-30.

展龙.明代社会舆论的历史意蕴及启示[J].山东社会科学,2018(9):89-92.

张爱存.汴水考[J].淮北煤师院学报(社会科学版),1995(2):63-65.

张嘉盈.宋代至今羊城八景演变的特点及其规律[J].广州大学学报(社会科学版),2003(11):42-44.

张苗,郭芳华.古代"八景"中的公众参与思想及其对现代地域性景观营造的启示[J].设计,2016(5):54-55.

张廷银.传统家谱中"八景"的文化意义[J].广州大学学报(社会科学版),2004(4):40-45.

张廷银.地方志中"八景"的文化意义及史料价值[J].文献,2003(4):36-47.

张武军.开封相国寺建筑形制考略[J].开封大学学报,2012(2):20-24.

赵为民.梁惠王筑吹台辨析[J].河南大学学报(社会科学版),1987(4):57-59.

周宝珠.李濂和他的《汴京遗迹志》[J].河南大学学报,1998(1):21-26.

周宝珠.宋代东京城市经济的发展及其在中外经济文化交流中的地位[J].中国史研究,1981(2):48-65.

周琼."八景"文化的起源及其在边疆民族地区的发展[J].清华大学学报(哲学社会科学版),2009(2):106-115.

周琼.清代云南"八景"与生态环境变迁初探[J].清史研究,2008(2):64-73.

周裕锴.典范与传统,惠洪与中日禅林的"潇湘八景"书写[J].四川大学学报(哲学社会科学版),2014(1):71-80.

* * *

成云涛.传统"八景"的历史文化价值及旅游开发研究:以山东省新泰市为例[D/OL].长沙:湖南师范大学,2008[2021-3-20].https://jour.duxiu.com/thesisDetail.jsp? DxNumber =390101595846&d = D3960E0565C3304D81DE89EF7FE72514&fenlei =06080305.

程茜.中日文化交流史上的"潇湘八景":以绘画为中心[D/OL].北京:北京外国语大学,2016[2021-3-20].https://t.cnki.net/kcms/detail? v = 3uoqIhG8C447WN1SO36whLpCgh0R0Z-ifBI1L3ks338rpyhinzvy7Fm6OOa6DpMS-9bLIxrr5gIjO1gCmPNPpecheSFfNV2l&uniplatform = NZKPT.

戴林利.明清时期重庆"八景"分布及其文化研究[D/OL].重庆:西南大学,2009[2021-3-20].https://t.cnki.net/kcms/detail? v = 3uoqIhG8C475KOm_zrgu4lQARvep2SAk6at-NE8M3PgrTsq96O6n6Yt1iwzi6dWMxoeGDHQpaeXIt3vEzwasuJmLLVqWkAtG&uniplatform = NZKPT.

邓颖贤.羊城八景与广州市城市形态演变关系研究[D/OL].广州:华南理工大学,2011[2021-3-20].https://t.cnki.net/kcms/detail? v = 3uoqIhG8C475KOm_zrgu4lQARvep2SAkhskYGsHyiXksOA0FurgRFXMfXHLYSMty4iGiMxleg-OojyIgeCx5nZzhqreh6mpx&uniplatform = NZKPT.

丁欢.宋代以来江西"八景"与生态环境变迁[D/OL].南昌:江西师范大学,2011[2021-3-20].https://t.cnki.net/kcms/detail? v = 3uoqIhG8C475KO m_zrgu4lQARvep2SAkWGEmc0QetxDh64Dt3veMp-tKvX_X9Hca-39m0O7rymT l2sc8j7geHw5ODq9LWTtk&uniplatform=NZKPT.

杜娟."潇湘八景"遗产廊道的构建[D/OL].长沙:中南大学,2012[2021-3-20].https://t.cnki.net/kcms/detail?v=3uoqIhG8C475KOm_zrgu4l QARvep2SAkVR3-_UaYGQCi3Eil_xtLb4Ca5K0VTAwRzz1KALl4-49_sCR5zG 043S04eLoI3SGO&uniplatform=NZKPT.

耿欣.八景文化的景象表现与比较[D/OL].北京:北京林业大学,2006[2021-3-20].https://t.cnki.net/kcms/detail?v=3uoqIhG8C475KOm_zrgu4lQARvep2SAk6X_k1IQGNCLwAgnuJ-hC0-IUhOqjzKOkH095vs4zqCKT_CJivUNQJmlmhvMU1e4k&uniplatform=NZKPT.

黄晴."潇湘八景"山水文化景观考证研究:以"山市晴岚"为例[D/OL].长沙:中南大学,2010[2021-3-20].https://t.cnki.net/kcms/detail?v=3uoqIhG8C475KOm_zrgu4lQARvep2SAkWGEmc0QetxDh64Dt3veMp9r5k3XIt 4Uf9VZlC_OUA53d1w4M8VFT3DV2EooFFKLW&uniplatform=NZKPT.

李坦.明清时期开封城的若干历史地理问题[D/OL].昆明:云南大学,2014[2021-3-20].https://t.cnki.net/kcms/detail?v=3uoqIhG8C475KOm_zrgu4lQARvep2SAkbl4wwVeJ9RmnJRGnwiiNVqqWUrVhw1oCcLOctGq3Pd1e87 sJoUtqDlBwATWR22C5&uniplatform=NZKPT.

李伟敏.明清时期开封城市发展研究[D/OL].开封:河南大学,2002[2021-3-20].https://t.cnki.net/kcms/detail?v=3uoqIhG8C475KOm_zrgu4 m9eu-VXu9H75RhMZCEMue9h8LplqMYx9yBfSFxdezh_No7dYRIXsjQdFEy 10eNoNibshes30blE&uniplatform=NZKPT.

梁松娥.从中国向韩国的潇湘八景图研究:论韩国潇湘八景的图式[D/OL].北京:中央美术学院,2013[2021-3-20].https://t.cnki.net/kcms/detail?v=3uoqIhG8C475KOm_zrgu4lQARvep2SAk2oA7tih-FaabEW8yJeO74UrMa 8R4dR-rt0-nfUZYpzOOlge7UeaCfnOgdt6f2zp6&uniplatform=NZKPT.

廖丹."八景"的中国式城市意象与旅游开发研究:以四川历史文化名城为例[D/OL].成都:四川师范大学,2011[2021-3-20].https://t.cnki.net/kcms/detail?v=3uoqIhG8C475KOm_zrgu4lQARvep2SAkWGEmc0QetxDh64Dt 3veMp2rRfxXfadOCH2p2sNISWSDCncVi4iSxeHVgN2tAJlVu&uniplatform=NZKPT.

刘祎绯.认知与保护城市历史景观的"锚固:层积"理论初探[D/OL].北京:清华大学,2014[2021-3-20].https://t.cnki.net/kcms/detail?v=3uoqIhG 8C447WN1SO36whLpCgh0R0Z-iv9r0YoQXiId4v9BfOE9rDsMbgfYBYZtKGP6q dZnpbDh63UCpGx_QiCBtppB37QeC&uniplatform=NZKPT.

温瑞芬.“潇湘八景"旅游纪念品的开发与设计研究[D/OL].长沙:中南大学,2012[2021-3-20].https://t.cnki.net/kcms/detail?v=3uoqIhG8C475KOm_zrgu4lQARvep2SAkVR3-_UaYGQCi3Eil_xtLb43R-Ofmitg-sWOiTQ0WzhFpZZdROySL0pRBMQYSMb-_&uniplatform=NZKPT.

吴海涛.朱有燉散曲研究[D/OL].兰州:兰州大学,2007[2021-3-20].https://t.cnki.net/kcms/detail?v=3uoqIhG8C475KOm_zrgu4lQARvep2SAk6X_k1IQGNCLwAgnuJ-hC03ejmO7cy5xQCZU3-wLWktETNyneZNjKB7iwsfHNtjbY&uniplatform=NZKPT.

吴静.李濂《汴京遗迹志》研究[D/OL].西安:陕西师范大学,2015[2021-3-20].https://t.cnki.net/kcms/detail?v=3uoqIhG8C475KOm_zrgu4lQARvep2SAk6nr4r5tSd-_pTaPGgq4znF1kf02ESxFzPv4j2Dp-6nmksUZaMSKcQzpVqng0q9PI&uniplatform=NZKPT.

吴美霞.四川古"八景"文化在当代景观规划设计中的应用研究[D/OL].成都:四川农业大学,2009[2021-3-20].https://t.cnki.net/kcms/detail?v=3uoqIhG8C475KOm_zrgu4lQARvep2SAk0Wn9WGrcQB-qSRGXKNE7s-Jm5tgQK7L1QeiDk1swoviqMVutABobXfstAu1yGuJi&uniplatform=NZKPT.

吴志远.清代河南商品经济研究[D/OL].天津:南开大学,2012[2021-3-20].https://t.cnki.net/kcms/detail?v=3uoqIhG8C447WN1SO36whHG-SvTYjkCc7dJWN_daf9c2-IbmsiYfKqBNOd5TlA7MH4uGSaivlPttgo_MpzQ6WF78yOozQ7MO&uniplatform=NZKPT.

武明军.明清开封城市研究[D/OL].开封:河南大学,2015[2021-3-20].https://t.cnki.net/kcms/detail?v=3uoqIhG8C447WN1SO36whLpCgh0R0Z-ifBI1L3ks338rpyhinzvy7PoXBaQ99qDcTGx-VrRUwqZV6rqveauu3mFlxRLJbRvd&uniplatform=NZKPT.

徐文廷.文化生态学视角的康区佛教文化景观研究[D/OL].哈尔滨:哈尔滨工业大学,2015[2021-3-20].https://t.cnki.net/kcms/detail?v=3uoqIhG8C447WN1SO36whLpCgh0R0Z-ifBI1L3ks338rpyhinzvy7Lm0szQ2IlUPegvjFchwQ8WmYa8wfV-RDYN-wSGiRX4g&uniplatform=NZKPT.

杨宝军.传统八景的地域特色与构建分析:以清代陕西凤翔府属八景为例[D/OL].西安:陕西师范大学,2010[2021-3-20].https://t.cnki.net/kcms/detail?v=3uoqIhG8C475KOm_zrgu4lQARvep2SAkhskYGsHyiXlyV6jw0YcPLOQaPOb8hJShEL9D-bL5tn1Kow4faD4s53xxGaUdYcQq&uniplatform=NZKPT.

后 记

现呈敬于诸君面前的这部小书,是在我博士论文《明清汴京八景演变研究》的基础上略加修缮完成的。面对学界汗牛充栋的景观尤其是城市景观研究,意欲以本人学习和工作了二十余年的开封为研究对象,对以八景为代表的开封城市景观的历史渊源加以追溯,探究其成因、发展及演变,以期望对当前开封城市发展提供一种可以借鉴的历史依据,这成为促成该文得以成形的动力。遗憾的是,因在下杂事缠身,且教学科研任务繁重,加之时间过于仓促,故而真正完善修改小文的精力少之又少。拙文有很多不足,但也并非一无是处,为其大言不惭地辩护几句也实属人之常情。本文也有一些不同于以往研究的创新之处:

1. 在研究方法方面,本文立足于历史学研究的基本方法,拟运用景观学、历史地理学、旅游学、心理学、美学、统计学等多学科交叉综合研究的方法,对明清汴京八景演变的面貌进行系统复原和梳理。譬如运用景观学的理论方法,对明清汴京八景的组景要素和原则进行分析;运用历史地理学的研究方法厘清明清汴京八景的产生、发展演变的脉络,通过绘图直观分析汴京八景的空间分布规律和特征;运用心理学、美学等学科的相关理论探讨汴京八景提出者和品鉴者所持有的审美标准和心理情结;运用统计学方法对涉及汴京八景景观的诗歌数量的时空分布、诗歌作者朝代和籍贯等问题进行量化分析研究。

2. 在汴京景观形成的历史缘起上,学术界目前对少数景观,如黄河、汴河、州桥、金明池、繁台有专文论述,但对其他大部分景观的形成、消长论及不多。本文通过研究,不仅对八景涉及的景观的形成进行了历史溯源,而且分析了这些景观形成和发展的历史过程及发展趋势,揭示了明清汴京八景形成的历史原因。

3. 在论及明清汴京八景的发展和演变上,学术界尚无专门论述。本文通过研究,系统梳理清楚了汴京八景从明初形成至清光绪时期的发展和演变过程,深刻剖析了影响因素,并总结了景观发展演变的深层原因。

4. 在对明清汴京八景演变的梳理中,提出了一些对时代的文化关照。本文通过对明清汴京八景形成背景和原因的探讨,认为城市景观的形成是历史发展、自然环境和人类活动共同作用的结果,作为城市景观呈现的八景是城市发展成就的彰显,更是历史变迁、时代风尚、文化思潮、人类情感不断交织变化而成的产物。

回首攻读博士的过程,从刚入学的喜悦,到收集、阅读文献的迷茫,再到工作与学习交织的困惑和忙碌,再到最后的冲刺,真是几多欢乐几多愁。在此,我要感谢我的导师程遂营先生。本人的博士论文从选题立项,材料收集,篇章结构,到遣词造句,恩师程遂营先生倾注了大量的心血。在论文撰写前,先生命我从最基本的史料入手,深入挖掘史籍中前人尚未充分利用的资料。教授我把握当前有关此选题的研究现状,扎实细致地展开研究。撰写期间,由于资质鲁钝,我往往囿于自己的固有思维中,限制了我对收集史料的运用和阐释。对此,先生给我很多中肯的批评和建议,要求我开拓思路,扩展视野,从多学科角度、更广泛的视域中解读八景及其城市景观。初稿完成后,先生百忙之中又仔仔细细、逐字逐句地审阅文稿,给予我写作技能上最直接的引导和帮助,并提出了诸多中肯的修改意见与建议。望着先生用红笔批改的密密麻麻的意见,每一个字词、句逗符号的标识,心里有说不出的感激与敬重。

另外,在文稿的写作过程中,我还有幸得到了李振宏先生、程民生先生、贾玉英先生、李玉洁先生、龚留柱先生等给我提出的许多妥帖又中肯的建议,使我受益匪浅。同时也感谢我的同事段自成、桓占伟、马晓燕、张野、余永霞、柳岳武、张保见、仝相卿等对我论文写作给予的无私帮助;同年李麦产、夏亚飞、黄俊华、王文君以及李俊锋、李鹏鹏、程丽等师弟师妹对我提供的帮助;还有,论文写作过程中,学院领导和同事也为我分担了大量的日常和行政工作,没有他们的支持,小文的完稿几乎不可能。所以我要感谢他们,甚至他们对我论文的乐观期待,让我也产生了些许自豪。感谢答辩前夕诸位匿名评审专家呕心沥血而条分缕析的肯定、批评和指正——小文在许多方面汲取了他们精深的学术思想。论文答辩时,答辩主席郭培贵先生,答辩委员张民服先生、牛建强先生、展龙先生、闵祥鹏先生对论文提出了许多宝贵的修改意见。正是得益于他们的鼎力扶持,我才能在没有放弃工作的同时,完成了博士论文的写作。值此小文出版之际,谨向他们表示诚挚谢意。河南大学出版社郑鑫老师也为本书的出版付出了辛勤的劳动,谨致谢忱。

  最后,我还要感谢的人很多,包括我的家人、孩子,这份稿子里都有他们的汗水和心血,在此一并呈上我最真挚的谢意。

  由于作者学识和水平有限,书稿中的不足和错误之处在所难免,恳请学界师长、同仁批评指正。

司艳宇

2021年季春于河大博文楼